◎ 本书受到安庆师范学院学术著作出版基金资助

# 教学冲突论

王爱菊◎著

中国社会科学出版社

**图书在版编目（CIP）数据**

教学冲突论／王爱菊著．—北京：中国社会科学出版社，2015.4
ISBN 978-7-5161-5887-6

Ⅰ.①教… Ⅱ.①王… Ⅲ.①教学研究 Ⅳ.①G420

中国版本图书馆 CIP 数据核字（2015）第 069666 号

| | | |
|---|---|---|
| 出 版 人 | 赵剑英 |
| 责任编辑 | 凌金良 |
| 责任校对 | 周　昊 |
| 责任印制 | 张雪娇 |

| | | |
|---|---|---|
| 出　　版 | 中国社会科学出版社 |
| 社　　址 | 北京鼓楼西大街甲 158 号 |
| 邮　　编 | 100720 |
| 网　　址 | http：//www.csspw.cn |
| 发 行 部 | 010 - 84083685 |
| 门 市 部 | 010 - 84029450 |
| 经　　销 | 新华书店及其他书店 |

| | | |
|---|---|---|
| 印　　刷 | 北京君升印刷有限公司 |
| 装　　订 | 廊坊市广阳区广增装订厂 |
| 版　　次 | 2015 年 4 月第 1 版 |
| 印　　次 | 2015 年 4 月第 1 次印刷 |

| | | |
|---|---|---|
| 开　　本 | 710×1000　1/16 |
| 印　　张 | 15.75 |
| 插　　页 | 2 |
| 字　　数 | 256 千字 |
| 定　　价 | 58.00 元 |

# 目　　录

# 导　论

## 一　问题缘起

　　人文社会科学研究与自然科学研究最大的区别在于，人文社会科学研究的对象与我们自身是无法分离的，我们之所以研究它，是因为我们生活于其中，与其有着千丝万缕的关系。因而，人文社会科学研究实质上是一种对自我与世界关系以及世界于我之意义的探寻和追问，而非置身事外的客观研究；是研究者与研究对象之间的一种"际遇"和机缘，研究者选中了研究对象而成为研究者，研究对象因研究者而成为研究对象。研究者之所以选定某一问题作为研究对象，往往与其本身的经验和生活史密切相关。1981年，《解放报》发表了埃里蓬对福柯的一次访谈。在这次访谈中，福柯坦然承认："每次当我试图去进行一项理论工作时，这项工作的基础总是来自我个人的经验，它总是和我在我周围看到的那些事情有关。事实上，正是因为我觉得在我关注的事物中，在我去打交道的制度中，在我与他人的关系中，我发现了某种破裂的东西，某种单调灰暗的不和谐之处或运转失调的地方，我就会着手写一部著作，它实际上是一部自传的几个片段。"[①] 对于这一点，我颇有同感。"教学冲突"这一名词并非我自己的主动选择和创造，而是缘于与导师徐继存教授的一次交流。我至今非常清楚地记得，当导师轻描淡写地提到"教学冲突"的时候，我的心中涌起了一种强烈的豁朗感和兴奋感，突然意识到，这一名词所指称的就是多年来潜藏在我的意识深处并困扰不断的东西，就是可以用来描述我的教学经验并通过它来思考很多教学现实问题的东西，就是我曾经隐隐约约感觉

_____

① 杨善华：《当代西方社会学理论》，北京大学出版社1999年版，第368页。

到的教育教学中"某种破裂的东西"。那一刻，我突然与"教学冲突"相遇。

然而，在此之前的很多年，我就已多次切身体验过"教学冲突"，或者说，它早已缄默地存在于我的经验和感受里，只是一直没有被我明确地意识到和表达为"教学冲突"而已。从小学开始，我一直属于优秀学生之列。优秀的学生总是受到老师格外的喜爱甚至纵容。我就是一个被老师"惯坏"了的学生。我的胆子大、发言积极，甚至口无遮拦。从小学到大学，对于自己不能理解、有所怀疑或无法认同的东西，我总是毫不犹豫地提出来与老师"商榷"。幸运的是，老师们都很和蔼，如果我说的有道理，他们大多谦虚接受，如果我说错了，他们就耐心解释给我听，几乎没有老师生气地训斥我或不耐烦地敷衍我。那些经过"商榷"的学习内容，总是在心里记得很牢，理解得很透彻。长大后，成熟了，回想求学的这些经历，很为自己的少不更事、鲁莽唐突而忐忑，更为老师的宽容大度、谦虚和蔼而心怀无限感激。直到自己当老师后，切身的经历让我深深体会到，面对学生的突然"发难"，教师需要的不仅是谦逊的态度和"不耻下问"的勇气，更需要临危不乱、巧妙应对的智慧。

从本科毕业至今，我一直在一所地方本科师范院校当教师。从初出茅庐的新手到有十多年教龄的"老教师"，教学一直是我工作的重心。回忆十多年来的教学生涯，那些深刻的记忆总是与一些特殊的情境联系在一起：第一次被学生质问和不认同，第一次被学生的"无礼"气哭，第一次因为学生不守纪律而在课堂上发火……当然，也有很多正面的体验和经历，比如，与学生在课堂讨论中相互激发思如泉涌，从学生那里学来一个新名词，与学生合作参加校教学大赛夺冠，等等。反思从教的这十多年，我最大的感触就是"当一名好教师很难"，教学的经验和技巧"尽管随着岁月的磨炼，表面上圆滑老练了，但实际上，仍感到力不从心"[1]，经过了最初的"无知者无畏"的阶段之后，每一次站到讲台上我总有些战战兢兢，担心学生对自己的教学不感兴趣，担心学生提出自己无法回答的问题，担心讲述的内容遭到学生的质疑和反对……出乎意料和难以应对的情

---

[1] ［美］帕克·帕尔默：《教学勇气：漫步教师心灵》，吴国珍等译，华东师范大学出版社2005年版，第10页。

况虽不是每节课都会发生，但发生的频率似乎在不断增加，而且一不小心就会被拖入十分尴尬的境地。不少同事与我有相同遭遇且颇有同感，大家不由如鲁迅笔下的九斤老太似的感叹："高校扩招之后，学生的素质越来越差了，一届不如一届啊！"深思一下，如此归因恐怕过于草率，也有些不负责任。

和一些中小学教师交流时，情况惊人的相似。他们常常感叹，"现在的学生越来越难教了"或"课越来越难上"了，如果追问下去，他们会倒出一肚子的苦水和理由：学生越来越不尊重老师了，敢跟老师对着干了；课堂纪律越来越难管了；来自家长和社会的压力；等等。总结一下，就是面对教育教学教师们不那么自信和自如了：要求尊重学生，发挥学生的积极性，可是一放就乱，教学过程不再像过去那样顺畅了，教学中各种或隐或显的冲突频频出现。教师们难以适应这种变化，或者说传统教师权威受到很大挑战而令教师们深有挫折感，所以才发出如此感叹和抱怨。

2007 年 5 月 14 日美国《基督教科学箴言报》上刊载的一篇文章，虽不无夸张与偏颇之处，但在一定意义上可看成是对当下中国教师的这一共同生存状态的形象描述与概括：

中国"90 后"学生挑战老师的知识面[①]

美国《基督教科学箴言报》5 月 14 日文章："90 后"挑战老师的知识面（作者　Peter　Ford/编译　朱庆和）

受网上大量信息的刺激和鼓励，中国青少年打破了几百年来的传统，开始在课堂上挑战他们的老师，抒发自己的见解。

中国当代中学生身穿印有欧洲球星名字的运动衫，下载每周播放的《越狱》电视剧，听美国说唱歌手"50 美分"（50cent）的音乐以及看日本漫画，他们与世界文化直接接轨。

这使得这些孩子们产生了新观念。有朝一日，这些新观念可能会改变这个国家的治理方式。"互联网给了中国孩子翅膀。"中国青少年研究中心副主任孙云晓说。

---

①　中国网（http://www.china.com.cn/international/txt/2007-05/21/content_8292450.htm）。

许多孩子借助这些"翅膀",去挑战那些有关他们应该怎样学习和学习什么,以及应该如何尊重权威的公认看法。"现在的学生会反问,'为什么?'如果你不能给出满意的回答,他们就不认可你说的话。"北京一所私立学校的年轻教师赵红霞(音译)说,"在我们那个年代,老师的话就是对的。"

刚满 18 岁的北京中学生托尼·胡表示,"90 后"一代的中国年轻人,与他们的长辈"截然不同"。他说:"我们有更多获取信息的途径,我们上一辈的人除学习之外一无所知。"

这样的看法可能有点武断,但孙先生认为它本质上没有错。他说,"90 后"一代的孩子更自信,更有经验,他们更愿意大胆挑战比他们年纪大的人,"因为他们把互联网作为学习的手段,他们当中很多人周游四海。他们有更多获取知识的途径"。

这往往令教师们招架不住。在北京一所大学任培训老师的珍妮·李说:"我学的是书本上的,这些孩子却从整个世界汲取知识。"赵老师表示,这样的孩子更难教。她说:"上课时很难让他们集中注意力,因为他们已经知道很多了。当老师的不得不拓宽自己的眼界。"

如果赵老师都觉得难以跟上学生,那些年龄稍大的老师就更不用说了。"很多 40 岁以上的教师对学生的新知识和自己无法掌控局面感到不自在。"天津第一中学的年轻教师严明(音译)说。

……

为什么会如此呢?

当我们把视野从教室和校园投向社会的时候,似乎可以找到一点答案。纵观人类历史,从来没有哪个时代像今天这样和平稳定,也从来没有哪个时代像今天这样充满冲突和纷争。前者指大范围或局部战争与冲突的频率逐渐减少,后者指的则是生活在这个时代的所有人都前所未有地重视和主张自己的利益、价值和个性,从而使得生活中每时每刻总有许许多多的摩擦、冲突。这是人类文明和历史发展的必然,是民主化的产物。学校和教室虽是独立的场所,却不是封闭的空间,教学作为一种社会性活动,必须在与社会的交往和互动中才能确立自身的存在并获得发展,还能"躲进小楼成一统,管他春夏与秋冬"吗?所以,校园和教室中的冲突增多也不足为奇。

那么，教学中的冲突是一个新时代才出现的新问题吗？还是只是没有进入我们的视阈和问题阈而已？人是一种只能在人群中才能生存的生物，作为人必然与其他的人生活在一起并交往。而人与人之间是千差万别的，各有自己的知、情、意、行，相互分歧在所难免。如果我们不把冲突简单地理解成激烈的对抗，而是将其看成一种广泛的既包含内在的心理层面的冲突也包含一系列激烈程度不同的相互对抗形式的话，我们就能肯定，冲突是人与人之间交往和互动的一种形式，可以说有人的地方就有冲突。教学显然是一种交往活动，虽然是不同于一般社会交往的特殊交往。我们无法想象不存在任何冲突的教学过程。这样看来，教学冲突是一个与教学同样古老的问题，或者说它不仅是教学问题，而且是教学的存在方式。每一时代的教学都有其突出的存在特征，教学冲突是当前的时代背景之下教学中不可回避和忽视的存在。

面对这样的教学现实，教学论研究者们是应该"以不变应万变"地搬出已有教学论体系中的各种教学规律、教学原则、教学方法、教学策略等来指导教师和教学，还是应该"悬置"各种前见、谦虚地沉入教学生活当中去研究教学冲突，在务实的研究中发掘教学的时代要求，提炼教学的新理论？答案应该是毫无疑问的。教学实践中出现的问题是教学理论研究的源泉，尤其是当这一问题成为一个普遍存在的时候，教学理论必须责无旁贷地对其做出考察、分析与解释，并做出合理的回答。

## 二　研究意义

### （一）实践意义

每一个人都是一个独特的个体，是生活在各种复杂的关系之网、文化之网中的社会人，而且个体和其所附着于上的复杂的网还在不断地变化和生长着，因而由这些人制造出来的教学冲突是一个非常复杂的问题。我们可能熟悉它，但并不一定熟知它，即使熟知它，我们的"熟知"也未必是真知。

教学冲突是教学的组成部分，也是教学得以继续下去必须应对的，而如何应对则源于对教学冲突的认识。应该如何认识和应对教学冲突呢？要想回答这一问题，必须首先弄清楚教学冲突"是什么""为什么"和"怎么样"等问题，然后才能有针对性地去解决。日常教学实践中教师对教学冲突的应对都是建立在其对教学冲突的认识和分析的基础之上，尽管有时候这种认识和分析可能只是潜意识的，或者根本就是"误识"或"谬见"。建立在"误识"或"谬见"基础上的教学冲突的应对，可能是南辕北辙，也可能是无的放矢。

如果说"未经理性检验的生活是不值得过的"只是苏格拉底关于生活的理想，那么未经理性检验的教学活动则是危险的和丧失德性的，因为如何生活主要是自己的事情，而教学是一项必须追求正义和高尚的社会事业，关乎众多学生的成长、幸福乃至国家的未来。进行教学冲突研究，就是要让教学冲突这个教学中熟悉的"问题"充分地敞露，接受理性的审视和教育学的思考，从一个教学的问题成为一个教学论的问题；就是要把教学冲突放到历史和社会文化的大背景下，进行整体性的分析和考察，在教学冲突、教学和人的发展之间织出一个关系之网，然后循着这张网去寻找理性的认识之路和合理的应对之道。总之，就是要把对教学冲突的认识和应对从自发导向自觉，从而改善现实教学。

另外，进行教学冲突研究，也是推动新课程改革的迫切要求。教育改革的核心问题是教学改革问题，教学改革的核心则是教学理念和教学方式的转变。理念的转变可以经由广泛的传播而达成，但教学方式如何获得持久改变呢？网络时代的开放性和学习媒介的多元化，以及新课程强调的自主、合作、探究式学习，必然使得学校教学过程中充满不确定性和矛盾冲突，这在教师们的困惑和抱怨中已经凸显。如果教师们不能在这些纷至沓来的矛盾、冲突甚至混乱中保持清醒和理性，探索出教学的新经验，生成高超的教学智慧，如何能继续引领和促进学生的发展呢？从而，要想把新课程继续进行下去，并以新课程推动新的教学文化的形成，教学冲突是我们必须认真思考和对待的问题，不可能绕开。

### （二）理论意义

教学论学科和教学理论发展至今，无论是在系统的理论建构还是在指导具体教学实践方面，都取得了长足的发展。但我们也应该看到，当前，"教学论常常受到来自教学实践工作者的攻击，认为教学论是空洞无用的。如果我们大胆地反省和剖析自己，就会发现，教学论研究的最大问题在于迷失于教学的观念世界中，而失去了教学的生活世界"。① 这样一来，人们就很容易将教学论研究当成一种纯粹知识的追求，以是否能建构完美的理论体系为目标，而不在乎其理论是否源于现实的教学问题。这样的教学论研究，可以指导人们的观念，却无法形成人们的信念；可能唤起人们教学的理想，却无法催生理想的教学。

　　教学冲突就是教学理论研究从来也没有重视的教学现实问题之一，尽管教学实践者们从实践中总结出来的一些关于教学冲突的知识和经验闪耀着智慧的光芒。已有的教学论研究，无论是教学规律的总结，还是教学方法、教学原则的归纳，抑或教学过程的梳理，都在孜孜以求"如何构建好的教学"。这点当然是正确的，教学的价值取向基于此。但不能忘掉的是，教学活动不是在白纸上作画或平地上盖楼，它必须在历史和社会给定的现实条件下进行，而现实条件往往是已经存在各种各样的问题。也就是说，对教学的价值研究不能代替对教学的事实研究，而且价值研究必须以事实研究为基础，否则就很容易变成自欺欺人的自说自话和孤芳自赏。教学论告诉教师们何为好的教学和如何去构建好的教学，却忽略了好的教学只能在解决教学实际问题的过程中建构和生成。诸如教学冲突在内的很多教学实际问题被忽略，使得教学论的研究饱受"空洞无用"之诟病。构建美妙理想是必要的，但如果脱离了对现实问题的观照，美妙理想势必成为遭人耻笑的"空中楼阁"。"教学论中的问题只有来自教学问题中的教学论时，才是有生命力、有现实性的教学论问题。我们认为，当前最迫切的不是研究教学论中的问题，而是要研究教学问题中的教学论。一个教学论研究者若只重视教学论中的问题而不重视教学问题中的教学论，则表明他已经脱离了教学现实，脱离了自己的时代。因为，教学现实的要求和矛盾最强烈地表现在我们面对的教学问题之中。当我们真正面对教学问题进行教学论的思考时，教学论学科自身的诸多问题也就自然消解了。"② 研究的过程必然充满各种困惑，甚至要求我们抛弃很多已经在头脑里根深蒂固的结构和图式，需要巨大的勇气和智慧，但

----

① 徐继存：《走向教学生活的教学论》，《教育研究与实验》2001 年第 1 期。

② 徐继存：《发展中的中国教学论：问题与思考》，《课程·教材·教法》2009 年第 3 期。

我们别无选择。

社会学之所以能在一百多年的时间里从学术的边缘走到中心，并成为世纪之交的显学，在很大程度上要归功于其研究始终立足于"社会事实"。社会冲突是一种重要的社会事实，所以社会冲突是社会学研究的重要问题和视角，并形成社会学的重要一支——社会冲突理论。1907 年，刚刚成立的美国社会学年会在第一次年会上就把"社会冲突"作为它的主要议题。与冲突频频的世俗社会相比，教学过程就是恬美和谐的田园诗吗？显然，答案是否定的。如果人是主体地存在的，他就必然是个性化的存在，就不可避免地遭遇与他人的分歧、矛盾和冲突。此外，社会批判理论、知识社会学、教学社会学、教学政治学以及教学伦理学的研究都已确凿地告诉我们，教育和教学并非价值中立的，它们的使命不仅是在生产知识，同时也在生产着知识所依附的权力利益关系及其价值观念，教学是一种政治性实践，儿童是一种政治性存在，教学过程中也存在权力争夺和利益冲突，如果我们不把"利益"简单地理解为经济利益或物质利益的话。对教学过程的研究，已经有了各种视角的研究，为什么不可以有冲突视角的研究？为什么不能从教学冲突切入来分析和解释教学过程以及其所指向的人的发展？教学冲突完全可以成为我们观察和解读教学过程的一滴水，因为它本身就是一个全息的节点。当然，教学生活有着不同于一般社会生活的结构和特质，相应的研究既不能是社会学理论和方法的简单移植，也不能是纯粹的学科比附，而应该是从教学实践问题出发的思维探索，其中可以适当吸收和借鉴社会冲突理论已有的研究成果。正如佐藤学一再提醒我们的，"教室的现象既不应仅仅作为教室中的问题加以讨论，也不应还原为教室外的问题加以论述。教室中的现象必须依据教室这一场所的固有性，同时，借助一般社会与文化亦通行的语言加以探讨"。①

不求标新立异，旨在抛砖引玉。如果能取得一点小小的研究成果，当然可以在一定程度上拓展教学论的研究视野，增加教学论的知识，丰富教学理论。此为本研究的理论价值所在，也是本研究的理论追求所在。

———————

① ［日］佐藤学：《教室的困惑》，《华东师范大学学报》（教育科学版）1998 年第 2 期。

## 三　研究综述

### （一）"冲突"长期以来是社会学和社会心理学的重要研究内容

作为一种常见的人类互动形式，冲突现象一直受到社会学家的关注。以马克思、恩格斯领军，汇聚齐美尔、韦伯、科塞、达伦多夫、赖克斯、柯林斯等多位社会学巨擘智慧的"社会冲突理论"是社会学的重要流派之一，与其他社会学理论一起担当着分析和解释社会和人的生活的大任。

马克思、恩格斯关于阶级和阶级分析的观点，是社会冲突理论公认的理论滥觞之一。他们认为阶级是社会结构的最基本的范畴，"社会中最大的冲突和倾轧，无论是公开的还是隐蔽的，都是不同阶级之间的冲突和倾轧"。[①] 齐美尔在他的一系列著作中将冲突和对抗列为人类互动的基本形式之一。在他看来，"冲突是社会生活的精髓，社会生活不可缺少的组成部分"，他模仿莎士比亚笔下约翰王的口气说："没有暴风雨，将会是一个多么污浊的天空。"[②] 在这一观念的基础上，他提出了关于社会冲突的一系列命题。齐美尔之后，韦伯系统地论述了在一个社会的经济、政治与声望三方面存在的冲突与斗争，提出对"权力资源"的争夺是社会冲突的主要源泉之一，冲突的发生高度依赖于能够把被统治者动员起来的"魅力型领袖"（即卡里斯玛权威）。科塞在《社会冲突的功能》（1956）中最早使用了"冲突理论"这一术语。他反对帕森斯认为冲突只具有破坏作用的片面观点，力图把结构功能分析方法和社会冲突分析模式结合起来，修正和补充帕森斯理论，并从齐美尔"冲突是一种社会结合形式"的命题出发，广泛探讨社会冲突的功能，认为冲突具有正功能和负功能。在一定条件下，冲突具有保证社会连续与稳定、增强群体内部凝聚力、防止社会系统僵化、增强社会组织的适应性和促进社会整合等正功能。辩证主义冲突论的代表达伦多夫认为，社会现实有两副面孔，一副是一致与和谐，一副是冲突与强制。社会学不仅需要一种和谐的社会模型，同样需要一种冲突的社会模型。为此，社会学必须走出以帕森斯为代表的功能主义

---

① 周晓虹：《西方社会学·历史与体系》，上海人民出版社 2006 年版，第 108 页。

② ［美］刘易斯·科塞：《社会冲突的功能》，孙立平译，华夏出版社 1989 年版，第 25 页。

所建构的一致与和谐的"乌托邦",建立起一般性冲突理论,"分析社会丑恶的一面"。① 社会现实是冲突与和谐的循环过程,而"权力和抵制的辩证法乃是历史的推动力"。赖克斯在《社会学理论中的关键问题》(1961) 中提出,生活手段分配上的极端不平等,必然造成被统治阶级不满情绪的日益增长,促使其成员将个人利益置于群体利益之下而结成集体行动者。一旦统治和被统治阶级之间的权力对比发生变化,社会就会由"统治阶段的情境"向"革命情境"运动,最终导致统治阶级的倒台。冲突的双方即使认识到激烈的冲突比适度的让步将会付出更高的代价,从而彼此作出妥协,但这种"休战情境"也是极不稳定的。冲突双方继续寻找能够满足自己单方面利益的手段,一旦找到了这种手段,权力的平衡立即被打破,冲突随即重新取代暂时的和平。1975 年,柯林斯的《冲突社会学:迈向一门说明性科学》一书出版,标志着冲突问题的研究进入了一个新的阶段。早期冲突论者只是对结构功能主义进行补充和修正,认为秩序理论和冲突理论同是有用的理论工具。柯林斯认为,社会冲突是社会生活的中心过程,仅仅提出一种补充性"冲突理论"不足以说明这一过程,必须建立一门以冲突为主题的社会学。早期冲突论者主要关注宏观社会结构问题,并把社会结构视作外在于个人的强制性力量。柯林斯从微观过程的概念化——互动仪式的分析开始,而后转向中层,考察分层模式和复杂组织形式,最后分析了国家和地缘政治。与早期冲突论者注重理论和意识形态问题不同,柯林斯强调必须建立假说—演绎的命题系统,并从经验上加以验证。唯有如此,才能使冲突社会学真正成为一门说明性科学。

　　社会心理学家主要从人际关系的角度对冲突进行分析。像竞争与合作一样,冲突与调适是对称性社会互动的另一种常见形式。雷文(Raven. B. H.) 认为,冲突是"由于实际的或希望的反应的互不兼容性而产生的两个或多个社会成员之间的紧张程度"。琼斯(Jones. E)认为,冲突是一个人被驱动去做两个或更多个互不兼容的反应时所处的状态。周晓虹认为,冲突是人与人或群体之间为了某种目标或价值观念而相互斗争、压制、破坏甚至消灭对方的方式或过程。根据冲突的轻重程度的不

---

① 〔美〕乔纳森·特纳:《社会学理论的结构》,邱泽奇、张茂元等译,浙江人民出版社1987 年版,第 132 页。

同，可以将冲突的方式分为五种：口角、拳斗、械斗、仇斗、战争。冲突调适的具体方式有：和解、妥协、容忍、调解、仲裁等。① 由此可见，心理学者对冲突的理解，既包括个体内的冲突，也包括人际间的冲突，人际间的冲突指双方由于相互间的差异引起的紧张状态。

　　教学冲突说到底是在教师和学生之间发生的，是由教师和学生来承载的，它也是人与人之间的一种冲突，因而社会学和社会心理学关于社会冲突的研究可以为我们研究教学冲突提供一定的参照。但是，教学冲突毕竟是发生在教学场域内的一种特殊的冲突，教师与学生也是不同于普通社会人的特定主体，所以我们绝不能将社会学和社会心理学的冲突研究成果直接照搬或推演至教学冲突研究当中，而应该立足于教学场域本身实事求是地研究教学冲突。

**（二）教育领域的冲突研究集中于师生冲突和教育组织冲突，直接针对教学冲突的研究较少**

　　对教育领域的冲突进行研究最早可以追溯到美国教育社会学家沃勒。1932 年，沃勒就在他的《教学社会学》一书中提出，师生冲突是学校生活的重心，并从文化学的角度对其进行解释。他把教师与学生之间的文化冲突分为两类。第一类，也是最明显的一类，是在文化传播过程中由学校的特殊功能引起的，师生之间产生冲突是因为教师代表更大团体的文化，而学生满脑子装的是地方团体的文化；师生间的第二类较普遍的文化冲突之所以产生，是因为存在这样一个事实，即教师是成人而学生还未成人。这样，教师就是成人社会文化的代表，并试图将成人文化强加于学生，而学生却代表了儿童团体所特有的文化。② 英国学者布莱克利奇从互动论的角度出发认为，课堂上师生互动的过程其实是双方重新界定情境定义、修改策略进行周而复始的磋商的结果，如是相互适应，师生关系则和谐，一旦适应是假性的，师生之间则发生冲突。另有一些学者对师生冲突的原因进行了研究，如库宁（Kounin. J. S）、布洛菲（Brophy. J. E.）和普特南（Putnaln. J. G）研究了教师在课堂中的组织方法和教学方法对师生冲突的影

①　周晓虹：《现代社会心理学》，上海人民出版社 1997 年版，第 313—320 页。
②　厉以贤：《西方教育社会学文选》，台北五南图书出版公司 1992 年版，第 412 页。

响；菲尔德赫森（Feldhuson. J.）对学生的性格、态度、动机、社会经济地位、智能状况等与其在课堂中的对抗行为进行了研究。①

我国台湾学者王丛桂、刘清芬以及大陆学者吴永军、周兴国等，也对师生冲突进行了研究，研究内容包括对师生冲突的认识；师生冲突的原因；师生冲突的表现；师生冲突的影响；师生冲突的化解策略等。② 这些研究都是从理论和学术的层面来进行的，其研究取向和研究结果具有很多相通之处，如从辩证的角度来分析师生冲突的积极功能和消极功能；将文化差异作为引起师生冲突的重要根源进行剖析；在师生冲突的化解策略上，强调沟通和调适，反对压制和回避等。另外，还有相当数量的一线教师从自己的教学实践中总结出了有关师生冲突的一些经验和思考，他们大都结合具体案例来阐述自己对这一问题的见解，包括如何发展教学智慧、解决师生冲突；将师生冲突当作一种课程资源来促进教学；人为设置冲突情境，通过引起认知冲突来增进学生对知识的理解和掌握等。此处不再一一列举。

教育组织行为学则从优化教育组织管理的角度研究教育组织冲突，为学校管理者提供决策参考。罗伯特·G. 欧文斯（Robert G. Owens）在他的《教育组织行为学》（第八版）③ 中首先批评了古典科层理论将冲突视为组织崩溃迹象的观点，认为冲突本身无所谓好坏，是中性的，它对组织和人的行为的影响主要取决于人们看待它的方式。他强调要区分冲突和攻

---

① 王琴：《学校教育中师生冲突研究》，博士学位论文，华东师范大学，2007 年，第 12 页。

② 刘清芬：《师生冲突成因与解决策略》，《教育实习辅导》1999 年第 4 期；程晓樵、吴康宁、吴永军：《课堂教学中的社会互动》，《教育评论》1994 年第 2 期；白明亮：《批评与反思：师生冲突的社会学分析》，《南京师大学报》（社会科学版）2001 年第 3 期；陈振中：《重新审视师生冲突——一种社会学分析》，《教育评论》2000 年第 2 期；丁静：《关于师生冲突中教师行为的案例研究》，《教育研究》2004 年第 5 期；吴永军：《课堂教学中文化冲突的社会学分析》，《现代教育论丛》1997 年第 6 期；乐先莲：《重新认识师生冲突——功能主义冲突论的认识路径》，《江西教育科研》2007 年第 10 期；田国秀：《师生冲突：基于福柯的微观权力视角的分析》，《比较教育研究》2007 年第 8 期；杨宏丽：《课堂文化冲突的多视角审视》，《东北师大学报》（哲学社会科学版）2006 年第 5 期；周兴国：《课堂里的师生冲突：根源及对策》，《宿州教育学院学报》1999 年第 1 期；王琴：《学校教育中师生冲突研究》，博士学位论文，华东师范大学，2007；林存华：《师生文化冲突研究》，博士学位论文，华东师范大学，2006。

③ ［美］罗伯特·G. 欧文斯：《教育组织行为学》，孙绵涛等译，中国人民大学出版社 2007 年版。

击；认为回避或否认冲突是拙劣的管理策略，回避与缓和不是管理组织冲突的方法；指出应在对冲突进行诊断的基础上进行冲突管理，管理冲突的第一步就是让潜在的冲突显露出来。

李长吉在他的《教学价值观念论》①里，用一章的篇幅探讨了教学价值观念冲突的问题，包括教学价值观念冲突的一般性认识，教学价值观念冲突的表现、特点以及解决教学价值观念冲突的方法论原则。教学价值观念冲突是教学冲突的原因之一或者说一个方面，对本研究有一定的参考价值。

然而，真正直接研究教学冲突的文献很少。在搜集文献的过程中，笔者找到了两处对于"教学冲突"的定义。一是苏君阳在他的《公正与教育》一书中使用了"教学冲突"一词。他认为，教学冲突是一种以知识建构为目标而产生的冲突形式，具体来说，主要表现为教师掌握与传授知识的能力同学生接受与储备知识的能力之间的冲突。②二是徐永生在其论文《课堂教学话冲突》③中对教学冲突的定义。他认为，教学冲突是教师在教学活动中所使用的，能激发学生兴趣、提高学生思维能力的教学策略和方法。这两种"教学冲突"定义之间大相径庭，都是由研究者根据自己的理解和研究需要来规定的。这表明：第一，"教学冲突"作为一个问题阈已经引起教育理论和实践工作者的关注；第二，"教学冲突"研究仍处于起步阶段，概念表述的纷争不是坏事，它恰恰说明概念需要澄清，问题需要进一步研究。

### （三）教学矛盾研究停留于抽象层面，对教学冲突缺乏关注

自马克思提出矛盾普遍性原理之后，很多教学论专家花了很多气力来寻找和论证教学过程的矛盾。20世纪五六十年代，出现了一场带有国际性的大争论，这场争论首先发生在苏联教育界，后波及日本等许多国家。当时的许多教育学专家都参与其中，包括苏联的科斯鸠克、达尼洛夫，日本的矢川德光、柴田义松、斋藤喜博等，他们共同探讨教学的动力问题，争论的焦点集中在对教学基本矛盾的界说上。④其中比较有影响的观点认

---

① 李长吉：《教学价值观念论》，甘肃教育出版社2004年版。
② 苏君阳：《公正与教育》，北京师范大学出版社2008年版，第211页。
③ 徐永生：《课堂教学话冲突》，《教学月刊》2005年第9期（上）。
④ 魏正书：《教学矛盾论》，《锦州师院学报》（哲学社会科学版）1993年第4期。

为，教与学的矛盾是教学过程的基本矛盾，是推动教学发展的重要动力。德意志共和国教学论专家 K. 托马雪夫斯基在他的《教学论》中清晰地指出，"教学中的陶冶，即使做出特别的教育指导，在学生身上这一过程的进行并不总是井然有序地均衡地进行的，它是一个复杂的辩证发展的过程。学生有时会超越教师的指导，有时则赶不上教师的指导。总会碰到矛盾，总要克服矛盾。教师要认识这一辩证过程的性质，他就得首先认识包含在这一过程中的作为其发展动力的基本矛盾"。① 康德把矛盾和冲突看作是同一含义的概念。② 按照马克思主义的理解，冲突是"矛盾和矛盾斗争的表现形式之一"③，是"辩证矛盾的客观的或主观的表现形式"。④ 有的论者在论述时，甚至就没有明确地区分冲突和矛盾，比如日本的斋藤喜博。斋藤喜博认为，"在教学中重要的是，教材蕴含的本质的东西同师生对这一教材最初具有的印象、解释、疑问以及在学习展开过程中各自在心中产生的疑问、问题、解释与兴趣，互相掺和、激发和追求。在这个过程中，各自的想法、解释、疑问发生变化、扩大、深化，从而在每个学生和整个班级集体中，产生更高境界的新的印象、解释和疑问"，⑤ "在教学中之所以会发生那些变化、变动、爆炸，是因为在教学过程中不断地产生出矛盾，引起冲突和纠葛，因而在不断地克服着矛盾的缘故；所以形成一步步展开的教学……在教材、教师和儿童之间产生矛盾，引起对立或冲突、纠葛；克服了这些矛盾、冲突、纠葛，教师和学生就会发现新知，创造新知，进入新的境界。我们应当把这种性质的教学称为'发展的教学'"。⑥ "这个矛盾包括感受的不同、认识的差异和种种疑问。正是这些矛盾促使教师与学生、学生与学生之间进行广泛而持久地交流，并在交流中互相激发、互相补充，从而共同提高各自的认识能力。这个矛盾便成为教学的根本矛盾和基本动力。"⑦

① 钟启泉：《现代教学论发展》，教育科学出版社 1988 年版，第 42 页。

② ［苏］阿·科辛：《马克思列宁主义哲学词典》，东方出版社 1991 年版，第 34 页。

③ 冯契：《哲学大辞典》（马克思主义哲学卷），上海辞书出版社 1992 年版，第 371 页。

④ ［苏］阿·科辛：《马克思列宁主义哲学词典》，东方出版社 1991 年版，第 34 页。

⑤ 魏正书：《教学矛盾论》，《锦州师院学报》（哲学社会科学版）1993 年第 4 期。

⑥ 钟启泉：《现代教学论发展》，教育科学出版社 1988 年版，第 42、39 页。

⑦ 魏正书：《教学矛盾论》，《锦州师院学报》（哲学社会科学版）1993 年第 4 期。

　　教与学的矛盾既是教学发展的动力，也是现实教学生活中各种教学冲突的发生基础。教与学的矛盾有时随教学进程自然而然得以转化，有时则会外化和现实化为教学冲突。教学冲突是教与学矛盾的一种外在表现形式。然而，遗憾的是，当"教学矛盾是教学过程的动力"被成功论证之后，一切就戛然而止了，表征教学矛盾之存在并作为教学矛盾之现实和具体表现的"教学冲突"并没有引起任何的关注和进一步研究。仿佛论证清楚了"教学矛盾是教学过程的动力"，教学过程就能乘风破浪顺利向前，就万事大吉了。如果我们深刻理解马克思主义辩证法，我们就应该知道，矛盾在运动中存在和转化，教学矛盾本身并非自动的和自足的，离开了人的作用，就不可能发生"矛盾的辩证运动"，也不可能成为推动教学发展的现实动力。换句话说，有教学活动，就有教学矛盾，但只有较好地应对教学矛盾才能造就好的教学，好的教学只能在适切性的行为当中生成，人是其中决定性的力量。因而，由对教学矛盾的理论揭示过渡至教学冲突的实践研究，观照教学冲突的现实解决，是事关教学实践样态和教学目的达成的根本问题，决然是不可或缺的。可是，在笔者所能搜集到的所有教学论著作当中，并未找到关于"教学冲突"的任何论述，"教学冲突"问题成了教学论研究体系中的"空无问题"。① 教学论专家们之所以取教学矛盾之论证而舍教学冲突之研究，大概缘于对教学论体系理论性的

---

　　① 　当然不排除笔者见识浅陋或占有资料太少，所以得出如此"谬见"。如果能得到指点和纠正，则不胜感激。

　　另外，需要指出的是，教学冲突虽然是教学论体系中的空无问题，但并不表示无人涉足相关研究。卢家楣教授（《教学的基本矛盾新论》，2004）提出了教学矛盾的情知统一新论，认为教学活动中存在的"教"与"学"的基本矛盾，主要体现在认知和情感两个方面，前者表现为教学要求与学生已有认知水平之间的差距，涉及可接受性问题；后者表现为教学要求与学生当时的具体需要之间的差距，涉及了接受性问题。基于此矛盾分析，他提出了心理匹配的教学策略。所谓心理匹配策略，就是指教师恰当处理教学活动（相当于安放一个装置），使教学要求被学生主观上感到是满足其需要的，从而达到教学要求与学生需要之间的统一。这里的要点是，使处理后的教学活动，一方面仍不改变原定的教学要求；另一方面又满足学生的需要。这一研究成果触及如何解决教与学矛盾的问题，在一定意义上有利于现实教学冲突的解决。然而，我们认为，这一策略尚未完全揭示出教与学矛盾（冲突）的教学论意蕴与要求。它突破了原有研究停留于对学生认知结构与水平的单方面关注，强调了教师的教学设计与教学行为对学生情感层面的关注，却忽视了学生作为教学主体之一在包括认知和情感在内的各个层面上对教学具有的主动影响作用，以及教学是教师与学生合作建构的产物这一现实。后者在当前的时代背景下已成为一个必须正视的问题。

一种追求，前者是一个理论的问题，专注解释，只要做到逻辑上的圆融自洽既可，而后者则是一个实践的问题，重在解决，一旦涉及必然坠入纷繁复杂的教学生活世界当中。理论的解释固然重要，但如果丧失了对现实的观照，岂不成了思维的游戏和书斋里的玄言？理论的价值和生命力何可依托？换而言之，一个对教学矛盾理论头头是道的教学论专家，却对现实的教学冲突问题束手无策，其理论的信服力又有多大呢？矛盾原理不是被用来生搬硬套的教条，更不是一劳永逸的被供奉的理论，而是可以用来帮助我们分析问题进而解决问题的思维工具。提倡矛盾分析法的马克思一再强调"改造世界"的重要性，就是要求我们在实践中运用、检验和发展理论。

倒是一些长期从事教学实践的教师，从教学的现实和需要出发，开始从事关于"教学冲突"的艰难摸索和思考。[①] 他们意识到，教学冲突在教学中的发生是不可避免的，如果善于利用和引导冲突，冲突不仅不会伤害教学和师生双方，反而能促成教学的跃升和师生的发展，在一定情况下教师还应该善于制造教学冲突。然而，这些研究和思考大都局限于自身具体经验的总结和介绍，缺乏理论的概括性和普遍性，因而难以具有普遍的启发性和参考性。在这种情况下，对"教学冲突"进行系统的理论研究显得更为迫切和必要。

在一定意义上，"教学冲突"在教学论中的遭遇，是当前我国教学论建设状况和问题的缩影，当前，我国课程与教学论存在着两个极其危险的极端："一方面，课程与教学论可能成为一种纯学术学科，甚至蜕变为经院哲学，其功能被限定为传授课程与教学论知识和对课程与教学世界进行

---

①　这些研究和思考包括：徐永生：《课堂教学话冲突》，《教学月刊》2005 年第 9 期（上）；郭艳辉：《正确对待教学冲突》，北京市第七十一中学网站（http://www.bj71zh.com/）；徐健：《从"风平浪静"到"波涛汹涌"——基于语文课堂教学冲突的案例分析》，《河南教育》2008 年第 4 期；张安义：《例谈思想政治新课程有效课堂教学冲突的创设》，《新课程研究》2006 年第 9 期；王文军：《横看成岭侧成峰——一次课堂教学冲突给出的启迪》，《思想理论教育·新德育》2006 年第 1 期；徐志刚：《论语文课堂教学中的情感冲突》，《语文教学之友》2006 年第 5 期；刘余生、陈俊山：《课堂教学中冲突行为的成因及应对策略》，《现代中小学教育》2007 年第 11 期；李朝良：《创设冲突情境，营造"可教学时刻"》，《政治课教学》2002 年第 4 期；严丽荣：《有效课堂教学冲突的构建》，陕西师范大学附属中学网站（http://www.sdfz.com.cn）；张希希、田慧生：《课堂交往冲突研究》，《教育研究》2005 年第 9 期；等等。

阐释，而缺乏现实课程与教学经验基础；另一方面，课程与教学经验研究只能在功利主义价值导向下发展，成为应时的策用之术，而没有改进课程与教学论知识现状的目标。"①

　　综上所述，社会学和社会心理学关于社会冲突的研究成果丰富，可以为我们开展教学冲突研究提供理论参考和借鉴。已有的教育领域的冲突研究都多少涉及教学过程，因为教学是教育工作的中心环节。但是，论及教学冲突并不能替代系统和专门的教学冲突研究。寥寥可数的关于教学冲突的已有研究并不系统，且存在一定的混乱，在揭示出一些有关知识的同时遮蔽了对教学冲突的整体认识。教学冲突是教学矛盾的外在表征之一，教学矛盾研究要发挥出它应有的指导作用，必须切实地关注现实教学中的教学冲突问题。教学冲突研究，是一个非常有意义和非常有挑战性的教学论研究课题。

## 四　概念界定

### （一）冲突

1. "冲突"的词源考察

"冲""突"二字都是非常古老的汉字，在甲骨文里就已经出现了。

"冲"，由"沖"和"衝"简化而来。甲骨文中即有"沖"字。《说文·水部》解释："沖，涌摇也。从水，中。"本义为水向上涌动摇荡的样子。在《说文·行部》中，"衝，通道也。从行，童声"。本义为通衢大道，演变义为：向上冲，如气冲斗牛；用水或酒浇注，如冲茶；互相抵消，如冲账；迅速向前闯，如横冲直撞；触犯，引手作推、敲之势，如冲犯、冲突。②

　　突，会意字，甲骨文从犬从穴，有狗从洞中一下猛地蹿出之意。《说文·穴部》解释："突，犬从穴中暂出也。从犬在穴中。"本义为犬猛然蹿出。引申泛指：突然；奔突，冲撞；袭击，冒犯；高出周围。③

---

①　徐继存：《关于课程与教学论功能的思考》，《山东师范大学学报》（人文社会科学版）2004年第5期。

②　谷衍奎：《汉字源流字典》，华夏出版社2003年版，第222页。

③　同上书，第505页。

在先秦时期，"冲""突"二字都是分开使用的，"冲"指一种攻城车械，即"冲车"①，"突"为一种攻城方式，即"猝攻"，二者皆为军事术语。如《墨子》中记载了一段墨子和禽滑厘的对话：

> 子墨子曰：何攻之守？
> 禽滑厘对曰：今之世常所以攻者，临、钩、冲、梯、堙、水、穴、突、空洞、蚁傅、辒辒、轩车，敢问守此十二者奈何？②

到秦汉时期，"冲突"作为一词开始出现，它的属性是动词，多为军事用语，有冲击、进攻、冲撞之意。例如，在三国时期魏国人王粲所著的《汉末英雄记·公孙瓒》中有这样一段战斗过程和场面的描写：

> 绍令麹义以八百兵为先登，强弩千张夹承之，绍自以步兵数万结阵于后。义久在凉州，晓习羌斗，兵皆骁锐。瓒见其兵少，便放骑欲陵陷之。义兵皆伏楯下不动，未至数十步，乃同时俱起，扬尘大叫，直前冲突，强弩雷发，所中必倒，临阵斩瓒所署冀州刺史严纲甲首千余级，瓒军败绩，步骑奔走，不复还营。③

到隋唐时期，"冲突"一词的内涵和运用范围都有所扩大，不再限于专门的军事用语，也用于洪水或动物，有"突然出现，冲出来，冲击，冲进"之意。如《敦煌变文集新书卷八·搜神记一卷》中记载了某种不明动物的"冲突"行为：

> 广不用刘安之言，遂发看之，有一赤物大如屋椽，冲突出去上天。其后广家大贫困，终日常行乞食而活生命。事出《地理志》。④

---

① 《淮南子》注："冲车，大铁著其辕端，马被甲，车被兵，所以冲于敌城也。"——岑仲勉：《墨子城守各篇简注·（子）备城门第五十二》，汉籍全文检索系统（第四版）。
② 同上。
③ （三国·魏）王粲：《汉末英雄记》，汉籍全文检索系统（第四版）。
④ 《敦煌变文集新书卷八·搜神记一卷》，汉籍全文检索系统（第四版）。

又，《旧唐书卷八三·列传第三三·薛仁贵》在叙述洪水险情时也用到了"冲突"一词：

> 永徽五年，高宗幸万年宫，甲夜，山水猥至，冲突玄武门，宿卫者散走。仁贵曰："安有天子有急，辄敢惧死？"遂登门桄叫呼以惊宫内。高宗遽出乘高，俄而水入寝殿，上使谓仁贵曰："赖得卿呼，方免沦溺，始知有忠臣也。"于是赐御马一匹。①

至宋朝，冲突开始作为名词使用，意思也是"冲击，攻击"。如：

> 护门墙，只于城门十步内横筑高厚墙一堵。亦设鹊台，高二丈。墙在鹊台上，高一丈三尺，脚厚八尺，上收三尺，两头遮过门三二丈，所以遮隔冲突。门之启闭，外不得知；纵使突入墙内，城上炮石雨下，两边羊马墙内可以夹击。……干戈板，旧制用铁叶钉裹，置于城门之前，城上用辘轳车放，亦是防遏冲突。②

在元朝的医学典籍和文人杂记中，也可见到"冲突"一词，用来描述气血或雾气之间的"冲撞"。前者如：

> 痔者，皆因脏腑本虚，外伤风湿，内蕴热毒，醉饱交接，多欲自戕，以故气血下坠，结聚肛门，宿滞不散，而冲突为痔也。③

后者如：

> 夜宿方丈东轩。未寝，开门，月在空，阴氛已开。岩峦树木、殿阁相映，颇悸竦。予行吟轩外，几夜半方眠，自觉襟怀潇洒，意气雄壮，如神仙中人也。晓阴复合，予独曳杖复往文殊殿，云光雾色，冲

---

① （后晋）刘昫等：《旧唐书卷八三·列传第三三·薛仁贵》，汉籍全文检索系统（第四版）。

② （宋）陈规：《守城录·卷二·守城机要》，汉籍全文检索系统（第四版）。

③ （元）朱震亨：《丹溪先生心法·卷二》，汉籍全文检索系统（第四版）。

突勃郁如元气中。①

明清时期，尤其是清代的小说里，"冲突"一词在广泛意义上被使用，既可作名词，也可作动词；既可作及物动词，也可作不及物动词，既具象地用来指示人的动作行为（军事上、生活中）和洪水、烟气的状态，也开始抽象地指示观念与观念之间的对立和不协调。如：

> 大凡新学同旧学的冲突、官府同绅民的冲突、甚而至于新同新冲突、旧同旧冲突、官同官冲突、绅同绅冲突，都只坏在有形式，没有精神，又坏在讲专制，不讲共和。②

### 2. "冲突"释义

在现代汉语中，"冲突"一词主要有两个词性，即动词和名词，作为动词有两层意思：①发生争斗或争执；②互相矛盾或抵触。作为名词指"矛盾，双方的斗争"。③

可见，在今天，"冲突"主要用作不及物动词，指示发生在并存的两者之间的一种行为、关系或状态，既包括具体可见的动作行为，也包括微妙隐性的心理状态，而很少再用来表示无生命的事物诸如洪水、烟气等之间相互冲撞、冲击之意。在英文④中，"conflict"一词的含义与汉语中差不多。

### 3. "冲突"的概念

概念是人们对事物本质的认识，是逻辑思维的最基本单元和形式。人

---

① （金）刘祁：《归潜志卷第十三》，汉籍全文检索系统（第四版）。

② （晚清）汤颐琐：《黄绣球·第二十六回》，汉籍全文检索系统（第四版）。

③ 商务印书馆辞书研究中心：《应用汉语词典》，商务印书馆 2000 年版，第 172 页。

④ Conflict：noun, a serious disagreement or argument, typically a protracted one; a prolonged armed struggle; a state of mind in which a person experiences a clash of opposing wishes or needs; a serious incompatibility between two or more opinions, principles, or interests. Verb, be incompatible or at variance; clash.

Origin Late Middle English, from Latin conflict – "stuck together, fought", from the verb confligere, from con – "together" + fligere "to strike"; the noun is via Latin conflitus "a contest". 参见《新牛津英语词典》，上海外语教育出版社 2001 年版，第 386 页。

们认识周围事物最初形成的概念是前科学思维时期的日常生活概念。这种最初形成的概念，通常是作为对周围事物的感性经验的直接概括，并不具有很高的抽象性。科学思维中运用的概念即科学概念，是在相关理论指导下形成的，而且它总是处于特定的理论系统之中，具有较高的抽象性和概括性，同时也具有一定的限定性。人们对于同一事物的认识，往往形成不同内容的科学概念。不同的学科对于同一事物会形成不同内容的科学概念，而在同一学科的不同理论中，对于同一事物也会形成不同内容的科学概念。美国社会学家特纳曾经说过："冲突论中一个争论最大的问题竟是冲突的定义问题！"①

（1）哲学解释

在哲学话语里，"冲突"是与"矛盾"密切相关的一个词，冲突即矛盾和矛盾斗争的表现形式之一。康德把矛盾和冲突看作同一含义的概念。他在《未来形而上学导论》中说："二律背反""这种互相冲突不是任意捏造的，它是建筑在人类理性的本性上的，因而是不可避免的，是永远不能终止的。"马克思和恩格斯把阶级社会中的社会历史领域的矛盾斗争称为冲突，他们在《德意志意识形态》中说："一切历史冲突都根源于生产力和生产交往形式之间的矛盾"，"生产力和交往形式之间的这种矛盾……每次都不免要爆发为革命，同时也采取各种附带形式——表现为冲突的总和。"毛泽东在《关于正确处理人民内部矛盾的问题》中，把冲突看作是对抗的一种表现形式。②

（2）社会学解释

社会学中的冲突理论发端于马克思的阶级斗争理论。社会学对"冲突"的理解向来有广义和狭义之分，广义的冲突不仅包括不同主体之间存在的对抗、纠纷、争夺等比较激烈的社会现象，而且包括不同主体之间在一般意义上存在的竞争、分歧、意见不一、缺乏协调等不激烈的社会现象，狭义的冲突则仅指前者。美国社会学家特纳认为，对冲突的社会学研究应取其狭义，并将冲突定义为"双方之间公开与直接的互动，冲突的

---

①　［美］乔纳森·特纳：《现代西方社会学理论》，天津人民出版社 1988 年版，第 244 页。

②　冯契：《哲学大辞典》（马克思主义哲学卷），上海辞书出版社 1990 年版，第 371 页。

每一方的行动都是力图阻止对方达到目标"。①

　　根据龙烈（F. E. Lumley）的意见，冲突的方式可分为六种，即：①拳击；②决斗；③仇斗；④战争；⑤诉讼；⑥理想的冲突：常用辩论、批评或驳斥的方式。齐美尔则分冲突方式为四种：①战争；②仇斗或派系斗争；③诉讼；④非私人的理想冲突。②

　　（3）社会心理学解释

　　社会心理学认为冲突一般有两种形式：内在冲突和外在冲突。内在冲突单指自我心理冲突，外在冲突指个体与个体之间、个体与群体之间、群体与群体之间的冲突。冲突是以对抗形式出现的，无论是内在冲突还是外在冲突，都意味着矛盾的激化。内在冲突与外在冲突又是有联系的，当个体长时间的心理冲突得不到调整、缓和时，必然会与其他个体或群体发生冲突。冲突的出现始终是互动的结果。人际互动始终是产生冲突的重要原因。③

　　从研究兴趣来看，社会心理学主要将"冲突"作为一种心理状态进行研究，关注个体内在冲突。将冲突分为：①内部需要与外界限制的冲突；②外部需要之间的冲突；③内部需要之间的冲突。著名心理学家勒温根据人总想接近有益目标，回避有害目标的特点，把人的冲突分为三种形式：①接近—接近型，即对两者都想去做，因而使人难以抉择；②回避—回避型，即对两者都不想去做都想回避而又都无法回避；③接近—回避型，即对同一目标都想争取，又想回避。④

　　（4）教育组织行为学解释

　　罗伯特·G. 欧文斯在《教育组织行为学》一书中，认为对于任何冲突来说，以下两点是必不可少的：①观点分歧（或表面上分歧）；②这些观点不能相容。冲突常常伴随对立情绪，管理冲突可以减少或排除由冲突

————————

　　①　［美］乔纳森·特纳：《社会学理论的结构》，浙江人民出版社 1987 年版，第 211—212 页。

　　②　龙冠海：《云五社会科学大词典》（第 1 册），台湾商务印书馆 1973 年版，第 230—231 页。

　　③　费穗宇、张潘化：《社会心理学词典》，河北人民出版社 1988 年版，第 124—125 页。

　　④　孙非、金榜：《社会心理学辞典》，农村读物出版社 1988 年版，第 166—167 页。

而产生的对立情绪。①

　　由此可知，"冲突"的概念是一个复杂的问题，它不是给定的，而是设定的，在参考已有的"冲突"概念时，我们必须明确自己的研究对象、研究范围与研究视角，不能盲目搬用或套用。

### （二）教学冲突

1. 现有概念及其问题

　　如前文所述，在搜集文献的过程中，我们共发现两处对于"教学冲突"的概念。

　　一是苏君阳在他的《公正与教育》一书中使用了"教学冲突"一词。他认为，教学冲突是一种以知识建构为目标而产生的一种冲突形式，具体来说，主要表现为教师掌握与传授知识的能力同学生接受与储备知识的能力之间的冲突。② 显然，这个概念当中隐含着一个前提预设，即认为教学过程就是教师掌握与传授知识、学生接受与储备知识的过程，而这个假设显然是有欠周全考虑的，教学过程的规范维度、情感维度、价值维度以及道德维度始终是教学的题中应有之义（虽然长期以来被追求知识和分数的应试教育所忽视），否则教学的教育性何在？在知识传授方面，教学可能成功也可能失败，但无论什么样的教学都会留下一笔影响学生学习的"遗产"，都在影响儿童的心理和精神世界，影响他们对这个世界的看法，和他们的态度、情感、价值的养成。教学虽然是以知识为核心的，但不是完全冷冰冰的灌注知识的活动，而是一种具有丰富价值的精神活动和社会活动。"教师掌握与传授知识的能力同学生接受与储备知识的能力之间的冲突"与其说是教学冲突，不如说是认知冲突或知识冲突。教学含义的丰富性决定了教学冲突含义的丰富性。

　　二是徐永生在其论文《课堂教学话冲突》③ 中也有对教学冲突的定义。他认为，教学冲突是教师在教学活动中所使用的，能激发学生兴趣、提高学生思维能力的教学策略和方法。在他看来，教学冲突是教师精心创

---

① 罗伯特·G. 欧文斯：《教育组织行为学》，褚宏启译，中国人民大学出版社 2007 年版，第 327 页。

② 苏君阳：《公正与教育》，北京师范大学出版社 2008 年版，第 211 页。

③ 徐永生：《课堂教学话冲突》，《教学月刊》2005 年第 9 期（上）。

设的，是理性的、人为的而非偶然的、杂乱的，是教师教学艺术和智慧的体现。那么，教学活动中有没有非预设的、偶然的、非理性的冲突呢？如果有，那么它们又该叫作什么呢？而且，这种教学冲突是由教师预设行为引起的学生思维和内心世界的冲突，教师置身于冲突之外，却牢牢控制着冲突的发生、进程与结果，教学的"生成性"将如何体现呢？教师仍扮演着课堂控制者和权威裁定者的角色，就像孙悟空无论如何都逃不出如来佛的手掌心一样，难道教学冲突的作用仅在于不断地印证和强化这一角色？现实的教学又是教师真的能单方面一手掌控的吗？

所以，本研究认为，以上两种"教学冲突"概念，都存在一定程度的片面化和窄化的倾向。之所以如此，是因为对教学的理解失之片面化和窄化，遮蔽了教学活动本身的复杂性、丰富性、流变性和生成性，变得单调、干瘪、僵化和枯燥。

2. 本研究之定义

谢弗勒在《教育的语言》一书中探讨了三种定义：规定性定义、描述性定义和纲领性定义。规定性定义即创制的定义，是某一作者在讨论中说明某种问题时所规定的定义，作者能在讨论中、文章中前后保持一致，而不必管他人使用此概念所指称的意义。描述性定义是对被定义对象进行客观描述，说明事物实际是怎样的，不能赋予主观规定的意义。纲领性定义明确地或隐含地告诉事物应该怎样，它往往包含"是"和"应当"两种成分，是描述性定义和规定性定义的混合物。[①]作为教学活动中的一种特定现象，教学冲突的存在具有客观性，但教学本身是一项人为的事业，是渗透了人的经验、情感和价值取向的。对教学冲突的观察和理解也渗透了人的经验、情感和价值取向，完全纯粹的观察和理解是不存在的，正因为如此，我们才会在上文中看到两个完全不同的"教学冲突"定义。因而，对于本研究来说，给"教学冲突"下一个规定性的定义是比较恰当的。

教学是教师教学生学习的过程，即教师指导和帮助学生学习的过程。然而，这并不意味着教师怎么教学生就怎么学，或者教师教什么学生就学什么。任何时候，学生都不是一个被动接受教师指导和帮助的机器人，而

---

① 参见徐继存《教学论导论》，甘肃教育出版社 2001 年版，第 67 页。

是有自我意识和独特人格的能动的主体。教师的指导和帮助只有与学生的需要和特点耦合了，才能被学生接受和内化，否则就会发生矛盾和冲突。那么，教师，即使接受过专业化的培养和训练，即使拥有丰富的教学经验，能够确保其发出的指导和帮助总能与学生的需要和特点相耦合吗？如果不是出于盲目的无知和愚蠢的自负，恐怕没有教师敢于做出完全肯定的回答。每一个学生都是一个非常复杂的个体，有着自己独特的智力、性格、需要、精神和经历等，要和学生之间进行顺利的交往和互动，并且通过交往和互动促进学生的学习和发展，绝非易事。在班级授课制的今天，每一个教师面对的可是一群学生！"儿童们每天来到学校，并不是以纯粹的学生——致力于学习的人——的面貌出现的，他们是以形形色色的个性展现在我们面前的。每一个儿童来到学校的时候，除了怀有获得知识的愿望外，还带来了他自己的情感和感受的世界，这正像教师除了教学工作外，还有自己的情感和感受的世界一样……"①"我们教的学生远比生命广泛、复杂。要清晰、完整地认识他们，对他们快速做出明智的反应，需要融入鲜有人能及的弗洛伊德和所罗门的智慧。"② 如果我们承认教学的复杂性，承认教师是常人而不是万能的上帝或拉普拉斯妖③，承认其理性和能力是有限的，我们就应该同样承认，教学是一件无与伦比的复杂和高难度的工作，也是一件永远不可能做到完美和了无遗憾的工作。有研究者实事求是地说道，"现实的课堂上发生的都是'教学'吗？不！……诸如或许只是有所'教'并无所'学'，或许只是并未真正与'教'相对的'学'，或许只是两种不相干的却被视为教学论意义上的'教'和'学'，等等，这样一些活动或场景，只因为发生在课堂上，只因为是作为教师和学生的活动，人们就统统称之为教学"。④ 真正和谐融洽的教学，可能在一部分教学时间里对所有学生有效用，或在所有教学时间里对一部分学生

---

①　杜殿坤等：《苏联关于教育思想的论争》，教育科学出版社 1988 年版，第 17—18 页。

②　[美] 帕克·帕尔默：《教学勇气：漫步教师心灵》，吴国珍等译，华东师范大学出版社 2005 年版，第 32 页。

③　拉普拉斯假定：如果有一个智能生物能确定从最大天体到最轻原子的运动的现时状态，就能按照力学规律推算出整个宇宙的过去状态和未来状态。后人把他所假定的智能生物称为拉普拉斯妖。

④　张广君：《本体论视野中的教学与交往》，《教育研究》2000 年第 8 期。

发生效用，而不可能在所有的教学时间里对所有学生都有效用。否则，就不会有任何教学"问题"需要研究，教学论也不会有存在的必要了。教学论研究以及各种具体的教学研究就是从不同的角度和层面探讨如何造就尽可能和谐、融洽、高效的教学，或者说，怎样才能让教学过程中和谐、融洽和高效的时刻多一些。教与学的不和谐包括有教无学、有学无教、教与学各行其是、教与学相互冲突等。相对于前三种情况而言，教与学相互冲突仍是一种教学互动形式，只不过是一种对立性的互动。此即本研究所指的教学冲突。所谓教学冲突，就是教师教与学生学之间的冲突，就是教师与学生在教学互动过程中由于在教学上的目标、内容、方法等方面持有不同的见解而导致的冲突。教学冲突既包括显性的、可见的相互对抗，也包括隐性的、心理上的矛盾冲突。

日本京都大学的哲学家、诗人塇原资明先生在《词语交往论》（五柳书院）一书中对"交往"进行了四种分类。他划分的四种交往类型是：只有一方讲话的"单向交往"、相互交谈的"双向交往"、被拒绝被阻挡的"反向交往"、思路各异的"异向交往"。① 教学互动过程中的"异向交往"其实就是我们所说的显性教学冲突。

毫无疑问，教学中随时可能发生教学冲突，使得教学呈现出很多出人意料或不如人意的地方，这些出人意料和不如人意之处构成了我们的教学问题和教学研究问题，教学实践和教学理论的进展则是在研究和处置这些问题的过程中逐步获得的。研究教学冲突，并非为了在教学中消灭教学冲突或一劳永逸地解决教学冲突。教学冲突是消灭不了的，除非我们能够消灭教学本身或者消灭人的个别差异性。对于我们不能消除或逃避的东西，如果我们改变自身的认识方式和应对方式，可能会迎来"柳暗花明"。社会学家克莱伯说："每一回你观察世界的角度有所移动时——无论是多么轻微的移动，你就会看到前此未曾看过的事物。"② 研究教学冲突的意义在于，只有通过研究我们才能清晰而深刻地理解教学冲突，才能理性地看待和合理地应对教学冲突，才能让教学中少一些负面的冲突，多一些动态

---

① ［日］佐藤学：《静悄悄的革命——创造合作、活动、反思的综合学习课程》，李季湄译，长春出版社 2003 年版，第 46 页。

② 何怀宏：《选举社会及其终结——秦汉至晚清历史的一种社会学阐释》，生活·读书·新知三联书店 1998 年版，第 22 页。

的和谐，才能造就越来越自觉的、越来越好的教学。"认识到一个人的信念的相对有效性，却又能毫不妥协地坚持它们，正是文明人区别于野蛮人的地方。"①

### 3. 概念辨析

有比较才有鉴别，有鉴别才能形成清晰的认识。要深入理解和准确把握"教学冲突"的含义，我们必须在它与其他一些相关概念之间做出明确辨析与区分。

（1）教学冲突与师生冲突

有人可能会反驳说，教学冲突研究早就有了，教与学的冲突，不就是师生冲突吗？的确，关于师生冲突的研究已经汗牛充栋，如果教学冲突与师生冲突只有概念表述的不同而无实质内涵的差异，当然就无须多此一举了。这就涉及概念辨析的问题。

教学冲突与师生冲突的主体都是教师与学生，教学冲突也是通过教师与学生之间冲突的方式表现出来，但这并不意味着二者是同一的，它们至少在以下两方面存在显著差异：第一，冲突的场域不同。教学冲突只发生在教学场域和教学过程中，而师生冲突发生在整个学校教育场域；第二，冲突的原因不同。教学冲突是由于对教学的目标、内容、方法、评价等的分歧而产生的，与教学密切相关。师生冲突的原因则要广泛得多，可能与教学有关，也可能与管理、生活或其他方面有关。换言之，教学冲突是在教学互动过程中产生的，是一种特殊的教学互动方式，而师生冲突则可能与教学互动完全无关。所以，在内涵上，教学冲突是一个比师生冲突更小的概念，也是一个与教学更加息息相关的概念。冲突场域、原因的不同，必然导致冲突的表现形态、影响作用和化解策略等方面的种种不同，这就使得"教学冲突"成为一个与"师生冲突"完全不同的问题域。已有的师生冲突研究并不能代替对教学冲突的研究，就像对教育的研究并不能代替对教学的研究一样。

一个新的概念的提出，往往也意味着研究思维方式的转换。从研究方面来看，我们将要进行的教学冲突研究与已有的师生冲突研究也是存在显著差异的：第一，研究的视角不同。现有的师生冲突研究大都从教育管理

---

① ［英］伯林：《自由论》，胡传胜译，译林出版社2003年版，第245页。

学的角度来研究，旨在建立良好的师生关系，提高教育管理的效能。而本研究属于教学论研究，是从教学论的学科视角出发的，重在探讨教学冲突对于教学意味着什么，对教学有什么启示，等等。第二，研究的层次不同。现有的师生冲突研究即使聚焦于课堂教学过程当中，也往往把师生冲突作为教学的背景影响因素，把师生冲突视为非正常的课堂偶发事件，强调良好的师生关系对于搞好教学的重要作用。这种研究大多属于工具论的研究。而本研究将教学冲突定位于教学的一种存在方式，视教学冲突为正常的教学存在，考虑的不是如何消解和消除教学冲突（教学冲突是消除不了的），而是在应对教学冲突的同时建构好的教学，应对教学冲突与建构好的教学是一体的。本研究定位于教学的生存论研究。第三，研究的假设不同。已有的师生冲突研究从管理学视角出发，大多将师生冲突视为负性事件，研究的目的是为了消除师生冲突。本研究则将教学冲突视为教学中的正常事件，而且是具有建设性倾向的正常事件，极端性的和破坏性的教学冲突是冲突管理与应对不利的结果，研究的目的是为了发挥教学冲突的建设性并构建好的教学。

由此可知，作为本研究的核心概念，教学冲突与通常所说的师生冲突在概念上有着相互差异，在研究路径上也存在诸方面的不同，二者不可相互混淆，更不可相互替代。

（2）教学冲突与课堂冲突

还有人可能会说，教学冲突不就是发生在课堂上的冲突，不就是课堂冲突吗？在日常语境中，我们也经常把"教学冲突""课堂教学冲突"和"课堂冲突"这几个词混用，彼此替代。我们认为，根据本书的概念定义，教学冲突与课堂冲突是不一样的，在此有必要做一个辨析。

首先，教学冲突并不都是课堂冲突。课堂即上课之堂，上课是教学的核心环节，课堂是为教学而存在的，教学活动主要发生在课堂之上。教学冲突是在教学互动过程中发生的，因而教学冲突也主要发生在课堂上，不论这个课堂在教室与实验室之内，还是操场之上，抑或任何其他校外场所。然而，教学冲突只是主要发生在课堂之上，并不意味着教学冲突必然就是课堂冲突。在课堂教学之外的辅导和评价环节，只要有教与学的互动，就有可能发生教学冲突。譬如，在教师的办公室里或家访学生的家里，也可能发生教学冲突，而且，教师与学生既不在课堂上又不在一起的时候，相互之间还可以通过信息媒介产生教学冲突。因而，教学冲突并不都是课堂冲突。其次，课堂冲突也不都是教学冲突。课堂主要是一个空间的范畴，其中也包含一定的时间规定性，而教学主要是一个活动的范畴。从而，在课堂上的教学互动环节中围绕教学而发生的冲突属于教学冲突，不是由教学的内容、目标、方法、评价等直接引发的冲突则不属于教学冲突。譬如，课堂上由于纪律管理而出现的师生冲突就不在我们的概念范围之内。网上曾报道华东政法大学一名女学生因点名不到遭老师批评，便向老师泼热水，造成老师面部烫伤①，在严格意义上，这就属于课堂冲突而非教学冲突。因而，课堂冲突并不都是教学冲突。最后，课堂冲突与教学冲突之间存在相互重叠和交织。教学冲突包括课堂教学冲突和非课堂教学冲突，课堂冲突则包括教学冲突和非教学冲突，课堂冲突与教学冲突之间存在着相互重叠和交织，我们称其为课堂教学冲突。由于教学主要是在课堂上完成的，所以课堂教学冲突是最主要和最常见的教学冲突。本书中提到的教学冲突主要是指课堂教学冲突。

即使如此，对课堂冲突和教学冲突之间做出辨析和区分是很有必要的，下文中将要展开论述的关于教学冲突的过程、类型与性质分析等都是紧扣教学冲突的概念而提出的，如果混淆了教学冲突和课堂冲突，则有可能觉得费解甚或产生误解。

（3）教学冲突与恶意攻击

最后，我们还有必要对教学冲突与恶意攻击进行区分。在后面对教学冲突的类型分析中我们会提到，教学冲突中包含一种非现实性冲突，即冲突的发起者是为了释放某种情绪才发起冲突的，冲突所围绕的教学问题本身并非冲突的核心所在，而只是为冲突提供了机会和抓手而已。非现实性教学冲突与恶意攻击之间的本质区别在于目的的不同。恶意攻击以伤害或恶化另一个人为目的，不顾其他，也不考虑对被攻击者所产生的后果。用作攻击的问题，除了作为损害对方的工具外，对攻击者本身来说并不重要。恶意攻击具有五个方面的特征：其一，对人不对事；其二，采用恶毒的语言；其三，使用武断的说法而不是询问的方式；其四，对新情况、新

---

① 张少杰：《华东政法大学女生因点名不到挨批用热水泼老师脸》，科学网（http://news. sciencenet. cn/htmlnews/2014/11/307320. shtml）。

论据置之不理；第五，措辞带有强烈情绪色彩。也就是说，恶意攻击的目的在于伤害对方，并不在意双方之间的关系是否能够继续保持下去。非现实性教学冲突虽然也具有对人不对事和情绪色彩较为浓厚这两个特点，然而，最关键的是，冲突的发起者发起冲突的目的不是为了伤害对方或破坏双方的关系，而是力图使双方关系以自己更加满意的方式继续存在下去，是为了实现自己关于双方关系的某一主张或诉求。在冲突过程中，他们会注意对方提出的新论据和新情况，一旦情绪得到释放和满足，冲突就会停止。教学冲突的解决依赖于对话和沟通，而恶意攻击是对话和沟通解决不了的，恐怕必须借助于其他的手段，因为攻击者根本没有达成协议的打算。

恶意攻击的情况在教学过程中可能并不多见，但也绝不是从来没有，或者以后绝不会再发生。我们应该弄清教学冲突与恶意攻击之间的重要区别，即双方的对抗是由带有破坏性的动机引发的，还是由言辞过激而本质上具有建设性的观点引发的，避免将两者相混淆，并分别采取适当的处置方式。

## 五　研究思路与方法

### （一）研究思路

研究教学的切入点和角度有很多，因为教学是复杂的。我们可以从各个角度去逼近我们的认识，但无论选取哪个角度，"都会在使我们获得某一向度上的纵深感的同时，失去对其他向度的深入洞悉"。[①] 这是每一单个研究者的无奈，但同时也提醒我们，如果每一单个研究者都能在某一向度上做到"深入洞悉"，我们就能无限接近"深入洞悉"研究对象。首先要做到的是对自己所选取的某一向度的深入洞悉。

教学冲突是在教学过程中发生的，它本身是教学过程的一部分，是人的活动的产物。教学冲突的应对也是教学过程的一部分，我们是如何应对教学冲突的就是如何进行教学的，就是如何认识与建构教学与人及其发展之间的关系的。同时，教学冲突的发生与应对方式又反过来影响教学和人

---

① 周晓虹：《西方社会学·历史与体系》，上海人民出版社 2006 年版，序言。

的发展。这样，教学冲突—教学—人的发展，三者之间就形成一种复杂的相互影响的关系，而非线性的影响与被影响、决定与被决定的关系。所有对"教学冲突"的追问都是一种对关系的追问，即对教学冲突、教学、人的发展三者关系的追问。只有在关系中，我们才能理解和把握教学冲突，才能彰显其意义和价值。

　　本研究聚焦于"教师应如何认识与应对教学冲突"这一核心问题，在当前的社会和文化背景之下对这一问题做全景式的观照和解读。研究的首要目的在于使"教学冲突"进入教学论研究的视野，即将教学冲突定位于教学的存在方式而非偶然的事件，以此唤醒对这个问题本身意义的重新领悟，并通过对"教学冲突"的教学论阐释，即以教学冲突作为观察和分析教学的"一滴水"，深化对教学及其本质的认识，从而促进教学论知识和理论的增长。以这样的目的为依据和指导，本研究的基本问题将定位在以下两点：

　　（1）教学冲突怎样渗透并构建了教学过程，又怎样渗透并构建了人的形成与发展过程？我们对教学冲突应形成什么样的认识？

　　（2）教学冲突在教学过程中有哪些表现？具有什么样的性质？面对从工具论、技术论过渡到存在论和生成论视阈下的教学冲突，教师何为？何可为，何应为？

　　也就是说，本研究不仅企望从理论的角度阐释问题及其意义，也要从实践的角度探讨和提出一个可能的解决问题的方案，其最终的实践指向是构建一种冲突与和谐共生的、焕发着生命活力的教学，努力沟通理论与实践，达至目的与过程、科学与艺术、现实与理想、智慧与德性的融合和统一。这正是教学论应有的价值和品格。


## （二）研究方法

　　运用什么样的方法和方法论，既取决于研究问题本身，也取决于研究者的主动选择。"教学冲突"问题既是一个关于"教学"的问题，也是一个关于"人"的问题，归根结底是一个关于"人"的问题。对于这个问题，可以从多学科的视野出发进行多维度的研究，例如心理学维度的研究、管理学维度的研究、社会学维度的研究，等等。本研究定位于教学论研究。教学论方法的特殊性在于，"一方面，教学论研究所要处理的对象是以教学活动为中心的广义的人类经验，它带有很大的体验性、感觉性、个人独特性和不稳定性；另一方面，教学论研究作为一门科学，它同样要求对大量的教学经验事实进行具有抽象性、普遍性和可延伸性的理性解释，它不仅要求涵盖尽可能多样的、广泛的教学经验事实，而且要求做出尽可能简洁的、统一的抽象概括。从这个意义上讲，教学论方法要求研究主体具有更大的自主性、灵活性和创造性"。① 基于研究目标、研究时间、研究条件以及研究者自身情况等各方面的考虑，本研究是以说理为基础的、辅以必要的案例分析和比较的理论研究。所选用的具体研究方法包括：

1. 文献法

对于任何科学研究来说，文献法都是最重要的研究方法之一。文献检索与综述是研究的起点与创新的基础，研究中任何概念的界定与观点的提出、分析与论证都必须建立在对相关文献的查阅、整理、理解与借鉴的基础之上。本研究参考了教育学、哲学、社会学、心理学、文化学等方面的研究成果，在此基础上提出自己的观点并加以分析论证。文献法是本研究的重要方法。

2. 分析法

分析法是通过对事物原因或结果的周密分析，从而证明论点的正确性、合理性的论证方法。这也是几乎所有的科学研究中都要用到的方法。在本研究中，进行判断、提出观点，都以一定的理论分析为基础，以建立一种解释性的框架。

3. 案例法

教学论研究是直接面向现实的教学生活的研究，它以人们在教学中的活生生的经验为基础。因而，在进行抽象的理论概括和理性解释的同时，援引案例进行分析和佐证，无疑会增强理论的说服力与研究的亲和力。每一个案例都不仅仅是对"客观事实"的描述，更是一个需要解读的文本，从中可以读出很多东西。本研究中案例的来源渠道是多样的，有研究者自己的亲身经历，有研究者的课堂观察记录，有从大众媒体获得的信息，还有的是从其他研究者的研究成果中转引的。案例来源的多样化，恰恰说明

---

① 徐继存：《教学论导论》，甘肃教育出版社 2001 年版，第 47 页。

本研究问题是一个具有一定共通性和普遍性的问题。

4. 比较法

没有比较就没有鉴别，比较是确定研究对象间的异同，以把握研究对象所特有的质的规定性的研究。本研究在进行核心概念界定、重要概念澄清以及有关事实与思想的历史考察时，都使用了比较的研究方法，力图通过对照来突出研究对象的特殊性、增强理论的阐释性。

# 第一章　作为教学场域的正常存在的教学冲突

　　教学冲突不是从外部强加于教学过程的偶然事件，而是教学内部教与学双方互动的一种方式或结果，是教与学之间的一种关系与状态，是一个动态的活动过程。正如佐藤学所指出的，"冲突与妥协、冲突与妥协、冲突与妥协……如此循环往复，可以说是课堂生活的特征。可以认为，课堂是从事教学、完成某些活动、实现某种价值的场所。不过在这个过程中也是遭遇重重困境，穷于应对，并且不得不做出某些妥协的场所。教与学这一活动，是通过无数的冲突与妥协才得以实现的，它绝不是作为理想环境中的纯粹的过程展开的"。[①] 通过教学冲突，我们可以更加深刻地理解教与学之间的关系，而教与学之间的关系是教学过程中的核心关系，从而使我们可以更加深刻地理解教学。法国当代著名社会学家布迪厄认为，现实的就是关系的，根据场域概念进行思考就是从关系的角度进行思考。在此，我们借助布迪厄的场域理论，通过对教学场域的特性、结构等方面的考察，把握教学冲突的存在，从而理解教学冲突之于教学的必然性与正常性。

## 第一节　教学场域的理解

### 一　教学场域的含义

　　"场域"是布迪厄在社会学研究中对关系空间的一个隐喻。"场域"与"惯习"和"资本"一样，都是贯穿于布迪厄作品的中心概念。"一个

---

　　① 〔日〕佐藤学：《课程与教师》，钟启泉译，教育科学出版社 2003 年版，第 139 页。

场域可以被定义为在各种位置之间存在的客观关系的一个网络（net-work），或一个构型（configuration）。正是在这些位置的存在和它们强加于占据特定位置的行动者或机构之上的决定性因素之中，这些位置得到了客观的界定，其根据是这些位置在不同类型的权力（或资本）——占有这些权力就意味着把持了在这一场域中利害攸关的专门利润（specific profit）的得益权——的分配结构中实际的和潜在的处境（situs），以及它们与其他位置之间的客观关系（支配关系、屈从关系、结构上的对应关系，等等）。"① 在布迪厄看来，由行动者、资本和位置及其相互关系构成的场域既是一个游戏的空间，也是一个争夺的空间。之所以是一个游戏的空间，是因为不同种类资本（经济的、社会的、文化的、符号的资本）之间的等级次序随着场域的变化而有所不同，就像在游戏中不同牌的大小是随着游戏的变化而变化一样。"一种资本总是在既定的具体场域中灵验有效，既是斗争的武器，又是争夺的关键，使它的所有者能够在所考察的场域中对他人施加权力，运用影响，从而被视为实实在在的力量，而不是无关轻重的东西。"② 作为一个争夺的空间，场域中包含各种隐而未发的力量和正在活动的力量，而争夺旨在维持或变更场域中这些力量的构型。进一步说，场域中位置的占据者用各种策略来保证或改善他们在场域中的位置，并强加一种对他们自身的产物最为有利的等级化原则。而行动者的策略又取决于他们在场域中的位置，即特定资本的分配。每一个场域都拥有各自特定的利益形式和特定的幻象，有多少种场域，就有多少种利益，不同场域的利益形式之间不可完全通约。

　　布迪厄把资本划分成经济资本、社会资本（或社会关系资本）和文化资本三种形式。在这三种资本概念中，尤以文化资本概念最为重要。"文化资本"是一个十分宽泛的功能性分析概念，特纳将其总结为"那些非正式的人际交往技巧、习惯、态度、语言风格、教育素质、品位与生活方式"。③为了便于研究，布迪厄将其划分成身体化形态、客观形态及制度形态三种基本形式：①身体化形态。"文化资本"的身体化形态指行动者

---

① ［法］皮埃尔·布迪厄、［美］华康德：《实践与反思——反思社会学导引》，李猛、李康译，中央编译出版社1998年版，第133—134页。

② 同上书，第135—136页。

③ ［美］乔纳森·特纳：《社会学理论的结构》，华夏出版社2001年版，第192页。

通过家庭环境及学校教育获得并成为精神与身体一部分的知识、教养、技能、趣味及感性等文化产物，也可以称作文化能力。②客观形态，即物化状态。具体地说，就是书籍、绘画、古董、道具、工具及机械等物质性文化财富。③制度形态。文化资本的制度形态就是将行动者掌握的知识与技能以某种形式（通常以考试的形式）正式予以承认并通过授予合格者文凭和资格认定证书等社会公认的方式将其制度化。文凭是制度化文化资本的典型形式。文化资本的积累是一个艰苦而漫长的过程，需要花费大量的时间、精力以及经济资本（教育投资）。家庭的经济和文化资本总量在很大程度上决定了孩子的成长。学校是除家庭之外最重要的生产文化资本的场所。

布迪厄指出，要想构建场域，就必须辨别出在场域中运作的各种特有的资本形式；要对一个场域进行研究或者从场域角度进行分析，则涉及三个必不可少并内在关联的环节："首先，必须分析与权力场域相对的场域位置。比如，就艺术家和作家而言，文学场域被包含在权力场域之中，而且在这一权力场域中，它占据着一个被支配的地位。其次，必须勾画出行动者或机构所占据的位置之间的客观关系结构，因为在这个场域中，占据这些位置的行动者或机构为了控制这一场域特有的合法形式的权威，相互竞争，从而形成了种种关系。最后，第三个不可缺少的环节，即必须分析行动者的惯习，亦即千差万别的性情倾向系统，行动者是通过将一定类型的社会条件和经济条件予以内在化的方式获得这些性情倾向的；而且在所研究场域里某条确定的轨迹中，我们可以找到促使这些惯习或性情倾向系统成为事实的一定程度上的有利机会。"①

依据布迪厄的场域概念，我们可以确认，就像哲学场域、艺术场域、文学场域的存在一样，教学也是一个场域。与其他场域一样，教学场域也是经济资本、文化资本和社会资本的聚集之所，但其中的主导资本无疑是文化资本。教学是生产文化资本最重要的活动方式和途径之一，文化资本因而成为教学场域的争夺对象。

1. 学生之间的争夺

文化资本的获得"在人们对此还未形成意识的早期就全面展开了。

---

① ［法］皮埃尔·布迪厄、［美］华康德：《实践与反思——反思社会学导引》，李猛、李康译，中央编译出版社 1998 年版，第 143 页。

它是通过年幼时期的家庭体验获得的"。[①] 如果子女获得了长辈的"惯习"，就基本获得了家庭的文化资本。由于每位学生来自不同的家庭，他们从家庭中携带的资本在结构、数量以及与正统文化的吻合程度上必然存在差异。这使得每个学生呈现出独特性和个体差异性，也表明学生并非站在同一起跑线上进行公平竞争。一般而言，在教学场域中的文化资本争夺中，来自优势家庭的孩子比来自弱势家庭的孩子处于更有利的地位。伯恩斯坦从语言符码的角度分析了这种不公平产生的内在机制。语言符码理论的基本命题是："社会结构决定沟通原则，也塑造了意识形式。"[②] 他指出，存在两种基本的语言符码，一种是精制型符码（elaborated code），常包含复杂的语法、语句的编辑和普遍性语意体现，同时搭配一种以个人化社会关系来陈述，主要存在于中上层阶级的语言之中；另一种是限制型符码（restricted code），由简单、选择性低且限制的语法与语词，依赖特定脉络的语义与以集体性社会关系组合而成[③]，主要存在于下层阶级的语言中。课程知识属于精制型符码，与中上层阶级子女所熟悉的语言符码一致，因此，在追求更多文化资本的过程中，来自中上层阶级家庭的学生处于较有利的地位，而来自底层社会家庭的学生则因所拥有的文化与课程知识属于异质文化，常常处于不利地位。此外，虽然文化资本是教学场域最主要的竞争资本，但资本之间"在一定的条件下按照一定的比率可以转化"[④]，中上层阶级的家长还可以用社会资本与经济资本通过隐蔽的交换，为子女争取更多的文化资本。相比之下，处于底层社会的学生就处于更弱势的地位。

2. 师生之间的争夺

与其他场域相区别的最明显之处在于，教学场域由作为教师的成熟者和作为学生的未成熟者共同构成，他们各自的身份是由制度事先确认

---

① 朱伟珏：《"资本"的一种非经济学解读——布迪厄"文化资本"概念》，《社会科学》2005 年第 6 期。

② 谭光顶、王丽云：《教育社会学：人物与思想》，华东师范大学出版社 2009 年版，第272 页。

③ 同上书，第 274 页。

④ ［美］戴维·斯沃茨：《文化与权力——布尔迪厄的社会学》，陶东风译，上海译文出版社 2006 年版，第 107 页。

的。一定数量和结构的文化资本是教师的"入场费"，学生则各自携带依托以前的经验背景积累起来的不同质量和数量的文化资本聚集于教学场域。从理论上说，教师所持有的文化资本（主要是知识）相对于学生处于绝对优势地位，师生之间在文化资本上的差异性格局是教学得以存在的前提，师生之间不应该存在文化资本的争夺，教师持有的文化资本其根本作用在于促进学生文化资本的增长和增值，文化资本的争夺主要发生在学生之间。然而，正如弗洛姆所指出的，"老师与学生之间的利益完全一致只能是个理想"。① 从布迪厄的场域理论来看，教学并非是以促进每一个学生的全面发展为旨趣的纯粹活动，而是教师和学生携带各种资本进行投资，以求赚取更多资本的"市场"，其中教师与学生、学生与学生之间因各自所拥有的资本不同分别处于不同的社会地位。② "场域是由在资本的类型与数量的基础上形成的统治地位与被统治地位所组成的结构性空间"③，师生之间由文化资本的差异而导致的地位的悬殊恰恰使得师生之间的争夺成为可能。当教师与学生各自谋求自身在场域中的权力而此消彼长的时候，或教师对学生之间文化资本争夺所施与的引导和影响遭遇合法化危机的时候，就有可能发生师生之间的资本争夺。而且，进入信息社会以后学生获取文化资本的途径日益多样化，教师在学生文化资本获得方面的作用有所下降，经济资本与社会资本又常常渗透到教学场域当中，因而教师与学生之间出现争夺也就并不奇怪了。此外，教师与学生之间的对立有时候表现为"文化的掌管者"（the curators of culture）与"文化的创造者"（the creators of culture）之间的对抗，前者是主流的、正统的文化的再生产者，而后者是新的、非主流文化的创造者或再生产者。在一定意义上，教学冲突就是教师与学生在教学场域内的文化资本争夺，教学场域是一个争夺与冲突之域。

---

① ［美］埃里希·弗洛姆：《逃避自由》，刘林海译，国际文化出版公司 2002 年版，第118 页。

② 原晋霞：《教学场域中的权力关系》，《教育理论与实践》2008 年第 3 期。

③ ［美］戴维·斯沃茨：《文化与权力——布尔迪厄的社会学》，陶东风译，上海译文出版社 2006 年版，第 143 页。

### 二　教学场域的特性

布迪厄认为，不同的场域具有同构性，所有的场域具有四点共同结构特征：首先，场域是为了控制有价值的资源而进行斗争的领域；其次，场域是由在资本的类型与数量的基础上形成的统治地位与被统治地位所组成的结构性空间；第三，场域把特定的斗争形式加诸行动者；第四，场域在很大程度上，是通过其自己的内在发展机制加以构建的，并因而具有一定程度的相对于外在环境的自主性。①

我们认为，布迪厄即使概括出了所有场域的共同特征，但这四点仍然不足以充分地描述教学场域的特性。教学场域除了具有这些共同特征之外，还具有自己的独特特性，这些独特特性是标志教学场域不同于其他场域的根本所在，同时，正是这些独特特性使得教学场域中的教学冲突不同于其他社会场域的社会冲突。教学是一种培养人、发展人的社会活动，是教师教学生学、帮学生学和促进学生学习的过程。教师与学生组成共同体，共同从事教学活动。教师与学生之间的总体目标和根本利益是一致的。这是教学之存在的根本，也是我们观察和理解教学时所必须谨记的。当我们将"教学"和"场域"这两个词合并成一个词的时候，表明教学空间具有场域的特征和效果，并不意味着教学的根本特性消失了，更不意味着教学场域与其他社会场域一样遵循着"丛林法则"，只是意在说明教学并非完全纯粹的活动，除了怀有理想的目标之外，还具有现实规约的一面，对教学的理解必须包含理想和现实两个维度。发展性始终是教学活动的根本特性，这是教学场域首要的和核心的活动目标，也是教学场域区别于其他社会场域的根本所在。倘若丧失了这一根本特性，教学活动就丧失了存在的合理性，教学场域也就消失了。

教学是为人的，也是人为的，为了达成教学活动促进人的发展这一根本目标，作为一个独立的场域，教学场域的所有活动和关系都遵循其特有的内在逻辑和要求。具体来说，它们体现在以下三个方面，我们可以将其视为教学场域的特性。

---

① ［美］戴维·斯沃茨：《文化与权力——布尔迪厄的社会学》，陶东风译，上海译文出版社 2006 年版，第 142—146 页。

### 1. 根本利益的一致性

教学场域也是一个资本聚集和利益获取的场所，无论是办教育者、教育者还是教育投资者（家长）、受教育者都是带着自己的利益诉求和资本升值预期参与教学活动的。如果不能从教学中受益，教学就没有存在的价值了。尽管在具体的层面上，各方可能存在着各种各样利益的不一致和冲突，但从根本上来说他们在教学场域的根本利益是一致的。因为教学场域的主导资本是文化资本，而且主要是文化资本中的身体化文化资本，即文化能力。身体化文化资本不同于经济资本，它属于"心理学馅饼"而非"经济学馅饼"，是一种可以共享并增值的资本。也就是说，不同个体持有的不同文化资本之间可以相互共享和共同升值，而非绝对的此消彼长的关系。教师在促进学生文化资本增长的同时，其自身的文化资本绝对总量不会减少，反而有可能获得增加（专业发展）。学生群体文化资本的最大化增长是教学场域的根本目标，实现这一目标有利于提高教学场域及其行动者在整个社会场域的位置和影响力。因而，教学场域内根本利益是一致的，各方之间"一荣俱荣，一损俱损"，各方之间的争夺和冲突基本都以不损害这个根本目标为前提，教学场域内的各种争夺和冲突不至于过分激化且大多能够得以和解也是基于此。

### 2. 互动性

布迪厄把冲突看作所有社会生活的基本动力。他指出，知识场域是由等级层次明确的位置所构造的，是由"追求差别的动力法则"支配的；无止境的寻求差别的冲动促使知识场域持续地生产出竞争性的知识形式。① 在知识场域中，行动者之间的争夺和冲突是通过追求个人特异性、占据一个独特的位置而进行的。显然，这一法则不完全适用于教学这一特殊的知识场域。原因在于，教学场域主要是一个再生产文化资本的领域，而不是一个生产文化资本的领域。也就是说，教学场域强调通过传承获得文化资本，而不是通过创新争夺文化资本。通常在教学中我们所呼吁的"创新"从根本上说是一种"再创新"，是相对于机械灌输和死记硬背而言的。而这种传承主要依赖于师生之间的持续互动，互动的效果决定了传

---

① ［美］戴维·斯沃茨：《文化与权力——布尔迪厄的社会学》，陶东风译，上海译文出版社 2006 年版，第 157、258、261 页。

承的效果和文化资本增长的效果。在互动的过程中，师生之间出现各种类型的冲突。如果说一般知识场域的冲突往往是行动者彼此之间的"隔空过招"，教学场域内的冲突则常常是面对面的实质互动。

3. 中介性

布迪厄认为，外部的影响总是被转译为场域的内在逻辑，外部影响来源总是以场域的结构与动力作为中介。① 这一点在学校场域表现得尤为明显。学校既不是完全中性的，也不仅仅反映更大范围内的权力关系，而是在维持与强化这种关系时扮演复杂而间接的中介作用。其主要原因，还是因为学校场域的主导资本是文化资本。尽管处于教学场域当中的行动者携带着不同类型和数量的各种资本进入，但这些资本，无论是经济资本，还是社会资本，它们本身是不能直接发挥其资本作用的，必须首先转化为文化资本才能参与场域内的互动和争夺，同样，它们与文化资本之间的转化也是"在一定情况下"才能进行的。以文化资本为核心，这既是教学场域自身特殊的游戏规则，也是教学场域的独立性之所在，同时也使得教学场域成为一个相对公平和纯洁的空间。然而，也正是在此意义上，布迪厄指出，学校——教学系统起着隐秘的再生产不平等的社会—阶级关系的功能，并因而有助于维持人们对权力关系的误识和社会秩序的稳定。

## 第二节 教学场域的结构与教学冲突

教学场域是教师与学生共同活动的场域，是一个与其他社会场域既相似又相区别的场域，有着自身独特的时间结构、空间结构和人员结构。这些结构之间的相互关系组成了整体的教学场域，使教学场域呈现出自身的独特性。教学冲突在特定的时空结构和人员结构中产生，既是教学场域的产物，也是教学场域的一部分。

### 一 教学场域的时间结构与教学冲突

海德格尔说："任何一种存在之理解都必须以时间为其视野。"② 时间

① ［美］戴维·斯沃茨:《文化与权力——布尔迪厄的社会学》，陶东风译，上海译文出版社 2006 年版，第 148 页。

② ［德］海德格尔:《存在与时间》，陈嘉映、王庆节译，三联书店 1999 年版，第 1 页。

是教学场域的存在之维，也是理解教学场域所不可或缺的。教学活动的进程体现在时间的安排上，教学的效果也是以时间来衡量的。教学之所以是人类社会所必需的一种活动，乃是因为在教学中，时间的流逝可以换来文化资本的增殖，使得个体在每一个时间点上比上一个时间点有所发展和变化。每一天的教学活动看似相似，实则相异，它不是循环性的而是递进性的发展。

尽管哲学史上有着各种各样的时间哲学和对时间的理解与体验，然而对于大多数从事现实教学活动的人来说，他们的时间感是最俗常的也是最务实的，即时间是线性的、连续的，不能凝滞、折返、迂回，要想将时间与效果（发展）最大程度地契合到一起，必须妥善安排教学活动的时间结构，即将时间制度化，最大限度地利用时间而不是浪费时间。夸美纽斯在他的《大教学论》中，对此已有充分地论述，比如，"我们知道，良好的学校组织主要在于工作与休息分配得当，有赖于读书、松缓、紧张的时间的间隙与娱乐的分配"，"学校应当这样组织，使学生在一定的时候只学一件事情"，"各个班级的一切功课都应该仔细分成阶段，务使先学的能为后学的开辟道路，指出途径。时间应该仔细划分，务使每年、每月、每日、每时，都有一定的工作。时间与学科的划分应该严格遵守，务使无所省略或颠倒"，"教导从每年的一定时间开始，如同太阳对于植物界的影响是从一定的时间，即春天开始一样"。① 赫尔巴特的四阶段教学法、凯洛夫的五步教学法等，无不是力图通过对教学时间的程式化的有效安排，达成教学效果的最优化。今天的教学面临着更加严峻的环境，即知识更新速度不断加快、知识总量无比庞大且日益增加，"此时""当下"显得更加重要了。教学场域的时间被格式化成多个小片段，要求在一定的片段里师生只能做规定的事情，无论是教师还是学生，如果有所违反，则会受到纪律和规则的制裁。与此同时，有关惜时、不浪费时间的格言警句、谚语在教学场所也特别多，如"黑发不知勤学早，白首方悔读书迟""少壮不努力，老大徒伤悲""明日复明日，明日何其多。我生待明日，万事成蹉跎""一万年太久，只争朝夕"，乃至"此刻睡觉，你将做梦；此刻

---

① ［捷］夸美纽斯：《大教学论》，傅任敢译，教育科学出版社1999年版，第73、83、86—87、132页。

学习，你将圆梦""生前何必久睡，死后自会长眠"，等等，形成一种强有力的约束和劝诫人们的心理场。为了让这种观念深入人心成为有力的鞭策力量，考勤、分阶段的单元考、月考、期中考、期末考和醒目的倒计时牌也成为教学场域的特色。

然而，时间不仅是一个客观的外在概念，同时也是一个带有个人属性的概念。爱因斯坦坚持认为："对于个人，存在着一种我的时间，即主观时间。"① 尽管身在教学场域并受到制度化时间的规约，但主观时间与制度化时间并非总是契合的。我们来看一个中学生关于自己一天时间安排的描述：

我的美好生活②

……第一节课睡觉第二节课发呆课间操要么在厕所里边拉屎边抽烟要么躲校医室里装病第三节课睡觉下课抽烟第四节课接着睡觉——放学——奔向食堂——排队——打饭——吃饭——涮盘子——回宿舍——去厕所一边拉屎一边抽烟——回寝室与号友扯淡或找 why 聊天——躺床上想睡午觉可结果上午睡得时间太长抽了太多烟反而该睡的时候睡不着了——……去上课——第一节课睡觉第二节课睡觉课间休息找 why 抽根烟第三节课接着睡——奔向食堂——……——去上晚自习——第一节睡觉课间休息找 why 撒尿抽烟第二节课睡觉第三节课要么发呆要么复习（实则预习）今天所上过的课程想自己今天又学习了什么新知识新文化新道理明天怎样用它去建设美好将来——回宿舍——……在睡梦中梦见了明天来临其实一睁眼还是他妈的昨天的那个今天。

由此可见，对于教学场域中的人来说，时间结构是二维的，即制度化时间和主观时间。制度化时间本身是一种控制和规训的形式，意味着一种绝对的权力关系，在其中个体的身体必须按部就班地听从安排，否则就会

① ［美］爱因斯坦：《爱因斯坦文集》，许良英、范岱年译，商务印书馆 1976 年版，第156 页。

② 肖睿：《一路嚎叫》，中国工人出版社 2003 年版，第35—36 页。

遭遇惩罚。而主观时间恰恰是个体自己对时间的真实体验和自主控制。制度化时间是连续的，过去、现在、未来三合一，现在之中包含着过去，也孕育着未来，因为怀有对未来的忧虑而强调对现在的支配和安排。主观时间却是个人主义的，只关注当下的主观感受，过去消融，未来则幻灭。制度化时间与主观时间二者之间的不一致使得教学场域成为一个充满张力和冲突的空间。其中，教师由于在此前的教育经历中养成类似的时间"惯习"，加上他们通常参与教学场域制度化时间的规划、安排和执行，因而往往更加认同制度化时间，而学生则常常摇摆于制度化时间和主观时间之间。

## 二　教学场域的空间结构与教学冲突

"我们可以把场域设想为一个空间，在这个空间里，场域的效果得以发挥，并且，由于这种效果的存在，对任何与这个空间有所关联的对象，都不能仅凭所研究对象的内在性质予以解释。场域的界限位于场域效果停止作用的地方。"① 由此观之，教学场域不等同于教室，教学场域不是一个特定的具体空间，而是一个关系空间、心理空间和文化空间，对教学场域的空间结构的把握不能停留于物质性的实体布局，而是要探寻实体布局背后的权力和文化意义。物理性的空间，凭借着自身的构造可以构成一种隐秘的权力机制，这种权力机制能够持续不停地控制和规训，通过这种控制和规训将个体锻造成新的主体形式。任何一种空间布局都意味着一种权力关系和文化格局，空间布局的改变即权力关系的转换和文化格局的转变，是一场静悄悄的革命。

一方面，教学场域的整体空间布局中渗透着权力规训和文化统治的意味。夸美纽斯认为，"学校本身应当是一个快意的场所，校内校外看上去都应当富有吸引力。在校内，房屋应当光亮清洁，墙上应当饰以图像。这种图像应当是受人崇拜的人物的照片、地图、历史图表，或别种装饰"。② 这是教育家从纯粹的精神熏陶的目的出发建构的教学空间布局，意在通过

---

① ［法］皮埃尔·布迪厄、［美］华康德：《实践与反思——反思社会学导引》，李猛、李康译，中央编译出版社1998年版，第138页。

② ［捷］夸美纽斯：《大教学论》，傅任敢译，教育科学出版社1999年版，第93页。

潜移默化、耳濡目染的方式令受教育者养成教育者期望的品格和性情。近现代以后，随着学校教育日益制度化，教学空间布局的这种作用被发挥得淋漓尽致。尽管在不同时期、不同国家、不同地域的教学场域中，其空间布局各具特色，期望传递的内容也不一样，但无论如何，其中我们可以处处看到权力和文化的影子，以及它们对身处场域当中的人的引导和控制作用。身处其中的人们"不由自主"地受到控制和影响，就像在肃穆的教堂当中人会失去大声嬉笑的欲望一样。

　　丰宁小学一年级至五年级的教室都布置得很正规。墙上都贴着名人们的画像，画像上标着人物的姓名与身份，并印有他（她）的一句名言。画像分两类，一类是科学文化名人；一类是英雄模范。前一类有居里夫人、诺贝尔、鲁迅与孔子；后一类有董存瑞等。……画像都是教育当局专门为在教室张贴设计的，其人都是让学生看齐的人生楷模，其言是让学生遵循的行为准则。我问三年级的班主任，学生问不问这些人是谁。她回答说："不用他们问，我给他们讲，他们都知道。"在二年级的教室里，诺贝尔与董存瑞的画像并列挂在一起，一个是西方发明炸药的人，一个是中国使用炸药并为此献出生命的人，而诺贝尔偏偏又说"生命是最珍贵的宝石"。这两个人并列在一起真是有点惊人，但他们确确实实同是国家因为自己内在的需要而为教育设定的楷模。国家要追求现代化，就必须动员学生崇尚科学，就必须以科学文化巨人的形象为精神资源来展开英才教育，就必须鼓励学生"攀登科学高峰"，所以作为科学家也作为科学文化最高奖象征的诺贝尔必然被供奉于中国乡村小学的教室；而国家同时还要追求政治的稳定与政权的巩固，所以代表着忠诚与献身的董存瑞在教室中也不可缺席。一般来说，越是对于偏远乡村的孩子，遥远而伟大的人物就越成为被热烈崇拜的偶像，就越拥有神秘而神圣的光环，就越具有真切而强大的感召力量。……国家就通过村小教室中的挂像为表达并实现自己的意志创造了浓郁的氛围，挂像起到了有力的引导与烘托的作用。[①]

―――――――――

　　①　李书磊：《村落中的"国家"——文化变迁中的乡村学校》，浙江人民出版社 1999 年版，第 7—9 页。

　　另一方面，教学场域的具体空间设置指示了相应的权力格局和文化关系。最早对这一问题进行研究的是美国社会学家沃勒。他从"课堂生态学"的角度出发，指出学生对座位的选择具有相对稳定的群体特征，对教师依赖性过强者与学习积极性高者通常选择前排座位，喜欢捣乱者往往坐在后排，喜欢引起教师注意者一般就座于中排，胆怯者贴墙而坐。在我国，学生座位一般是由教师按照一定的标准（成绩、身高等）统一安排的。秧田形的教室空间安排是当前班级授课教学组织形式中所采用的最常见的一种教室空间安排类型。在这种教室空间中，学生的座位前后、左右距离一定，呈水平平行，排列整齐，面对讲台和黑板，讲台一般高于地面约 20 厘米。当教师站在讲台上时，他对教室里的任何一个位置都是一览无余的，因此没有哪个学生的小动作可以逃出教师的视线；相对而言，学生坐在座位上时却由于课桌的放置，身体被固定在一个方位和朝向上，所看到的空间极为有限。这样的教室空间布局就产生了福柯所说的全景敞视的规训效果，这个场域是由教师主宰的，学生只是被支配者。而学生之间由于座位所处具体位置及其与讲台的距离、角度的不同，也呈现出一定的等级差别。座位处于教室中间、靠近讲台的优势位置的学生一般占有较多的文化资本，课堂参与机会多，与教师的交流较为频繁，其学习的效果也较好。索莫尔 1967 年的一个研究证实，在一个课堂中学生对于课堂讨论的参与，直接受到学生座位位置的影响。在倾向上，以教师讲台为中心，座位越居于中心位置，距离越近，学生对于课堂讨论的参与比例也越大（如图 1 所示）。[①] 相反，那些坐在远离讲台的偏远位置的学生通常游离于课堂教学和教师注意力的边缘，如同一个局外人一样，他们在教学场域处于弱势地位。当前，教学变革中提出要变化教室空间安排，由秧田形向矩形、马蹄形、花瓣形和四通八达形转变，并不仅仅是一种物理空间的改变，而是一种权力格局和文化关系的转向，即促进教学场域中权力的均衡化和民主化，由一种绝对的文化控制与被控制的关系导向平等的交流与协商关系。

　　"权力总是处于关系中，总是处于斗争状态，总是遭到抵抗，且总是

---

　　① 金盛华、张杰：《当代社会心理学导论》，北京师范大学出版社 1995 年版，第 191—192 页。

表现为战争形式：哪里有权力，哪里就有相应的抵抗权力。"① 无论蕴含着什么样的权力格局和文化关系，教学场域的空间结构都同时是一个蕴含着冲突的场域，只是在不同的权力格局和文化关系当中冲突的质、量和类型不一样而已。教学场域既可能是一个适于冲突同时又制造冲突的场域，也可能是一个宽容冲突和释放冲突的场域，既可能是一个适于控制之域，也可能是一个迈向解放之域。"每一种用来限制教育自由的力量都鼓励着人们最后诉之于暴力来取得所需要的改变，每一种倾向于解放教育过程的力量都鼓励着人们去采取理智的和有序的方法，领导正在向任何方向进展的社会朝向一个比较公平的、平等的和人道的目的前进。"②

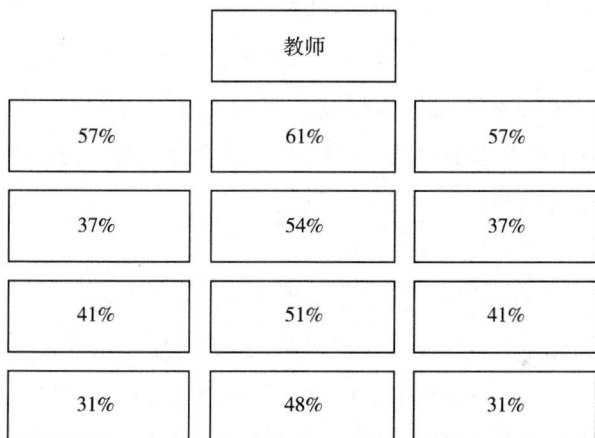

| | 教师 | |
|---|---|---|
| 57% | 61% | 57% |
| 37% | 54% | 37% |
| 41% | 51% | 41% |
| 31% | 48% | 31% |

图1　教师空间位置对学生课堂参与的影响

### 三　教学场域的人员结构与教学冲突

教师与学生是教学活动的主体，也是教学冲突的主体。那么，教学冲突中的教师与学生是什么样的？在此处提出这个问题，并非是想重新对"教师"或"学生"进行概念界定（也无须如此），而是探求在教学场域内教师与学生的生存方式，即他们各自是以什么样的身份状态在教学场域行动。因而，我们对"教师"和"学生"的阐述不是周详的描述和概括，

① 汪民安：《身体、空间与后现代性》，江苏人民出版社2006年版，第267页。
② 刘铁芳：《回到原点——时代冲突中的教育理念》，华东师范大学出版社2007年版，第109页。

而是抽取出教师和学生的最突出特征加以分析，接近于马克斯·韦伯的"理想类型"。

"教师"与"学生"都是特定的人在教学场域中的身份符号和社会角色，他们之间的冲突与他们的角色和身份有着十分密切的关系。换句话说，在教学场域相遇时，他们不是作为完全的自己，而是自己和所扮演的角色、所具有的身份的结合体。只是，今天，在全景敞视的时空背景下，权力的阴影无处不在，个体成了制度化社会的原子，人们不断被强调按照自己的角色和身份去行动，以至于有的时候我们会忘记我们自己是谁，或者艰难地挣扎于角色、身份和自我之间。用布迪厄的话说，我们每个人都是带着在既往的生活史中形成的"惯习"进入场域并建构场域的，"惯习就是社会化了的主观性"，同时，"场域形塑着惯习，惯习成了某个场域（或一系列彼此交织的场域，它们彼此交融或歧异的程度，正是惯习的内在分离甚至是土崩瓦解的根源）固有的必然属性体现在身体上的产物"。①

1. 教师：教学场域的职业人

（1）作为职业人的教师

教育的发展经历了从非形式化、形式化到制度化的历程，与此同步的是，教师角色也经历了从自由人②到职业人的转变。在教育一步步被纳入体制之中的同时，教师也逐渐地体制化和职业化。孔子和苏格拉底都是教师，同时也是自由人，他们之所以当教师，不是为了养家糊口，而是因为他们认为自己负有教化天下、启迪群氓的使命和责任。他们首先是一个思想者，然后才是一个教师。他们所教的，就是他们所思考、信奉和坚持的，在教学中，他们是自由的，只对真理和良心负责。学生之所以跟随他们、尊敬他们，是因为信奉他们，是因为他们是"他们"。教学于他们，是一项悦己惠人的志业，教学就是他们生活的方式，他们从中体验到快乐、幸福与意义感，因而可以日复一日诲人不倦。然而，在制度化教育的背景下，教师是与学校签订劳动合同并按劳动合同工作的雇员，是科层化体制内的一分子。科层制组织的运行具有以下技术上的优越性：成熟的科

---

① ［法］皮埃尔·布迪厄、［美］华康德：《实践与反思——反思社会学导引》，李猛、李康译，中央编译出版社1998年版，第171—172页。

② 自由在这里不仅仅指身份的自由，更主要指内心的自由。

层制与其他形态的组织相比较，其差别正如机器生产方式与非机器生产方式的差别一样，精确、迅速、明确、熟悉档案、持续、谨慎、统一、严格服从、防止摩擦以及物资与人员费用上的节省。① 在这样的教育组织体系里，教师自己是什么样的不重要，关键是是否符合国家对教师的雇用标准和要求。教师所教的，是事先规定好了的，基本上与他们自己无关；怎么教，也是有制度规范的，不能随心所欲；教的怎么样，要被及时跟踪评价。在教学中，最重要的，他们要对自己的雇主——国家负责，其他的都要服从于这个"大局"。对于教师而言，教育矮化为一门养家糊口的职业，教学成为纯粹的技术性活动。教师每天作为社会代言人在学校和教室里履行职责，兢兢业业或马马虎虎地完成自己的工作，下班之后才能长呼一口气，然后换上一副表情和心情开始自己的"生活"。教师工作的神圣性和崇高性荡然无存，偶尔或许成为教师对自己工作劳累的自我安慰，衡量教师工作的唯一指标就是学生的成绩。他们的工作不是志业，甚至不是事业，仅仅是职业，职业又以学期计，学期以周计，周以课计，中间还有分数，教师接受的是课时，完成的也是课时，教师的工作琐屑化，目标定量化也狭窄化，教师陷入一种局限的工作情境之中。② 教师必须是热爱学生、乐观向上和充满热情的？没有问题。在自我提示和职业训练的基础上，教师完全可以表现出这些情感特征——"从事阿莉霍克希尔德（Arli Hochschild）所称的'情感劳动'（emotional labor）。当人们为了符合自己职业中被期望、被允许的情感方式而制造或掩盖自己的情感时，情感劳动便发生了。情感劳动要求不同的职业有不同的情感。如葬礼承办人必须热心周到，上门讨债者应该一脸凶相，护士必须关心体贴。"③ ……这样的工作当然没有什么快乐和幸福可言，因而教师曾长期被树立为克己牺牲的典范，被比喻为蜡烛或春蚕。在大多数教师心里，"有时候，我们必须为了钱而非为了工作的意义而工作，我们可能根本没有因为工作不能使我们感到愉悦而辞职的派头，但是，我们不断以那种践踏我们灵魂的方式工

---

　　① 刘云杉：《从启蒙者到专业人——中国现代化历程中教师角色转变》，北京师范大学出版社 2006 年版，第 170 页。

　　② 同上书，第 178 页。

　　③ ［美］安迪·哈格里夫斯：《知识社会中的教学》，熊建辉等译，华东师范大学出版社 2007 年版，第 73 页。

作，而对他人和自己造成损害，却无法从中解放出来……为了减少我们易受到的伤害，我们与学科分离，与学生分离，甚至与我们自己分离。我们在内部真实和外部表现之间建立了一堵墙，我们扮演着教师的角色，我们的话语陈述脱离了我们的心灵，变成了'漫画书中气泡框中的话'，我们自己成了漫画书中的人物"。①

在一定意义上，我们可以说，教师的职业化意味着教学活动中教师自我的隐退和制度的殖民，意味着教师对于所从事的教育教学工作越来越少理想仰望、自主安排和责任担当。失掉了自我的教师还能做好教学工作吗？看来似乎是不可能的，"真正好的教学不能降低到技术层面，真正好的教学来自于教师的自身认同和自身完整"。② 然而，如果好的教学被等同于学生的高分数的时候，一切就顺理成章了：教师越是去个性化，越是依附于科层制，科层制就运转得越高效，从而教学效率越高。在这种情况下，教学完全失掉了生命性和情感性，而变成了赤裸裸的经过理性计算的投入—产出行为。尽管有些情非得已和不由自主，为了让这一过程顺利前行，同时也为了守住在教学场域内的位置（守住了位置就等于守住了身份，守住了饭碗），教师不得不借助于制度权威。作为被制度权威规训的"秩序人"，教师比任何人更加清楚制度权威的威力和效力。当然，实际上，教师并非制度权威的终极拥有者和解释者，教师只是制度权威的传递者而已，是国家权力链条中的一环，通过教师，国家得以对年青一代实施规训和控制。教学场域的教师制度权威是教师和国家"共谋"的产物。这个产物"迫使他演出做作的独角戏，炫耀自己的才华。讲台使占据它的人得到了语调、措辞、口才和演说姿态，尽管这些东西他本来就有……教师可以要求学生参与或不参与，这从来都不会有变成实际的危险。向听众提出的问题往往只是讲道中的提问，主要用来表示信徒参加了活动。在绝大多数情况下，回答只是作为弥撒时颂歌中的应答轮唱……传统的教师可以放弃绶带和长袍，甚至可以从讲台上下来，走到学生中间，但是他不

---

① ［美］帕克·帕尔默：《教学勇气：漫步教师心灵》，吴国珍等译，华东师范大学出版社2005年版，第31、18页。

② 同上书，第10页。

能放弃最后的防护——以教师的身份使用教师的语言"。①

"以教师的身份使用教师的语言"的教师不是一个言说的主体，而是一个言说的机器，他的教学不是对学生发出交往和沟通的邀请，而是完成灌输和宣传的任务。这就违背了哈贝马斯交往伦理的"真诚性""真实性"要求，也就不可能引发真正的交往，而只是一种虚假的交往。这种虚假的交往是无根的，与其说是思想的交流，不如说是权力的规训，除非所有参与者都是穿了新装的皇帝，否则怎么可能和谐而无任何冲突呢？

（2）作为普通人的教师

作为职业人的教师肩负着国家和社会的期望、行使着教育未成年人的责任，并因而获得了崇高的声望和荣誉的称号：人类灵魂的工程师、太阳底下最光辉的职业、园丁、春蚕，等等。然而，在根本的意义上，教师也是普通的"社会人"。即使成天戴着"职业人"的面具行动和表达，面具的后面也是一张普通人的面孔。作为普通社会人的教师，在生活中还担负着其他各种必要的社会角色，父亲/母亲、儿子/女儿、丈夫/妻子、消费者、公民，等等；具有普通人的各种生活的烦恼和忧愁、坎坷与幸运、喜怒哀乐，以及基于其生活史养成的人格特征。即使是最专业的教师以"职业人"身份进入教学场域的时候，这些作为普通人一部分的种种并不能像身上的灰尘一样轻轻抖落或被密不透风地覆盖，而是糅杂在教师身上成为教学活动的组成元素。教学活动因此而体现出教师的教学特色和个性，打上教师的个人化烙印，同时，这也使得教学不可能是纯粹的知识传递和认知促进过程，而是教师与学生作为人的相遇。最职业化的教学也是附加了教师的非职业化特征和元素的活动，因为"人的生命是一个由多重矛盾构成的否定性的统一体，是自然性与超自然性、肉体与灵魂、感性与理性、情欲冲动与理想追求等等多重矛盾关系的统一体，是一个多元性的丰满存在"。②"普通人"和"职业人"都是教师作为人的一部分，他们共居于教师身上，组成了一个真实而矛盾的人。这两个方面的关系构成了教师的自身认同和自身完整问题，也常常导致了教学的问题。

---

① ［法］皮埃尔·布迪厄、J. C. 帕斯隆：《再生产——一种教育系统理论的要点》，邢克超译，商务印书馆2004年版，第121页。

② 高清海、胡海波、贺来：《人的"类生命"与"类哲学"》，吉林人民出版社1998年版，第109页。

　　埃里克出身于一个熟练工匠之家，他的父辈在乡村，没有受过正规教育，但是都有手工技艺的天分。埃里克在童年时期就表现出这种手工技艺天分。他在成长过程中学习了手工技艺，形成了以手工业者出身为荣的自我意识。

　　埃里克在学业上很优秀，是他家庭中上大学的第一人。大学期间，学习成绩优秀，考上研究生，获得博士学位，选择了教学这条路。

　　18岁时，从偏远的乡下一下子跨入著名的私立大学，埃里克心灵上经历了强烈的文化冲击，并且一直没能克服这种文化震惊。因此在同学和伙伴之中，以及后来在他认为文化背景比他"文明"的同事之中，他感到不安，缺乏自信。他学会了像知识分子学者一样说话和做事，但在内心深处，他总是感觉自己是混进了这个层次的群体中，在他眼中，他们才是天生就属于这个群体的，而自己则不是。

　　但是，不安全感既没有改变埃里克所选择的路，也没有引发他的自我反思。相反，他在学术领域专横霸道，以为主动出击就是对自己的最好保护。他轻易下结论而不探求；他不听别人讲话的优点，而是专挑缺点、吹毛求疵。他对任何人、任何事都挑起争论——对别人的任何反馈都以一种模糊的轻视态度作为回应。

　　在课堂上，埃里克总是批评别人而且非常无端，动不动就以"愚蠢的问题"来窒息学生，不让他们提问题。他最擅长编造些怪问题，把学生带进他设的怪题的陷阱里，然后再对错误答案进行无情的嘲笑。他似乎被一种需要所驱使：学术生涯使他历经痛苦，他要把同样的伤痛加之于学生——这是对自我本身深感困扰的痛苦。

　　但当他回到家里坐在工作台前，沉浸在手工制作中，他又发现了真实的自己。他变得热情而受欢迎，他觉得这个世界挺美好，也乐意对人友善。他与他的根基重新相连，以他的真我为中心，能够恢复自己的平和与自信的内核——这一切，他一回到学校就立即消失。①

---

① ［美］帕克·帕尔默：《教学勇气：漫步教师心灵》，吴国珍等译，华东师范大学出版社2005年版，第14—15页。

在制度化、普及化教育的今天，教师是一个庞大的群体。埃里克的经历绝非个案！教学显然不能下降至纯粹的职业化层次，剥离了自我情感和生命体验的教学行为即使是熟练的、高效的，却也是干瘪的、可怕的。但自我在场的教学行为并非都意味着善，有的时候正是这个"自我"使教学成为缺乏节制和理性的盲目冲动，成为假"教学"之名的非教学行为，并引发教与学之间的不和谐甚至冲突。如何在"职业人"和"普通人"两种角色之间保持平衡与和谐，使教学成为既具有丰富情感和德性又符合教学的规律和逻辑的活动？如何使教学在促进学生发展的同时成为教师的自我关怀、自我表现和自我实现的过程？或者说，如何同时实现教学的教育性和教育的教学性？从事教学的教师本身是一个多重矛盾的综合体，教学的现实存在就意味着这些悖论，正是这些悖论构成了教学场域的张力，凸现教学的复杂性和冲突性，同时也为教学的个性、创造性和教师智慧的生成提供了机遇和空间。

2. 学生：受教育的人

如何认识教学场域的学生？另一种提问方式是，与处在教学场域之外的未成年人相比，处在教学场域的学生具有什么样的特点？"学生"的概念，不仅意味着"在学校里学习的人"，同时也是"学会生存之人"。学生是一种身份、一种角色，是一个群体，同时也是一种生存方式。

（1）作为受教育者的学生

在一般的教育语境里，"学生"是"受教育者"的一种简短和通俗的说法。学生是受教育者，这是毋庸置疑的，但学生不仅仅是受教育者，"学生的属性不能被'受教育者'这一概念涵盖无遗"。① 当学生被完全等同于受教育者的时候，教育就成了外在的、学生被动接受和承受的东西，学生成了纯粹的"受者"，其作为个体的人的一面被群体性的"者"所覆盖和替代。无论在身体上还是心灵上，学生被置于被动而无奈的境地。

教学活动首先通过对学生身体的驯服来完成。身体不是生物学和物理学意义上的肉体，而是融合了肉体与精神的双重特性的事物，是物质与非物质的结合，对身体的驯服兼具对精神规训的作用。这一观念，从古至今

---

① 吴康宁：《学生仅仅是受教育者吗？——兼谈师生关系观的转换》，《教育研究》2003 年第4 期。

在中国教育史上有着颇为悠久和坚固的传统。

> 易曰，蒙以养正，圣功也。而养正莫先于礼。盖人之自失其正，以自外于圣人之途者，率以童幼之年不闻礼教，则耳目手足，无所持循，作止语默，无所检束。及其既长，沿习偷安，徇情任气。如已决之水，不可提防；已放之条，不可盘郁，何所不至哉！是故朱子小学，必先洒扫应对之节，程子谓即此便可达天德，信非诬也。世之父兄，既以姑息为恩；而为之师者，日役役焉以课程为急。故一切礼教，废阁不讲，童蒙何赖焉。①

在中国的课堂内外，在成文的《学生日常行为规范》《学生行为守则》和不成文的校风班风里，有着各种各样的关于时间作息制度和空间活动场合的行为规定，具体到身体姿势、穿着、行动方式和仪态等，规矩无处不在，渗透于各种细节之中。以至于即使不在学校之内，学生浑身上下也散发着浓郁的"学生味"，显著地与同龄的"社会少年"区别开来。这种区别，常常被认为是学校的教化之功。毫无疑问，社会化的身体是社会人生存的内在要求，然而，这并不意味着驯服都是合理的。尤其，教育是促进学生整体发展的面向未来的事业，对学生身体的驯服更需审视其合理性。下面案例中青年教师小许的一次上课经历恐怕并非个案，是大多数教师都有的日常经历，仔细想想发人深省。

> 学生是五年级的，全班共 48 位。小许走近教室时，还是下课时间，但学生见他进了教室，就纷纷坐到了自己的位置上。小许见离上课还有好几分钟，就提醒大家到外面玩玩，可只有两三个学生站了起来；再次提醒，又站起了几个，而且只是在过道上走了几步。上课铃响后，所有的人都坐得极其端正：两手在胸前交叉，双肘稳稳地撑着桌面，腰杆挺着，目光一律正视。小许说："随便点，不要这么端正。"他们没动。又说："来，放松点。"他们依旧。再说："我上课从来也不需要正襟危坐，大家怎样舒服就怎样坐，手不一定要那样

---

① （明）屠羲时：《屠提学童子礼》。

放。"小许走上前去，拆散了他们交叉的手。终于，后面的学生也松动了点。于是，开始上课。课上得很拘谨，每次提问，举手的同学寥寥无几，即便点名提问，也是问一句说一句，不肯多说一个字。奇怪的是，上着上着，他们原先松动的身子，拆散的手，又恢复了原貌。"怎么，大家连坐不好都做不到？我现在不是要大家端坐，而是让大家随便坐。"小许说。有几个学生朝他瞧瞧，用一种疑惑的目光。也许他们觉得奇怪：上课怎么可以随便坐呢？

　　课上得不算成功，课堂没有生气，死气沉沉。但班主任老师说："这个班级一直受到老师们的赞扬，因为他们特别守纪律。"①

在日复一日的驯服和纪律规约中，学生们达到了对纪律的"自动化反应"，他们被动而刻板地生活着。身体如此中规中矩的孩子们，在精神和思维上可能活泼、大胆而富有想象力和创造力吗？"教育者一方面希望学生在学问上精益求精，也逐渐领会到启发式教育的重要。许多老师也开始鼓励学生活泼地思考、大胆地创新、勇敢地质疑。可是同时，在行为方面，管训导的人却仍旧努力地把学生压制在框框里，处心积虑地要把他训练成一个中规中矩、言听计从、温驯畏缩的'好'学生。而矛盾就在这里：一个在知识上能够活泼地思考、大胆地创新、勇敢地质疑的聪明学生，可不可能同时在行为上是个中规中矩、言听计从、温驯畏缩的所谓'好'学生？如果他敢在课堂上表示物理老师对流体力学的解释不够周密，他难道不会对训导主任追问他为什么不可以穿着制服吃西瓜？反过来说，一个老师说一他不敢说二的'乖'学生，他可能把老师的实验推翻而自己去大胆创新吗？教育者所不自觉的矛盾是：他们在'智'育上希望学生像野兔一样往前冲刺（当然也有为人师者希望学生在智育上也如乌龟）；在所谓'德'育上，却拼命把学生往后拉扯，用框框套住，以求控制。这两者其实不能并存。有高压式的'德'育，就不可能有自由开放的"智"育，换句话说，我们如果一心一意要培养规矩顺从听话的'乖'学生，就不要梦想教出什么智慧如天马行空的优秀人才。'庸才'

---

① 朱华贤：《比守纪更重要的……》，《教育时报》（台北）2003 年 3 月 18 日。

的'德'育之下不可能有真正的'智'育。"①

当身体在"纪律"的规约之下日益服帖和谨慎的同时，学生的精神也在"知识"的不断灌输当中慢慢变成充斥着他人思想的所在。教学本是教师帮助和促进学生学习的过程，学生学习的目的是为了"成人"，但在效率至上、成绩至上的今天，教学已简化（异化）成"如何让学生记得更牢、考得更高"，与此无关的统统被弃置一旁。对于学生来说，"自己是怎么想的"不重要，"考得怎么样"才重要，"考得怎么样"又跟"答案是怎样的"息息相关。帕斯卡说："我很能想象一个人没有手、没有脚、没有头。然而，我不能想象人没有思想，那就成了一块石头或者一头畜生了。"可是，如果"有思想"与高分和升学无关，还有多少学生敢于去大胆地思想，又有多少家长和教师敢于让孩子付出思想的代价？人的思维像身体一样，用进废退。慢慢地，学生们学会了按照教师的命令来支配自己，只要牢牢记住教师所教的知识就能获得一个满意的分数和光明的未来。学习不再是一种向着陌生领域的理智的奇妙探险，而是沿着既定的轨道坚持走下去的艰苦行程；未来也不再是充满了不确定性的可能未来，而是与当下的每一堂课、每一道题、每一篇作业紧密联系着的可想象、可把握的将来。如此，学生的学习和生活成了经过理性算计的活动，丧失了生命的惊奇感与陌生感，思维的想象力与创造力以及精神的自我感与愉悦感，学习成为每个学生不堪其负的重担，"学生"成为一个忧伤和沉重的名词。

（2）作为个体的人的学生

学生首先是一个人，其次才是一个受教育者。尽管受到种种管束、控制和规训，但学生并不是以完全被动和顺从的态度来对待和接受教育的。只有当教师的教与学生的学契合了，教学过程才是和谐而流畅的，否则就会遭遇障碍和产生冲突。教学之所以复杂，之所以是一门智慧的艺术，就是因为教学的对象是人，而不是一个机械反应的物。学生首先是一个人然后才是一个受教育者，认识到这一点并在教学中始终贯彻这一理念，是进行教学的根本前提，也是解决一切教学问题的不可动摇的前提。

其一，学生是具有主体性的人。主体是一个与客体相对的范畴，指对

---

① 龙应台：《野火集》，文汇出版社 2005 年版，第 72 页。

客体有认识和实践能力的人。主体性使人摆脱纯粹动物的生存状态，是人之所以为人的根本所在。主体性的人是意识性的存在，也是自觉自为的存在，具有明确的自我意识，具有自我选择和自我行动的能力，具有自己的意志，而不是他人意志的工具，是自己的主人而不是任何他者的奴隶。如果我们承认学生是人，我们就应该同时承认，学生是具有主体性的。主体性是人的根本属性，也是人的尊严所在。任何时候，人都应当被作为主体来对待，在教学中尤其应如此。当人不被作为主体对待的时候，他实际已成了客体，与物无异。

作为主体性的人，学生是自己学习和生活的主人，而非家长、教师或任何他者的附庸。在教学中教师与学生的关系应该是一种"我—你"关系，是主体间的，而不是塑造与被塑造、控制与被控制、规训与被规训的关系。对于教学中的一切，包括教学内容、教学方法、教学目标、教学过程等，学生都有着自己的认识、理解和倾向。这些认识、理解和倾向无论是正确的还是错误的，都应当得到尊重并成为教学的一部分。如果不能沟通学生的认识、理解和倾向与教师的认识、理解和倾向之间的关系，并在这种关系中寻求共同点和生长点，教学就无法完成其任务、实现其价值。教育不是从教育者向受教育者的单向传递，教育者与受教育者共同生活在教育当中。正如保罗·弗莱雷所说的，"真正的教育不是通过'甲方'为'乙方'（'A' for 'B'），也不是通过'甲方'关于'乙方'（'A' about 'B'），而是通过'甲方'与'乙方'一起（'A' with 'B'），以世界作为中介而进行下去的"。[①] 柏拉图在《理想国》中也语重心长地告诫我们说，"往一个人的灵魂中灌输真理，就像给一个天生的瞎子以视力一样是不可能的"。[②] 尊重、发挥与培养学生的主体性是教学的核心任务，教学中存在的许多问题都根源于学生的主体性被忽略或僭越。在本书的第二章中我们将对这一问题作进一步阐述。

其二，学生是独特的人。人的主体性，只有深深扎根于个体的独特性之上才是现实的和可能的。马克思指出，"人是一个特殊的个体，并且正

---

① ［巴西］保罗·弗莱雷：《被压迫者教育学》，顾建新等译，华东师范大学出版社2001年版，第42页。

② ［德］恩斯特·卡西尔：《人论》，甘阳译，上海译文出版社2003年版，第10页。

是他的特殊性使他成为一个个体"。学生是具有主体性的人，这就意味着他（她）是一个独特的人。尊重主体性即尊重独特性。我们常说，世界上没有两片完全相同的树叶，也没有完全相同的两个人。无论作为"社会人"，我们之间有多少共同之处，"我"之所以是"我"，乃是因为"我"与别人不一样，独特性是我们生存和生活意义的根基，"做我"与"做人"乃是同一的。教学如果不能促进学生做"我"，就无从培育学生成"人"，教学必须充分考虑到学生的独特性并建立在学生独特性的基础之上。毫无疑问，在这方面很多教育先贤已给教师们做出了很好的榜样：孔子熟悉他的每一个学生（"柴也愚，参也鲁，师也辟，由也喭"），对每一个学生采用不同的教育方法，为后人留下了"因材施教"的经验和佳话；昆体良在谈到雄辩家的培养时，也强调雄辩术教师"应敏锐地观察哪些学生的天性乐于运用简洁优美的风格，哪些学生乐于运用单刀直入的、庄重的、和颜悦色的、猛烈的、华丽的或机智的言说风格，然后在教学中适合各人的特殊情况和需要，使每个学生能发挥各自的长处"。[①] 自人类教学活动产生以来，成功的教学无一例外的都是尊重学生独特性的教学。时至今日，在普及教育和以班级授课制为主要教学组织形式的教育背景下，尊重学生的独特性无疑成了教育教学的"锦上之花"而非生存根本，因为教育教学的质量是以"批""班"或"平均"而非"个"来衡量的。为了维持一定程度的公平，也为了提高整体的效益，教学只好退而求其次，即由"尊重每一个学生的独特性"变成"尊重大多数学生的特点"，以学生的平均水平为参考，采用大多数学生能接受的方式教学。所谓的"平均水平的学生""大多数学生"并不是个体学生的集合，而是整体学生的抽象，是将一个并不存在的"均值人"的特征投射到所有学生身上。这样的教学与其说是维持了起码的公平，不如说是剥夺了对所有学生个性和人格的理解与尊重。试想一下，如果没有对每一个个体的独特性的尊重，没有每一个个体的发展，何来学生整体的发展？关于"校长推荐上北大"的新闻一度十分抢眼，各校的名单次第出炉，却没有给人多少意外和惊喜，被推荐的学生无一例外都是成绩全优的学生，怪才、偏才并不在推荐之列。由此可见，所谓对学生独特性的尊重并不是一个教育理

---

① 单中惠、朱镜人：《外国教育经典解读》，上海教育出版社 2004 年版，第 27—28 页。

论的问题，而是一个教育实践的问题。

学生是独特性的人，这是不以任何人的意志为转移的。因而，无论在教学中是否得到理解、尊重和相应的对待，学生的独特性与学生个体是同一的，总要不由自主地表现出来并期望得到回应。正因为如此，教学中会生成很多"意外"，会出现各种不同的声音，甚至导致教学的冲突。如此，只要教学存在，只要教学的使命是促进学生的发展，那么，以学生的独特性为基础进行教学应成为教师们的追求——"我的使命之一过去是——现在也是——尽力做到：无论哪个孩子需要我是什么样的教师，我就为这个孩子成为什么样的教师"。[①]

其三，学生是发展中的人。学生不仅是具有主体性和独特性的人，也是未成熟的人。未成熟是相对于成年人来说的，更是相对于学生自身未来的较为成熟的状态来说的，指的是学生在智力因素、非智力因素及身体诸方面都处于未成熟状态。未成熟的人是教育教学存在和发生作用的前提，未成熟性即依赖性和未确定性，教育教学的作用即在于促进"成熟"。同时，这个"未"字具有某种积极的意义，未成熟的人意味着处在发展过程中，意味着有各种发展的方向和可能性。未成熟性不是一种欠缺，恰恰倒是为生命的发展开辟了开放的无限空间。教师必须意识到学生的所有现实表现，无论是优秀的还是蹩脚的，无论是正确的还是错误的，都是暂时的，这些行为会沉淀下来形成习惯，还是转变成相反方向的行为，在很大程度上与教师的教育教学密切相关。教师必须意识到自己对处在发展过程中的学生的未来发展所负有的使命和责任，必须时刻对教育的"罗森塔尔效应"保持敏感和清醒，必须尽力使其所有的教育教学行为保持善和理性。每一个今天都应成为学生发展的一个阶段，连续的发展造就全面发展的人。智利诗人加布里艾拉·米斯特尔满怀情感地写道："有很多我们需要的东西是可以等待的。孩子却不能等待。他的骨骼在不断形成，他在不断造血，他的大脑在不断发育。对于他，我们不能说明天，他的名字叫今天。"[②]

---

① ［美］山姆·英特拉托：《我的教学勇气》，方彤等译，华东师范大学出版社 2008 年版，第 11 页。

② ［美］厄内斯特·波伊尔：《基础学校——一个学习化的社区大家庭》，王晓平等译，人民教育出版社 1998 年版，第 19 页。

当然，教师对学生未来发展负有责任和使命并不等于教师完全拥有操控教育过程和塑造学生身心的权利，不等于教师可以代替学生自己来设计他们的未来。"人只要是人，他成为什么样子就只能由他自己来决定。人是什么的问题永远不会有一个固定的答案。人只要活着，他就得为实现自我而努力。人的真正价值在于他是不能被决定的。"① 而未来之所以令人憧憬，就在于它充满不确定性和无限可能性。设计好学生的未来并按照未来的要求培养学生，等于折断了学生的未来，未来总是可能的未来，是创造出的未来，未来如果变成必然的结果，未来就不是未来，同时，学生也不再是自己未来的创造者，不是自己的主宰，而是实现所谓"未来"的工具。学生由人降为工具，降为被操纵的物，其主体性在操纵中被僭越、遮蔽和放逐。因此，如何科学对待学生的未成熟性，并以之为基础采用适当的教育教学方法，是一个非常深刻的问题，"对教师的时间、思想和生活提出巨大的要求。这个方法需要时间，需要经常运用，需要远见卓识，需要事实的教育，还需要上帝的一切教训与帮助；只要想到要运用这个方法，就意味着高尚的品格和渊博的学识了"。② 在现实的教学实践当中，很多教师为学生殚精竭虑却没有换来学生的赞同和尊敬，反而招致埋怨、不满和反抗，导致教学冲突，当教师委屈地辩解"我都是为了你好"时，这句话有多么的苍白和无力，它只能表明教师对学生特性和教育真谛的双重无知，南辕北辙，走得越快，只能离得越远。

---

① 高伟：《生存论教育哲学》，教育科学出版社 2006 年版，第 248 页。
② ［美］杜威：《民主主义与教育》，王承绪译，人民教育出版社 2001 年版，第 61 页。

# 第二章　教学冲突的发生学考察

第一章中对教学场域的分析表明，教师与学生之间的权力和资本差异以及他们各自的特征、惯习和所处位置的不同，使得教学场域作为一个蕴含冲突的社会空间与意义空间存在。然而，这种差异性格局充其量只是教学冲突发生的结构性基础。差异性格局能否导致现实的教学冲突，能否使教学冲突明朗化和显性化，关键在于场域内相对处于弱势的一方是否认可这一差异性格局的合理性。当他们把相互之间的这一关系格局看成是天经地义、不容置疑的时候，现实的教学冲突就不会发生。相反，如果他们在认知和情感上不再接受这一关系格局的合理性，而倾向于采取"反抗"行动，就会导致教学冲突。这就如同"哪里有压迫，哪里就有反抗"的前提是，被压迫的一方否认压迫的合理性和不愿意继续忍受压迫。合理性认同是一个重要的中介变量。因而，要想深入理解教学冲突，我们必须从对教学场域的总体性考察聚焦至个体本身，在个体身上挖掘教学冲突何以发生。其根源到底是什么？它受到哪些因素的影响？本章将针对这些问题一一进行分析和阐述。

## 第一节　教学冲突的发生根源

任何一个问题的发生都是有其根源的，对根源的寻找和表述是认识问题的一部分，也是人类理性不可避免的冲动。美国学者汉森曾提出"观察渗透理论"，他认为，观察和事实总是渗透着理论的，任何人观察到的东西都和自己原有的理论背景有关，任何观察和通过科学抽象来把握事物本质的过程，都必然会渗透理论，不受原有知识背景支配的纯粹"观察"

是不存在的。① 同样，对问题根源的探究也是如此。探究问题的根源与寻找河流的源头在目的上是一致的，但寻找的路径和逻辑却有着天壤之别，问题的根源并非一个埋藏在某个隐蔽处等待人们发掘或发现的客观存在物，而是人们在一定的理论观照之下通过逻辑后推的方式获得的认识结果，是建构的而非发现的，是逻辑的而非实体的。任何寻找根源的过程和找到的根源本身当中，都渗透着理论。对同一个问题，人们往往循着不同的认识路径找到了不同的根源。关于社会冲突的根源，社会学家们就基于不同的立场给出了很多不同的看法，譬如，马克思和恩格斯认为，社会冲突源于阶级对立，阶级对立则源于不同阶级在生产资料上的不同占有情况，以达伦多夫为代表的辩证冲突论者也把冲突的起因归结为矛盾和利益冲突；然而，冲突社会学的另一位代表人物、"形式社会学家齐美尔在冲突的原因解释上却是一个生物还原主义者。在对冲突成因的解释上，他首先给出的原因是有机体各单位间先天的'敌对冲动'或'仇恨和斗争的需要'；其次才是社会关系及其间的矛盾。就本能而言，齐美尔认为冲突是人类的天性之一。他曾列举了大量的例子，来说明人们不仅不讨厌冲突，事实上他们还常常渴望冲突，或者干脆人为地制造冲突"。②

　　教学冲突是社会冲突的一种，是社会冲突在教学场域的特殊化。作为一种特殊化的社会冲突，教学冲突有其特殊的存在场域和运行逻辑，也有其特殊的发生根源。教学是一项围绕着"人"和"成人"而进行的活动，其根本核心是"人"，教学冲突是教学场域中人与人之间的冲突，在人的不同发展阶段和人与人关系的不同发展阶段有着不同的表现和境遇。因而，对教学冲突根源的探究即对人本身的探究，教学冲突的根源即其发生的人学基础。

　　齐美尔的生物还原论将人看作一个受先天的本能冲动支配的有机体，与动物无异。然而，纵观人类走过的漫长历史，很显然，尽管出自动物界，人类的总体发展过程是人的文明化程度不断增加的过程，是人与动物本能渐行渐远的过程，是人不断地从本能、冲动、无知和群体依附的束缚中获得自由和解放的过程，是人越来越自觉为人的过程。人不同于一般动

---

① 徐继存：《教学论导论》，甘肃教育出版社 2001 年版，第 19 页。
② 周晓虹：《西方社会学·历史与体系》，上海人民出版社 2006 年版，第 329 页。

物，人的尊严在于人的独特性和自主性。在物理意义上，我们生活在同一个地球上，但在社会学、心理学和文化学意义上，我们生活在不同的世界里。甚至可以说，我们每一个人都有一个属于自己的世界。如此，在面对同一问题时，人们之间产生意见分歧就是很自然的。由于主客观的原因，这些分歧是多种多样的：有的是细微差别，有的是重大分歧；有的是各有所见又有所蔽，有的是一个正确一个错误；有的是两者皆正确或两者皆错误……分歧的存在，表明每个人都是独特的个体，而敢于亮出自己的独特性并维护之，则是人的自主性的体现。独特性和自主性使人成为能动的主体，而不是被动的客体。在人类社会不断向前发展的过程中，人先后告别动物生存状态和对类群体的依赖获得了主体性且主体性不断增强，人越来越需要也越来越具备相应的环境和条件向世界表明自己是一个独立、自主的主体性存在。主体性是人作为主体的价值特性，而不是作为实体的事实属性，也就是说，人的主体性只能从人的活动去理解，它存在于人与自然、社会和人的关系当中。人是只有在群体中才能生存的物种，人对自身主体性的维护和坚持必然导致人与社会和人与人之间的冲突。作为人类的一种特殊活动，教学的发展和变迁是这个过程的一部分，裹挟在人类发展的总体进程中一路向前，内在于教学过程的教学冲突也经历了一个从隐性到显性、从稀疏到频繁的嬗变。人的主体性的发展历程与教学冲突的变迁历程具有很高的相关性和一致性。这并不是历史的巧合，而是历史的内在统一，是人自身与人的活动的内在关联与统一。教学冲突之所以发生，是因为教师和学生对教学问题持有不同的认识、观念和立场，而这种不同之所以存在，根本原因在于教师与学生是不同的人，同时他们又都需要表达、展现和确证自己，即发挥自身的主体性。从而，教学冲突的根源不是别的，而是人的主体性，教学冲突即人的主体性之间的冲突。

人的主体性不是抽象的、空洞的、不变的，而是以发展、发挥人作为主体的本质力量和才能为基础的，是在对象性活动中实现的。人的主体性具有三个方面的特点[①]：一是自主性。人不是消极地、片面地依赖自然界、依赖外部感性世界的恩赐来保证自己的生存和发展，而是在自觉地意

――――――――――

① 夏甄陶：《人是什么》，商务印书馆 2000 年版，第 274—276 页。

识到这种依赖性的前提下，决心使自己在同自然界、同外部感性世界所发生的必然关系中处于主体地位，并按照自己的需要、力量、方式和方法，自主地选择对象，设定活动的目的和通过活动实现目的，按照自己的目的的规定来掌握自然界、外部感性世界的对象，从而也掌握自己的命运。二是能动性。人作为活动的主体，为了达到自主地掌握和占有自然界、外部感性世界的对象的目的，就必须充分地发挥自己的能动性，消除或支配来自外部对象的各种反抗、抗拒力量，克服达到目的的种种障碍。三是创造性。人对自然界、对外部感性世界的依赖与掌握，不是把其中自在的事物现成地拿过来，而是要通过创造性活动在适合于人的需要的形式上创造具有满足人的生存和发展需要的价值的理想的对象和对象世界。所以，人作为主体所从事的自主的、能动的活动，本质上是一种创造性活动。在这个意义上以至于我们可以说，创造性是人的活动的主体性的灵魂。

教学是人的一种活动方式，是人与外部世界发生关系的一种方式。教学既是发展人的自主性、能动性和创造性的活动，也是人发挥自己的自主性、能动性和创造性的过程。教学及其发展样态与人的主体性休戚相关。下面，我们将从人类发展的历史进程和人的生命成长的进程两方面来阐述为什么说人的主体性是教学冲突的根源。

**一　类的主体性发展历史中的教学冲突考察**

教学冲突是教学中师生交往与互动的一种形式，这种互动形式与其所处的社会中人与人之间的交往与互动形式以及人的生存方式是密不可分的。马克思通过对不同交往形态中人的生存状况的考察，提出了人或社会的三种形态或三个阶段的学说。马克思认为，最初的人类以族群为本位（人的依赖关系形态），只有经过个体本位阶段（"以物的依赖性为基础的人的独立性"形态），才能到达人的最高发展阶段（即"建立在个人全面发展和他们共同的社会生产能力成为他们的社会财富"这一基础上的自由个性形态）。这三个阶段反映了人之为人生成本性的内在逻辑，是人的发展必须经历的几个成长步骤和构成环节。按照马克思的观点，结合今天的实际发展情况，当今时代的本质特征在于，人类已经基本走过了两个发展阶段，完成了两种发展形态，正在准备向第三个阶段即"自由个性"

的时代迈进。① 下面，我们循着历史的脉络，来看看在过去的两个发展阶段中人的主体性发展状况与教学冲突的样态。

1. "以人的依赖关系为基础" 的阶段

"我们越往前追溯历史，个人，从而也是进行生产的个人，就越表现为不独立，从属于一个较大的整体。"② 在近代以前的很长时间内，由于生产力水平低下，为了对付大自然变化无常的巨大力量，个人不得不依赖于族群的共同力量而生存，"虽然个人之间的关系表现为较明显的人的关系，但他们只是作为具有某种社会规定性的个人而互相交往，如封建主和臣仆、地主和农奴等等，或作为种姓成员等等，或属于某个等级等等"。③ "在这里，我们看到的，不再是一个独立的人了，人都是相互依赖的：农奴和领主，陪臣和诸侯，俗人和牧师……人身依附关系构成该社会的基础。"④ 在这种情况下，个人是无法生存的，完全的 "个人" 因而也是不存在的。"人" 只能存在于人群的集合体当中，而不可能直接体现在个体生命之中，他的生活也不是由个人主宰，而是要接受集群主体的支配，他只不过是人群的附属物而已。

相对于个体，个体所依附的族群共同体具有至上的权威性和神圣性，支配和主宰着个体的生活。在西方，无论是古希腊的奴隶主—奴隶，还是中世纪的封建主—农奴和上帝—教民之间，都是这样的一种关系，个人的人格完全丧失在种种依附性的关系网络中，成了在他之上的 "神圣形象" 的工具。"在中国漫长的历史发展中，人被定格于种种宗法等级网络之中，这种个人屈从于共同体的 '人的形象' 同样表现得十分鲜明。在几千年的中国封建社会，'普天之下，莫非王土，率土之滨，莫非王臣'，整个社会处处渗透着宗法制度的统治，整个国家就是一个扩大了的家族世袭。一个人来到世上，他的身份是前定的，他的性质是他定的，人的阶层等级属性规定着人的生活方式、礼仪习惯、道德规范，个体只能从其所属的等级群体中获得其资格和权力。宗法的人身依附关系使得个人只能以群

---

① 高清海、胡海波、贺来：《人的 "类生命" 与 "类哲学"》，吉林人民出版社 1998 年版，第 10 页。

② 《马克思恩格斯全集》（第 46 卷），人民出版社 1979 年版，第 104 页。

③ 同上。

④ 《马克思恩格斯全集》（第 23 卷），人民出版社 1972 年版，第 94 页。

体的意志为意志，面对神圣的共同体，个人的独立自我是无意义的。"①
正如马克思在揭露封建专制制度的本质时一再批判的，"专制制度的唯一
原则就是轻视人类，使人不成其为人"，"君主政体的原则总的来说就是
轻视人、蔑视人，使人不成其为人"。②

　　这样，这种带有自然关系特征的群体主体的社会活动形式，就导致了
对个体独立性和自主性的泯灭，导致了真正意义上的"个体"的不存在。
面对一个个体必须依赖的、在他之上、带着神圣光环的共同体，他除了匍
匐战栗，除了唯命是从，是没有其他出路的。这一时期的文化，是不可能
弘扬主体性的，而"是以神圣文化为其基本特色的"。③ 在西方，古希腊
哲学、希伯来宗教精神、罗马的法治精神以及三者之集大成者基督教，都
具有浓厚的"神圣文化"的意味，"逻各斯""理念""原子""上帝"等
都是在人之外和事物背后决定着一切的客观性"真理"，是人们必须仰目
而视和绝对服从的神圣主宰。"中国传统文化中对神圣价值理想的追求表
现得同样鲜明，特殊之处仅仅在于中国古代的哲人们更集中地把这种理想
归结为道德理想，把道德理想等同于价值理想的全部，自先秦孔孟、经宋
明儒学至'当代新儒学'，一直延续着由仁义而体认道德终极价值的'道
统'。当代新儒家代表人物牟宗三先生把这种道德理想主义概括为以理想
笼罩文化形态，以道德笼罩理想的观念主义，并认为这是中国文化最原
初、最根源的文化生命所在。"④ 对中国古代文化人来说，安贫乐道、谨
遵圣人之言，"为天地立心，为生民立命，为往圣继绝学，为万世开太
平"，是他们终生的理想追求。

　　从这种人的存在状态和"神圣文化"出发的教学，无论其内容、目
标还是方法都是为了进一步巩固"神圣统治"，既不可能发挥人的主体
性，也与人的主体性养成基本无关。因为主体性与"神圣统治"是对立

---

　　① 高清海、胡海波、贺来：《人的"类生命"与"类哲学"》，吉林人民出版社1998年版，
第134页。

　　② 《马克思恩格斯选集》（第1卷），人民出版社1956年版，第411页。

　　③ 赵敦华：《超越后现代性：神圣文化和世俗文化相结合的一种可能性》，《哲学研究》
1994年第11期。

　　④ 高清海、胡海波、贺来：《人的"类生命"与"类哲学"》，吉林人民出版社1998年版，
第146页。

和不相容的，主体性的生发必然伴随着"神圣统治"的瓦解。教学过程是教师向学生灌输"神圣文化"同时其自身受"神圣文化"绑架与控制的过程，教学成为社会等级与权威控制结构的一部分。在"神圣文化"不可有丝毫质疑、"神圣统治"不可有丝毫动摇的前提之下，教学所特有的对个体差异性的关注也几乎不会造成现实性的教学冲突，而只会产生一些终将消解于神圣性同一解释之中的困惑和质疑而已。换言之，显性的教学冲突殊难存在，即使有教学冲突也只能隐而不发。当然，这是就社会和教育总体状况而言的，即使在最黑暗、最不自由的年代，也有一些有精神、有自我的人，他们超越所生存的时代，想他人所不敢想，言他人所不能言，成为人类历史长河中的闪光点。人类历史尤其是思想史因他们而熠熠生辉。然而，他们终究只是闪光点而已，无法改变整个河流的流向。

苏格拉底在追问和反讽中不断破解答案，使得对话成为永无止境的探求过程，这种教学法对学生思维和精神所具有的巨大激发和启迪作用是毋庸置疑的。然而，这种激发和启迪也是有限的，正是因为苏格拉底注重对话本身，往往使得即使一个临时性结论的获得也变得困难，"学生陷入到张口结舌、哑口无言的困惑之中，使大脑停滞了"[①]，如《美诺篇》所显示的。最后只得求助于神，由神来赐予定义。个人是神的奴仆，聆听神的教诲，个人的智慧止步于神的恩赐。也就是说，苏格拉底非常宽容且善于发起和利用教学冲突，重视学生的主体性，但这种主体性笼罩在神性之下，是有限的和不彻底的，从而很难称得上是真正的主体性。当然，我们不能苛责古人，相比较而言，这无疑是世界教育史上耀眼的一抹亮色。

柏拉图生活在一个战乱和政治冲突的时期，他的内心里充满对安定的渴望，于是从理论上构建了一个封闭、保守和拒绝变化的"理想国"。在这一基本前提之下，他的教育立场也表现出鲜明的保守主义倾向。在《理想国》中，他借苏格拉底之口阐述了教育在维护国家稳定和阻止制度变更上的作用：

---

①　渠敬东：《现代社会中的人性及教育——以涂尔干社会理论为视角》，上海三联书店2006年版，第12页。

......

苏（苏格拉底）：因此扼要地说，我国的领袖们必须坚持注视着这一点，不让国家在不知不觉中败坏了。他们必须始终守护着它，不让体育和音乐翻新，违反了固有的秩序。他们必须竭力守护着。当有人说，人们最爱听歌手们吟唱最新的歌时，他们会担心，人们可能会理解为，诗人称誉的不是新歌，而是新花样的歌，所以领袖们自己应当不去称赞这种东西，而且应当指出这不是诗人的用意所在。因为音乐的任何翻新对整个国家是充满危险的，应该预先防止。因为，若非国家根本大法有所变动，音乐风貌是无论如何也不会改变的。这是戴蒙这样说的，我相信他这话。

阿（阿得曼托斯）：是的，你也把我算作赞成这话的一个吧。

苏：因此，我们的护卫者看来必须就在这里——在音乐里——布防设哨。

......

苏：因此，如果孩子们从一开始做游戏就能借助于音乐养成遵守法律的精神，而这种守法精神又反过来反对不法的娱乐，那么这种守法精神就会处处支配着孩子们的行为，使他们健康成长。一旦国家发生什么变革，他们就会起而恢复固有的秩序。①

......

很显然，在柏拉图看来，教育的根本目的是为了国家的稳定，学生要学会和持守旧有的各种形式和精神，防止"翻新"。学生是维持国家统治秩序的工具，根本谈不上自身的主体性，在教学中也不应该有什么出格的表现，唯有顺从教师的教诲安守本分而已。不过，需要指出的是，作为教师的柏拉图在真的遭遇学生亚里士多德的"翻新"和质疑时，却并未打击和压制学生，而是表现出了宽容和欣赏的态度，显示出一个伟大哲人奖掖后辈、海纳百川的博大胸怀。

在亚里士多德那里，教育的价值出现了转向。在自由教育、和谐教育的核心理念下，亚里士多德指出，"如有教育可以促进德性的发展，那么

---

① 单中惠、朱镜人：《外国教育经典解读》，上海教育出版社 2004 年版，第 1—2 页。

这种教育必然以闲暇和解放心灵为条件"。① 在此基础上，他旗帜鲜明地支持学生在教学中要敢于独立思考和自由表达，要冲破一切心灵的束缚。他响亮地喊出了"吾爱吾师，吾更爱真理"的振聋发聩之语，其情之真挚，其心之勇敢，其智之高远，至两千年后的今天依然强烈地震撼着人们的心灵。据史实记载，在阿加德米学园里，亚里士多德常与他的老师柏拉图就一些问题相互争论，教与学的冲突时有发生，气氛相当激烈，有时候他甚至把老师问得答不上话。

　　然而，随着古希腊的覆亡，亚里士多德的声音很快就随风飘散，古罗马的昆体良折中而保守地认为，"我的理想的学生要乐于接受教给他的知识并就某些事物提出问题，然而他仍然必须遵循教师的指引而不能跑在教师的前面。早熟的才智鲜有能结好果者"。② 俟进入中世纪，上帝成为所有人的终极教师，神圣不容怀疑，遑论超越，这一声音就彻底地湮没在黑暗当中了。

　　如果说在古希腊教育中还曾经出现过重视和提倡学生主体性的星星之火，在古代中国的教育中，几乎始终没有擦出任何重视和发挥学生主体性的火花。孔子奠定了其身后两千多年中国教育的根基，谈中国的教育，必须回到孔子那里。孔子教人和苏格拉底一样也是一问一答，但两者间存在根本的区别，前者注重"答"，后者重在"问"，前者以答止问，后者以答续问。《论语》中学生提出的许多问题，都由孔子确定的回答而"平息"下去，然后要求学生回去细细体味，加深理解，身体力行。而且，即使同样的问题，针对不同的学生，孔子会给出不同的答案。在《论语》中孔子提到"仁"有一百余处，含义甚广，孔子并没有给出一个普遍性的确切定义，其中孔子弟子一共七次来向孔子问"仁"，每次得到的答案都不相同，缺乏一个统一的标准。实际上，言说的标准是有的，但它不进入言说之中，而是在言说之外，在孔子的心中；它不受言说的检验，而是言说的前提。这使得孔子在学生看来博学而高深，智慧而神秘，学生对其景仰之情无以复加。

① 钟启泉：《课程设计基础》，山东教育出版社 2006 年版，第 184 页。
② 单中惠、朱镜人：《外国教育经典解读》，上海教育出版社 2004 年版，第 34 页。

　　颜渊喟然叹曰："仰之弥高，钻之弥坚，瞻之在前，忽焉在后。夫子循循然善诱人，博我以文，约我以礼。欲罢不能，既竭吾才，如有所立卓尔，虽欲从之，末由也已。"①

　　孔子将伦常道德知识树立为不容置疑的"神圣知识"，而将农圃百工所赖以生存的物质技术知识看作鄙俗之识，他很反感学生涉及后者。问稼的樊迟因此被他打入"小人"之流。

　　樊迟请学稼。子曰："吾不如老农。"请学为圃。曰："吾不如老圃。"樊迟出。

　　子曰："小人哉！樊须也。上好礼，则民莫敢不敬；上好义，则民莫敢不服；上好信，则民莫敢不用情。夫如是，则四方之民，襁负其子而至矣，焉用稼？"②

　　后世学人往往在"孔子反对樊迟学稼是否表明孔子轻视体力劳动甚而科学技术"这一点上聚讼不断，我们则认为，孔子本人对"稼"和"圃"的态度固然重要，而更关键的在于作为教师的孔子对待学生樊迟的独断态度。在"仁""礼"的统一话语之下，樊迟敢于"请学稼""请学圃"，恰恰表明他是一个很有个性、很有主见的学生。他之所以"请学"，可能是纯粹出于个人的兴趣爱好，也可能是对已有教学目标和教学内容的不认同，甚至可能是对教师权威的一种试探性的挑战和不服从。无论如何，这是教与学之间的一场小小的冲突。遗憾的是，孔子没有询问樊迟为什么要"学稼""学圃"并就这一问题做进一步沟通，只用简短而严厉的两句话把樊迟打发出去了，待樊迟出去之后还批之为"小人"。因此，"孔子的对话其实并不是真正的对话，而是类似于'教义问答'的权威话语和独白，问者所起的作用只是提起话头和等待教导"。③ 学生处于不自由的、被动受教的地位，是绝对的被控制者和被支配者，除了诚心诚意地

---

① 《论语·子罕》。

② 《论语·子路》。

③ 邓小芒：《苏格拉底与孔子言说方式的比较》，《开放时代》2000 年第 3 期。

接受、领会和践行孔子指出的"道"之外，不能越雷池一步。孔子一再强调，"君子"必须有"畏"，"不畏"的是小人：

　　子曰："君子有三畏：畏天命，畏大人，畏圣人之言。小人不知天命而不畏也，狎大人，侮圣人之言。"①

　　孔子之后，道统与政统相结合，封建统治者与儒生们合谋建构了"万世师表"的孔子。"德配天地，道贯古今，删述六经，垂宪万世"②的"大成至圣先师"孔子成为后来教师们精神的图腾，为后人"仰止"和不断地体会、学习。"樊迟学稼"和"君子三畏"本来只是孔子的个人行为和个人言说，但从此以后就泛化成中国教育史和精神文化史中的普遍现象了。在供奉着"至圣先师"孔子牌位的学堂里，后来的师生们获得遗传，大多有样学样，将课堂变成了一个充满敬畏、战战兢兢、唯唯诺诺、"缄口静默，不得轻忽出言"③的场所，教学也就成了教师怎么教学生就怎么学。科举制度的实施和逐步完善，进一步加强了对读书人的思想控制，学生从小就被告知必须熟读儒家经典，谨遵圣人之道，如有质疑、篡改或歪曲就是大逆不道。"言而不称师谓之背，教而不称师谓之畔（叛）。背畔（叛）之人，明君不纳，朝士大夫遇诸涂不与言。"④中国传统思维方式和言说方式进入到了一个自我循环、原地转圈的框架之中，人们不断感叹"天不生仲尼，万古如长夜"，坚持"以圣人之是非为是非"，中间间或有韩愈提出"弟子不必不如师"的新"师说"，但此"师"非彼"师"，孔子的神圣地位始终坚不可摧；宋代大儒教人读书要质疑，如张载说"学则须疑"，朱熹说"读书无疑者，须教有疑，有疑者却要无疑"，其目的都是为了更好地理解、体味和奉行儒家经典而不是质疑、批判或超越儒家经典，孔子之道依然是学之正统、世之圭臬。所谓的思考、怀疑绝对不能指向圣人之道，从而当然也不能指向传授圣人之道的教师。至明后期，李贽独立思考、不拘一格，反对传统儒学，提倡革故鼎新，强

---

① 《论语·季氏》。
② 毛礼锐、沈灌群：《中国教育通史》（第1卷），山东教育出版社1985年版，第205页。
③ （明）屠羲时：《屠提学童子礼》。
④ 《荀子·大略篇》。

调个性发展，却因"离经叛道"而被忠于"正统"的儒家弟子群起而攻讦，因言获罪，终究落得个在狱中自刎而死的惨烈下场。因旗帜鲜明地反对传统儒学并以身殉之的李贽被历史记住了，然而，对传统儒学有过疑问或质疑的绝不会只有李贽一人。只是，当体制、传统和环境的力量过于强大时，这些疑问或质疑很难获得现实的生命力和自我表现，或者日渐消解于因不断灌输而形成的"信仰"之中，或者始终埋藏于内心的深处直至与肉体一起消亡。李贽之伟大，不仅在于其惊世骇俗之思想，更在于其敢于惊天动地之勇气与精神！可惜的是，中国历史上，"李贽"太少了，其后有黄宗羲、顾炎武、王夫之等追随其精神，提出进步思想，奈何势单力薄，终难成气候。总体而言，自孔子以降，中国传统文化"尽管内容上还有所发展和充实，形式上却两千多年一仍旧制，几无变化，直到'五四'新文化运动才开始有了初步的松动"。① "我们的知识分子，在这么长久的'文化'中，绝对大多数只为延续那'圣教'而存在。他们没有正式而且大规模地被教导着主动而且又独立地运用自己的智能来认知这个大家置身其中的经验世界。他们又从来没有在一个制度的培养和鼓励下离开'先王之法'来自动创造方法以解决人生和社会的实际问题。实实在在，他们倒是长期被熏陶着把自己的大脑交出来，让古人做主，依照古人的遗教来认知这个世界。"② 在这样的文化传统和文化氛围当中，教育只能养成人们对古典精神的"信仰"，而不允许任何自主的理性思考和批判精神，学生必须跟在教师后面亦步亦趋。

综上所述，我们可以得出这样的结论：就人的主体性的历史发展过程来讲，人的依赖关系阶段只是人作为主体的潜在阶段，人虽然完成了与自然的分化，在自然界中把自己提升了出来，作为一个不同于自然物的可能的主体而存在，但人还不是一个独立的社会存在物，他只能通过群体活动来表现自己。群体和个体的对立矛盾以群体泯灭个体的形式表现出来，群体或社会的发展必然以牺牲个体和个体的独立自主性为代价。教学不可能超脱于人的这种历史生存状态而存在，而只能以人的这种生存状态为基础。这一阶段，人的主体性不可能成为教学的目标或内容，更不会成为教

---

① 邓晓芒：《苏格拉底与孔子言说方式的比较》，《开放时代》2000 年第 3 期。
② 殷海光：《中国文化的展望》，上海三联书店 2002 年版，第 159 页。

学的出发点，而必然成为教学中的"空无问题"。教学主要表现为教师怎么教，学生就怎么学；教师教什么，学生就学什么。即使人的自我意识使其意识到自身的独特性，偶有自己的思考和与教师不同的意见，在高度集权、师尊生卑的社会背景下，也只能暗自思忖，自我消化，令冲突潜隐在内心深处而不敢有所张扬和表露。对应于人作为潜在主体的存在方式，教学冲突也主要以潜在的、隐性的方式存在于教学过程当中。

2. "以物的依赖关系为基础的人的独立性"阶段

在以"人的依赖关系"为基础的阶段，个人是族群的附属物，在社会中没有自己独立的位置，被限制在狭小的地域和族群范围内，与外界的交往受到严重束缚。进一步的发展必然要求打破这一切，给予人更大的生存空间和生活自由。这一切是通过生产力的发展和资本主义商品经济的建立而实现的。在商品经济中，人与人的交往建立在商品交换的基础上，人对人的依赖转变为人对物、对自己劳动成果的依赖；人们要参与市场竞争，就必须吸纳和运用人类所创造的最高生产能力，这使得个人普遍获得"人"的性质，形成自立和自主的能力，逐渐成长为自我独立的主体，建立相互平等的独立人格。正如马克思所说的，市场经济"把一切封建的、宗法的和田园诗般的关系都破坏了。它无情地斩断了把人们束缚于天然酋长的形形色色的封建羁绊"①，"人的依赖纽带、血统差别、教育差别等等事实上都被打破了，被粉碎了（一切人身纽带至少都表现为人的关系）；各个人看起来似乎独立地……自由地互相接触并在这种自由中互相交换"。②

脱离了"人的依赖关系"的人不再作为共同体的附属物而存在，其存在的合法性不再是因为他"分有"了共同体的荣耀，而是因为每一个人作为个体本身就具有不可剥夺的存在权利，他的存在本身就证明他是一个"人"。"近代哲学之父"笛卡尔的名言"我思故我在"就充分地表达了这一人学意蕴。"我思故我在"，也就是说，"我思"即可证明"我在"，而不需要借助于任何其他东西来证明，我只属于我自己，而不属于任何他者。

---

① 《马克思恩格斯全集》（第 1 卷），人民出版社 1972 年版，第 253 页。
② 《马克思恩格斯全集》（第 46 卷），人民出版社 1979 年版，第 110 页。

　　文艺复兴和启蒙运动是欧洲近代以来最重要的两场思想解放运动，启蒙运动是文艺复兴反封建、反教会斗争的继续和深化。文艺复兴以人文主义冲击宗教神权的束缚，解放人们的思想，肯定人，注重人性。文艺复兴极大地促进了文学与艺术的繁荣，同时也为哲学、科学的发展提供了比较宽松的环境，人们对世界和自身的认识越来越清楚和深入。在一定意义上可以说，文艺复兴同时开辟了人道主义与理性主义两条道路。启蒙运动则通过弘扬理性、提倡科学，反对蒙昧，进一步提升了"人"的地位和尊严。康德1784年在《什么是启蒙》中集中表达了启蒙运动的基本旨趣："启蒙运动就是人类脱离自己所加之于自己的不成熟状态，不成熟状态就是不经别人的引导，就对运用自己的理智无能为力。当其原因不在于缺乏理智，而在于不经别人的引导就缺乏勇气与决心去加以运用时，这种不成熟状态就是自己所加之于自己的了。……这一启蒙运动除了自由而外并不需要任何别的东西，而且还确乎是一切可以称之为自由的东西之中最无害的东西，那就是在一切事情上都有公开运用自己理性的自由。"① 所谓启蒙，就是要启神性之蒙，启专制之蒙，把人从神圣形象和抽象共同体的蒙蔽中解放出来，给人以真正属于自己的理性和自主性，解放人的自由个性和创造力，解放个人正当的物质和精神需要。人道主义和理性主义是启蒙运动从文艺复兴运动中继承下来并充分发扬光大的两种文化精神，二者犹如交相辉映的火炬，照亮了一个新的时代，"它所引起的社会革命对于人类文明的积极意义在于推翻了过时的、落后的神圣文化传统，创立了适合工业化生产力和现代世俗社会的现代主义传统"。② 发轫于文艺复兴时期并在启蒙运动的推动下迅速发展的科学技术，使得人类获得了巨大的改造自然、社会和改变人类生活方式的力量，人类获得了前所未有的掌控自身命运和世界未来的自信心。上帝倒下去了，一个个具有主体性的人站了起来。

　　从这种人的存在状态出发的教育教学，是为近现代教育教学。近现代教育教学从开端处与文艺复兴站在一起，并裹挟在启蒙运动的浪潮中向前

---

① ［德］伊曼努尔·康德：《历史理性批判文集》，何兆武译，商务印书馆1990年版，第22页。

② 赵敦华：《超越后现代性：神圣文化和世俗文化相结合的一种可能性》，《哲学研究》1994年第11期。

发展。起初，人道主义与理性主义本是一体的，人道主义呼吁和推动理性主义，理性主义护佑和强化人道主义，二者互为促进，都旨在解放、发挥和发展人的理性，确立人的尊严。然而，开始与人道主义和理性主义站在一起的近现代教育教学却将人道主义与理性主义微妙地分开，朝向两个不同的方向进发，渐行渐远，最终导致了当前教育教学的一系列困境和悖论。

　　一个方向是儿童的发现。文艺复兴之前的很长历史时期里，儿童都被看成是小大人，在中世纪，儿童还被认为生而有罪，是带着原罪出生的人。这是与人道主义精神相违背的。教育是实现人的解放的重要途径，是最根本的人道主义事业，启蒙是教育永恒的使命，教育如果不把儿童当儿童看，何以成人？教育必须重新确立儿童的主体地位和人格尊严。文艺复兴时期的法国人文主义学者蒙田开始提出要重视儿童的主体性和弱化教师的权威，他说："人们不停地往我们的耳朵里灌东西，就像灌入漏斗里，我们的任务只是鹦鹉学舌，重复别人说的话。我希望……老师改变一下做法，走马上任时，就要根据孩子的智力，对他进行考验，教会他独立欣赏、识别和选择事物，有时领着他前进，有时则让他自己披荆斩棘。老师不应该一个人想，一个人讲，也应该听他的学生讲一讲。苏格拉底及后来的阿凯西劳斯就先让学生讲，然后他们再说。教师的权威大部分不利于学生学习。"[①] 夸美纽斯在其《大教学论》中忧心忡忡地指出，"一个理性的动物不应当受呼唤、禁锢于鞭笞的领导，而应受理性的领导。其他方法都是对于根据自己的形象去造人的上帝一种侮辱，是使人事中充满强暴与不安的"。[②] 在教育史上真正发现儿童的是卢梭，他热情地歌颂儿童，要求把儿童看成儿童，"儿童是有他特有的看法、想法和感情的；如果想用我们的看法、想法和感情去代替他们的看法、想法和感情，那简直是最愚蠢的事情"[③]，他反对把教育看作未来生活的准备，"当我们看到野蛮的教育为了不可靠的将来而牺牲现在，使孩子受各种各样的束缚，它为了替他在遥远的地方准备我认为他永远也享受不到的所谓的幸福，就把他弄得那

---

① 单中惠、朱镜人：《外国教育经典解读》，上海教育出版社 2004 年版，第 44 页。

② ［捷］夸美纽斯：《大教学论》，傅任敢译，教育科学出版社 1999 年版，第 27—28 页。

③ ［法］卢梭：《爱弥儿》，李平沤译，商务印书馆 2004 年版，第 91 页。

么可怜时，我们心里是怎样想法呢？即使说这种教育在它的目的方面是合理的，然而当我看见那些不幸的孩子被置于不可容忍的束缚之中，硬要他们像服苦役的囚徒似的继续不断工作，我怎么不感到愤慨，怎能不断定这种做法对他们没有一点好处？"① 在卢梭之后，伴随着启蒙运动的推进和人的权利、地位与尊严的日渐巩固，康德、福禄贝尔、裴斯塔洛奇、蒙台梭利、杜威以及后来的罗杰斯等前赴后继，从不同角度出发不断深入地阐述他们的儿童主张，强调儿童是自主的、整体的、与教师平等的主体，教育要尊重儿童的主体性。儿童从教育的对象变成了教育的主体，从唯唯诺诺、战战兢兢的受控者转变为个性鲜明、生动活泼的个体，不再对教师亦步亦趋，课堂成为学生展现个性和才华的舞台。如今，这一观念已深入人心，任何一个初任教师走上讲台之前都被告知应信奉和恪守这一观念。在教育中，儿童昂首挺胸站了起来。

　　另一个方向是教育的技术化。教育的技术化发轫于教育的科学化，是教育科学化的"副产品"与"副作用"。科学是被启蒙的人类理性主义的产品，又成为推动理性主义的力量。从文艺复兴时期开始，科学一点一点地显示出其所具有的强大征服力量。科学的发现和科学力量的现实化不仅确立了人在自然界中的优势地位，而且全面而深刻地改变了人类的生存方式，给人类带来了前所未有的光明和自信心。如此，"科学被认为是一种崇高的理性成就，科学等同于理性，反科学就等于反理性，背叛科学就等于背叛理性，从而科学拥有了与理性同样的不可置疑的合法性"。② 居于科学图景当中的近现代教育不由自主、不可避免地走上了科学化的道路，教育认同科学，并努力使自身成为一门科学。这从标志着近现代教育开端的夸美纽斯及其《大教学论》那里就已经开始了。尽管摇摆于上帝和科学之间时常令他矛盾，夸美纽斯仍然表现出了他对科学的由衷的向往和热爱以及不遗余力的探索。"教育之所以能够成为科学，根本的是因为特殊的科学方法的建立。……最迟在夸美纽斯那里得以发现的最有价值的方法乃是'类比'或'近似'。'类比'或'近似'的源泉是自然界及自然界诸物。以近取诸物的方式建立教育原则在夸美纽斯的《大教学论》中比

---

① ［法］卢梭：《爱弥儿》，李平沤译，商务印书馆 2004 年版，第 72 页。
② 高伟：《生存论教育哲学》，教育科学出版社 2005 年版，第 6 页。

比皆是，甚至可以说夸美纽斯是将自然界的原则'复制'到教育中来而建立教育原则的。夸美纽斯说：'只要园丁不缺乏信心和勤劳，园地就可以种植各种花蔬；白板上什么都没有写，但是什么都能写上，他能在一张白纸上随心所欲地写；蜡能制成各种形状。'……夸美纽斯通过对自然的模仿、利用教育与自然的相似性建立教育原则和教育体系的'相似论'教育知识类型不仅相当成功，而且影响深远。"① 自他之后，在知识科学化进程的推动下，教育科学化的步伐不断加快，至 19 世纪上半叶，赫尔巴特终于建立起科学的教育学体系。科学教育学通过把教育建立在对儿童的身心发展规律的了解和掌握的基础上寻找教育的本质规律来预测和推进教育的发展。科学化无疑是教育的进路之一，但绝不应该是教育的全部。科学的方法是一种把对象客体化的方法，从根本上来说是一种认识论，其内在的逻辑是在认识事物的基础上改造和利用事物。科学化教育内蕴"实用主义"的功利倾向，考虑的是如何通过研究教育来增进教育的效能和提高教育的效率，从而使教师、学生以及教育当中的种种都成了需要加以认识和控制的客体，各种旨在提高教育效率的教育技术和教育机器也应运而生。教育的科学化不可避免地导致教育的技术化。教育技术化的直接结果是改变了教育活动的本性，使教育活动成为一项纯粹技术性活动，失去了其最基本的人文向度和价值属性②，从根本上遗忘了教育首先是人的生活方式，是为人的，失落了对教育之意义的追问，走向对人的约束、控制和规训。教育中教化隐退而规训不断扩张，儿童等同于教育生产线上的"待加工品"，被当作没有个性和自我的"均值人"，个体的自由被遮蔽，导致了人的新的奴隶化状态。在教育中，儿童依然被动、孱弱而卑微。

　　这两种方向背道而驰，互为悖论，一是高扬人的主体性，一是压抑人的主体性，却在现代教育中奇特而诡异地结合在一起，它们都是现代教育的一部分或者说一个侧面。现代教育采用了"明修栈道，暗度陈仓"的方式来实现两者的结合，即在教育理念上重视人的主体性，在教育实践中轻视人的主体性，在口头上弘扬，在行为中敷衍。阳奉阴违，表里不一，现代教育通过使自身分裂的方式达成了两者的结合或者说黏合。只要愿

---

① 高伟：《生存论教育哲学》，教育科学出版社 2005 年版，第 121 页。

② 徐继存：《教学技术化及其批判》，《教育理论与实践》2004 年第 2 期。

意，考察现实教育，看看校园里四处张贴的激动人心的标语，再反观师生们现实的教学生活，就应该承认我们所说不谬。现代教育拥有"两张皮"，是精神分裂的教育，当前教育教学当中的所有问题和困境几乎都源于这种精神分裂，各种教育理论和教育改革也都是从不同角度针对这一精神分裂开出的药方和治疗的尝试。从这个意义上来说，滥觞于夸美纽斯及其《大教学论》的教育科学化是近现代教育的一个"不详的开端"。① 当然，我们无意苛责前人，从某种程度上说，夸美纽斯的失误是一个必然的失误。因为，这个问题并非教育独有的问题，而是整个历史和社会问题向教育领域的投射。启蒙运动的人道主义把个人的主体性当成了人的生命的全部，结果不可避免地走向了个人主义，个人主体成为自私、孤独的主体；理性主义则被科学所僭越，科学成为意识形态，工具理性取代价值理性统治了世界。二者勾连起来，共同造成了人性的异化和现代性的困境。

　　具体到教学过程当中，显性的教学冲突出现且发生频率不断增加是毫无疑问的，但同时也呈现出非常复杂的样态。一方面，教学过程当中规训横行，教学"放弃对人们理性精神的培养，人们没有权利或者无法意识到要把自己的理性公开地运用于实践生活的反思当中，他们缺乏能够超越现实的局限而追求美好生活的想象力……把人们局限在粗俗、无知、偏见、蒙昧、愚陋之中，害怕人们具有自己的生活的趣味和价值，或者武断地灌输着某种符号体系，让人们不假理性地判断而单纯地接受教育的规训"。② 学生依然如千年之前的学生一样，端坐在教室里，被动接受教师的灌输，缺乏质疑和创造的信心与能力，即或有之并引发了实质的教学冲突，也常常被信奉"教学即控制"的教师简单粗暴地解决，教学呈现出鲜明的"去冲突化"的特点。另一方面，学生主体地位的张扬与膨胀又容易导致教学冲突走向泛滥和激化的极端。恶性的教学冲突事件甚至校园暴力事故屡屡发生，成为破坏课堂和谐的"杀手"，师生关系急剧紧张，以至于教师沦为学校场域的弱势群体，需要国家相关部门出台专门的法规来保障其"教育与批评学生的权利"。教学在"去冲突化"和"冲突激化"两个极端之间来回游移。教学冲突很少是一种精神与智慧的相遇和

----

① 高伟：《生存论教育哲学》，教育科学出版社 2005 年版，第 124 页。

② 金生鈜：《规训与教化》，教育科学出版社 2004 年版，第 3 页。

碰撞，而大多表现为权利的宣示或权力的争夺，有形式而无内容，是肤浅的、情绪化的从而也是单调的，正是因为肤浅、情绪化和单调才缺乏理性和节制而很容易走向激化。

## 二　个体主体性发展历程中的教学冲突审视

主体性是人的根本特性，是人之为人的意义所在。也就是说，只要是人，就应该具有主体性。人的主体性通过人在对象性活动中的自主性、能动性和创造性三个方面体现出来，其中创造性是人的活动的主体性的灵魂。个体从诞生之日起即具有主体性吗？主体性在个体生命发展的历程中与教学冲突之间是如何对应和相关的？

显然，教学冲突是教学场域的事件，只可能存在于个体学习生涯阶段。但是，我们不能孤立和静态地看待教学冲突，教学冲突本身是一种关系形式，它的内涵与表现形式是错综复杂的关系的产物，也是历史的产物，可以追溯至个体的生命开端处。心理学研究表明，婴儿的创造力最早可以追溯到儿童刚刚降生就已经出现的一些无条件反射。探究反射就是其中非常重要的一种。探究反射也称作定向反射，指对新异刺激的定向和关注，例如转向一个突然出现的声音或亮光的来源。这种反射在婴儿出生时就可以出现。探究反射虽然作为无条件反射是遗传下来的，是本能性的，但它同时又是形成条件反射、促使心理发生发展的重要的生物前提，对个体发展具有不可忽视的意义。通过探究反射，婴儿可以不断地接触、接受新异事物，建立新的暂时性神经联系，形成新的动作技能，获得新的知识经验，进而推动婴儿心理各个方面逐渐向前发展。与此同时，探究反射本身也在不断发展着，由本能的、无意的、被动的向习得的、有意的、主动的方向变化，诸如好奇心、求知欲、兴趣等在很大程度上都可视为探究反射在个体知识经验和心理水平达到一定程度的具体表现和深化。[①] 在婴儿成长的过程中，他们也在各个方面不断地表现出他们的自主性、能动性和创造力，显示出他们力图改变周围世界的努力。卡西尔在《人论》中就已指出，"人在掌握语言的过程中总是持一种能动的创造性的态度。在这方面，甚至连儿童学语时犯的错误也是非常能说明问题的。这些错误远远

---

① 董奇：《儿童创造力发展心理》，浙江教育出版社 1993 年版，第 70—71 页。

不是纯粹由于记忆力或复制力不够而引起的，而是儿童身上能动性和自觉性的最好证明"。① 他们常常自造新词。例如，幼儿会自发地将"蜗牛"说成"山螺蛳"，将"鸡蛋糕"说成"蛋黄糕"。当儿童感到所知道的词不够用时，他们便在自己的生活背景和知识水平上进行创造。另外，幼儿搭积木的情形也颇能说明这一点。一个已成"日常事实"的普遍现象是：不管父母给幼儿搭了一个什么样的积木（城堡、桥梁、汽车等），不管（父母自以为）搭得怎样多姿多彩，幼儿最终都会用小手一挥，统统推倒，然后自己重搭一个。这表面上看来十分简单的一"推"一"搭"的行为，其实有着深刻的"人"的意涵。"推"的行为表明，对幼儿来说父母所搭积木只是来自外部的、成人世界的一种"强加的符号"与"给定的范本"，幼儿天生不喜欢这些强加之物与给定之物，常常将之视为对自己存在价值的一种威胁。只要有可能，只要不受到惩罚，幼儿最终都会试图去拆解它、"干掉"它。而"搭"的行为则表明：幼儿天生喜欢自己亲手创构，幼儿的创构物乃是幼儿当时整个生命的一个组成部分。这一"推"一"搭"的行为告诉我们：幼儿不仅敢于否定、能够摧毁成人的强加之物与给定之物，而且还敢于树立、能够创构自己的心仪之物。对于幼儿来说，否定与树立、摧毁与创构是一个完整的过程，否定就是为了树立，摧毁就是为了创构，否定与摧毁之后通常就紧跟着树立与创构。② 这一"推"一"搭"的行为还告诉我们，儿童天生不喜欢被人操控和制导，不愿意被别人牵着鼻子走，他们有着原生的自主性和创造性，有一种按自己的意志主导自身行为和生活的强烈愿望。正如儿童教育家蒙台梭利一再提醒我们的，"儿童并不是一个处处需要我们帮助的被动的个体，并不是一个等待填充的空瓶子"，"儿童天生就具有'吸收'文化的能力"，"儿童刚出生就已经开始了其独立进程。在发展过程中他会不断地完善自己，克服前进道路上的困难。一个重要的力量在他们体内起作用，使他们向着自己的目标不断努力"。③ 她称儿童为"小小的探索者"和"上帝的密探"。

---

① ［德］恩斯特·卡西尔：《人论》，甘阳译，上海译文出版社2003年版，第353页。

② 吴康宁：《学生仅仅是受教育者吗？——兼谈师生关系观的转换》，《教育研究》2003年第4期。

③ ［意］玛利亚·蒙台梭利：《有吸收力的心灵》，高潮、薛杰译，中国发展出版社2003年版，第23、14、96页。

我们常常会发现，对于成人习以为常的现象，儿童却产生怀疑、感到困惑，以至于向家长、教师提出一些富有创造性、挑战性的问题，诸如"我们怎样才能知道现在不是在做梦呢？""月亮为什么会跟我走？"；一位6 岁的幼儿无法看自己喜欢的电视节目，因为三位小客人要看他们喜欢的节目，这位幼儿问妈妈："为什么三个人自私比一个人自私好？"① ……皮亚杰在他的论文《儿童的哲学》中提出，儿童像成人一样具有自己的哲学，儿童几乎会问所有的哲学问题，儿童是哲学家。

然而，这一切从儿童进入学校接受教育开始，就在静悄悄地发生改变。科文（Colvin）等人从作文、诗歌、艺术兴趣诸方面研究小学生的创造力，发现在小学低年级，儿童在作文、诗歌、艺术方面富于发现性、戏剧性和创造性，四年级后呈下降的倾向。米能的研究表明，小学前三年级的学生爱好自由发表意见，但进入高年级后这一倾向迅速减弱。② 这些在我国教育中尤甚。如果说在幼儿园和小学低年级的课堂上，孩子们的疑问层出不穷，让他们保持沉默是不可能的，教师们常常疲于应付，即使算不上是教学冲突，也是有张力的一种交流和互动，到了中学或者大学，课堂往往出奇的安静，学生既不会提问，也不愿答问，即使在教师的提示和要求（很多教师将提问和答问与成绩评定挂钩）下提问和答问，其内容也往往是肤浅地对课本或教师讲述的重复与照搬，言语表情单调、沉闷而短促。因为我们的文化和教育强调知识的吸收与积累，而非独立的思考与判断，强调循规蹈矩，而非标新立异，强调群体意志，而非自由个性。一句话，忽视和僭越学生的主体性。按照佐藤学的说法，小学教室里的"闹哄哄"背后存在着教师对教学中的形式主义的"虚假主体性"的追求，"在教师的意识深处，有着与学习的活动或内容无关的、想轻松方便地控制教室、维持秩序的欲望"，如此，"到了初中、高中后，学生就会尽全力去反抗小学时代被驯服出来的虚假主体性，从而使他们不可能实现自身的自由成长"。③ 如果一个人从小没有过上真正的自由自主的生活，主体性长期被压抑，等他长大以后再给他自由，再给他发挥主体性的机会，他

① 刘晓东：《解放儿童》，新华出版社 2002 年版，第 77 页。

② 董奇：《儿童创造力发展心理》，浙江教育出版社 1993 年版，第 56 页。

③ ［日］佐藤学：《静悄悄的革命——创造合作、活动、反思的综合学习课程》，李季湄译，长春出版社 2003 年版，第 23—24 页。

不会感到自由反而会逃避自由，会有一种失去依赖的恐慌，会无所适从，其作为人的主体性或者丧失或者异化，他已经失去了自由活泼地思考与表达的能力。很多教师通常自以为是地认为，他们可以教给学生一切，他们的认真教学就是对学生美好未来的承诺，学生要做的就是认真听讲，努力领会和记住教师所教授的内容。20 世纪 90 年代，一位美国的美术教师到昆明市作了两个月的学术交流。不少中国的教师问他："在美国的学校里，是怎样教学生的创造性的？"并再三要求她在课堂上作示范。这位美国小学教师感到很困惑：创造性怎么能"教"呢？更令她困惑的是，无论她怎么解释创造性是不能"教"的，中国教师都不知所云。[①] 中国教师所指的"教"其实就是灌输。不能真正理解创造性的教师自身是不可能有创造性的，我们哪能奢望这样的教师教出有创造性的学生？日复一日的教育教学，令学生的头脑里装满了先贤的哲理和科学的知识，却像沙漏一样慢慢漏掉了自己的思考、想象与创造。英国诗人布莱克曾因为孩子要在夏日里被送进学校而感到悲伤，而且庆幸自己没有被送进那种艺术学校。在《混杂的笔记本诗行》[②] 中，他写下这样的诗句，严厉地批判传统教育：

> 感谢上帝，我从未被送进学校，
> 而被强行灌输成那种类型的傻瓜。

曾执教于台湾某大学的龙应台教授对课堂的死气沉沉和学生的循规蹈矩感到惊讶、愤怒又无奈：评完成绩并通知给学生以后，等了很久，也没有任何一个学生来和她讨论成绩问题，他们对教授所给出的分数全都无条件接受，根本没有意识要跟教授探讨一下自己为什么得到那个分数；学生"很用功。指定的小说或剧本上课前多半很尽责地读完。他能把故事的情节大纲说得一清二楚，可是，当我开始问'为什么'的时候，他就瞠目以对——不知道，没想过。他可以读十篇爱伦·坡的谋杀小说，每一篇都读懂，但不能够综观十篇整理出一个连贯的脉络来。他可以了解苏格拉底

---

① 黄全愈：《素质教育在美国》，广东教育出版社 1999 年版，第 9 页。

② 刘晓东、卢乐珍：《学前教育学》，江苏教育出版社 2004 年版，第 51 页。

为什么拒绝逃狱，也明白梭罗为什么拒绝出狱，但这两个事件之间有怎样的关系；他不知道。他可以说出诗人艾略特对艺术独创与模仿的理论，但是要他对王三庆的仿画事件发表意见——他不知道，他没有意见，他没学过，老师没教过，课本里没有……"① 她盼望教学中出现冲突，却屡屡以失望而告终，"在国外教书的那许多年，我踏出教室时常有生机盎然的感觉，因为在与学生激烈的反应与挑战中，我也得到新的成长。在这里，走出教室我常有被掏空的感觉，被针刺破了的气球一般。学生像个无底的扑满，把钱投进去、投进去，却没有什么惊奇会跳出来，使我觉得富有"。② 这难道不是我们长期以来的教育的真实写照吗？在这样的教育当中生存的学生，大多匍匐在讲台之前，被动地聆听教师的教诲，深恐有所疏漏，鲜有能质疑教师并与教师进行真正的思想交锋的。"关键不在于思想是什么，而在于如何思想。积极主动思想得到的思想总是新的原创性的，原创并不一定非得是别人以前未想到过的，而总是指思想的人用思维做工具，去发现外面的世界或自己内心世界的新东西……表达我们思想的权利，只有在我们能够有自己的思想时才有意义。"③

在这样的教学当中，并非不会出现教学冲突，但所谓的教学冲突，如前文所述，除了压抑的情绪宣泄之外，恐怕大多是一种权力的争夺和姿态的宣示，而缺乏实质的内容，很少是真正的思想碰撞与精神较量。在这种教学冲突中表现出来的主体性，也很难说是完全和纯粹意义上的主体性。当然，随着社会日益走向民主和开放，随着教育当中对人的主体性的不断重视，随着信息革命带来的学生在知识获取上对学校和教师依赖的降低，这一局面正在逐渐改观，正因为如此，教学冲突才需要突破心理学和管理学的研究畛域，而成为一个值得人们关注和研究的教学论问题。

由以上分析可知，人的主体性发展不是一个自在自为的过程，虽然与人的本性有关，但绝不是生理和遗传的结果，而是教育、社会和文化的产物，不存在超越历史和文化的抽象的"人的主体性"。在教学当中，人的主体性如何表现自身与教学本身如何对待人的主体性密切相关。人的主体

---

① 龙应台：《幼稚园大学》，《中国时报·人间》（台北）1985 年 3 月 14 日。

② 同上。

③ ［美］埃里希·弗洛姆：《逃避自由》，刘林海译，国际文化出版公司 2002 年版，第138、171 页。

性发展是一项永远未竟的事业，随着社会的发展和人类的进步，人的主体性将不断获得新的内容和更纯粹、更积极的表现自己的方式，并不断走向丰富和深化。

## 第二节　教学冲突的影响因素

人的主体性作为教学冲突的发生根源，必须在教学过程当中、在教师与学生身上获得自身具体的表现方式，才是现实的。换句话说，人的主体性作为人的根本价值属性，是决定人的活动方式的终极根源，它必须转化成特定活动中具体的影响因素，才能发挥出直接的影响作用，才是可以理解的。

在教学过程中，影响教学冲突的因素很多，譬如教学组织形式、教学的科目、教学的内容、教学方法、教学手段甚至教师或学生的情绪状态等。然而，我们认为，这些因素只能算作导致教学冲突的诱因，不是决定性因素。教学冲突的发生以及如何发生和发生之后的发展走向必然受到教学冲突的主体即教师和学生的观念以及观念指导下的行为的影响，是教师和学生决定了教学冲突。

教学冲突看似短暂的、即时的、突发的，往往在某一种或某几种明显可见的诱因刺激下引发，然而实际上是教师与学生在教学场域的生存方式的典型表现，他们是如何共同生存与表现自我的，就会发生什么样的教学冲突。具体地说，他们是如何理解世界、知识、教学、对方和自我的，就是如何理解教学冲突的，就会有什么样的教学冲突。概括而言，教师的知识观和学生观以及学生的学习观和教师观是直接影响教学冲突的两大因素。下面我们对这两个方面进行分析。

### 一　教师的教学观与学生观

教学观即教学观念。具体而言，就是教师对于教学"是什么""为什么"和"如何做"等方面所具有的整体的认识和理解。教学观念对教师的教学起着指导和统率的作用，是教师教学行为的基础与依托。

教学是筛选、传播、积累和发展知识的重要途径，知识则是教学的重要内容，教学和知识之间有着密切的相互关联。知识并非客观存在的实体，并非一成不变、万世不移的，而是人类在历史发展过程中主观建构的产物，教学则是知识参与和指导下的实践活动，具有历史性和情境性。教师如何理解知识，即他关于"知识是什么？""如何获得知识"等问题上的看法，对他如何理解教学具有决定性的影响，教师的知识观与教学观具有内在逻辑上的一致性，有什么样的知识观就有什么样的教学观与之相对应，二者统一于教学实践活动过程中。譬如，苏格拉底认为知识是先验地存在于人的心灵中的，教师的作用不在于给学生以知识，而是通过讥讽等方式帮助学生自己一步步归纳出知识，所以他坚持采用"产婆术"进行教学；孔子认为只有圣人是"生而知之"者，大多数人都属于"学而知之者"，普通人应该"畏圣人之言"，所以他坚持"述而不作"，不懈地指教学生什么是"仁"，要求学生"敏而好学"且"学而时习之"；建构主义认为，知识不是通过教师传授得到，而是学习者在一定的情境即社会文化背景下，借助其他人（包括教师和学习伙伴）的帮助，利用必要的学习资料，通过意义建构的方式而获得，所以倡导情境教学、支架式教学和随机访问教学等以学习者为中心的教学策略与模式，以最大限度地促进学习者与情境的交互作用，主动地建构意义，教师则在这一过程中起组织者、引导者、帮助者和促进者的作用。美国学者帕克·帕尔默十分清楚和形象地描述了教师的知识观与教学观和教学之间的密切关系，"我们以何种方式获得知识？我们根据什么说我们的知识是真实的？我们的回答可能在很大程度上是默认的，甚至是无意识的，但他们总是表现在我们的教和学的方式中。如果我们认为真理是来自高高在上的某种权威，教室看起来就会像是专制政府。如果我们认为真理是由个人突发奇想而确定的虚构故事，教室看起来就会是无政府的混乱状态。如果我们认为真理产生于相互问询的复杂过程，教室看起来就会像一个资源丰富、相辅相成的共同体。我们关于认识的假设可以打开也可以关闭建立联系的能力"。①

　　我读丰宁二中优秀教师李桂军为初中语文第三册中的课文《论"基本属实"》所写的教案，其中专门有这样一条："（5）本文为什

---

① ［美］帕克·帕尔默：《教学勇气：漫步教师心灵》，吴国珍等译，华东师范大学出版社2005年版，第52页。

么能写得如此好呢？因为它的作者是吕叔湘——当代著名语言学家，现任中国社会科学院语言研究所所长。"①

　　在这个真实的故事中，教师对名人的崇拜无以复加。虽然不是每个教师都会这样明确地坦露自己的心迹，但在这个"专家"盛行的年代，再加上应试教育的推波助澜，这恐怕不仅仅是一个特殊的个案而具有某种意义上的普遍性。在这些教师的意识中，知识是由专家创造和恩赐的，他们自己不可能成为知识的创造者和发现者，充其量只能是知识的享受者和传播者，他们所能做的就是努力领会和还原专家们的意图并忠实地传递给学生。这样的教师在教学中必然是以课本为"圣经"，以自己对课本的解读为圭臬的，教学中可以容许甚至鼓励探讨和交流，但探讨和交流的目的是为了更牢固地确信和记住给定的知识。在这样的课堂里，教学冲突当然是教学中的"意外"，会耽误教学的进程，应尽量减少，一旦发生则必须迅速地予以解决。更重要的是，教学冲突无疑是对教师权威的挑战，即使可以原谅也是不可轻视的，应坚决地予以排除和遏制。与此相反，如果教师认为知识不是来自于权威，而是交流和建构的产物，那么教学中"专家"就会退场，课堂成为师生表现自我的舞台和交流与探讨的论坛，任何新异独特的想法即使听起来很荒诞也会受到尊重和关注，教学冲突则不仅被宽容，还往往被认为是思想火花的碰撞和生成知识与智慧的契机。

　　一般来说，教师的知识观、教学观与学生观是相对应的，它们协调一致共同构成教师的教学观念体系，共同指导教师的教学实践。如果教师认为知识是绝对客观和不容置疑的，是专家的创造和恩赐，那么学生在他们看来就是知识的贫乏者和等待输入者，他们所要做的就是控制教学的环境和流程，将事先选定的知识用尽量高效的方式迅速、大量地传输给学生，而至于学生本人如何看待知识本身则是无关紧要的。教师们普遍借助纪律、职业诱惑或其他的外在措施来鞭策学生努力学习。学生们在教师眼里是齐一的和平面化的，"他们是谁"并不重要，他们都是心智未成熟的、等待教师传递知识并加以塑造的"半成品"。教学中出现冲突是令人不能

① 李书磊：《村落中的"国家"——文化变迁中的乡村学校》，浙江人民出版社1999年版，第8页。

容忍的，是对教学过程的打断和损害。相反，如果教师认为知识是交流与建构的产物，那么本土知识、缄默知识、个体知识都将受到尊重，学生就不是等待知识输入的容器或未完成的"半成品"，而是已经具备各种知识的、独特、完整和鲜活的生命，学生必须被区别对待，他们的个性、气质、智力特征、出身背景以及生活史等都必须被关注并成为教学的一部分，因为这些都与知识的建构不可分割。没有人是真理的掌控者和代言人，每一个人都应勇于运用自己的理智，自由讨论应成为教学这一公共领域的通行法则。教学冲突是最自然不过的事情了，它的发生与否甚至可以被看成衡量教学场域中的主体是否深度卷入和本色展示的尺度之一。

有意思的是，教学冲突与社会冲突一样，有着自己的发生逻辑。它并不因为受到压制和排斥就消失于无形，也不会因为被宽容和接纳就得寸进尺。在中国封建社会的历朝历代，越是严刑峻法，越是强权高压，就越会有人揭竿而起，就越是从根本上威胁到政权的稳定。而在政治日渐民主化的当下，看似各种冲突不断，但量的增多恰恰抵消了质的严重性，反而起到了维护稳定的作用。这就是美国社会学家科塞的"安全阀"理论。这一理论也适用于教学冲突，暴力性、极端性的教学冲突事件看似突然和偶然，其实都是长期的压力和负性情绪积累的结果，常常爆发于对秩序和纪律控制最严格的课堂之中，而冲突常态化的课堂中维系的却是民主和谐的教学关系。

## 二 学生的学习观与教师观

教学冲突是师生之间的对抗性互动，不仅与教师的知识观和学生观有着十分密切的关系，而且受到学生的学习观和教师观的直接影响。当然，学生的学习观和教师观并非凭空产生的，而是在其受教育的历程中逐渐形成的，深受教师的知识观和学生观及其指导下的教学行为的浸染和影响。

学生的学习观并非一套成熟的观念，它处在发展和变化中，常常表现为一种缄默的、下意识的直觉，内隐地左右着学生学习的方式和态度。所谓学生的学习观（conception of learning），是指"学生个体对知识、学习经验所持有的直觉认识，也有人把它看成学生个体对知识和学习的一套认识论信念系统（epistemological beliefs about learning），它涉及对知识性质、学习性质、学习过程与学习条件等维度的直觉认识。在每一维度上，学生们的认识存在差异，即使同一个学生的认识也会随着时间和经验而发生变化。许多学者对学生们在这些维度上的认识差异或认识变化做出了不同的描述。概括起来，学生们在每一维度上的认识可以归结为两种极端倾向：客观主义倾向与建构主义倾向"。① 所谓客观主义倾向的学习观；就是认为学习是从外界获得知识的过程，权威拥有真理并可传递给学习者，而建构主义倾向的学习观，则认同个体自身在学习方面的主体地位，个体是意义的积极建构者。学生在很早就形成了一定的学习经验，有研究发现，3—8岁儿童在思考学习时，就能够清楚地分辨出学习的两个方面——学什么与怎么学。可见，儿童在家庭、学校和社区中的学习和教学情境中已经积累了相当数量的早期经验，并对这些早期经验形成了一些直觉，构成了学生后来的学习观的先行基础。学生的学习观受到多方面因素的影响，包括教师的教学、家庭教养方式、社会文化背景等。譬如，如果教师在教学过程中强调学生对知识的记忆和积累，而轻视学生自身对知识的思考与解释，那么学生就倾向于形成客观主义倾向的学习观。在鼓励个人主义的社会文化中，学生更容易形成建构主义倾向的学习观；反之，在强调群体性的社会文化环境中，人们习惯于从众和服从，更容易养成客观主义倾向的学习观。家庭教养方式和学生在成长过程中养成的性格特征，也对学习观的形成具有很大的影响。黄全愈在他的《玩的教育在美国》一书中对中国和美国学生家长的一个日常化的现象进行了深刻的比较与分析：在孩子离家上学之前，做父母的总是习惯地嘱咐一下，中国的家长常说的话是"听老师的话""别调皮""上课认真听""乖乖地呀"之类的；而美国的学生家长总是笑眯眯地说："Have fun！"翻译成中文就是"高高兴兴地"或"玩得高兴一点"。"这两种唠叨，说明中美两国的父母的教育观念的不同，中国的父母是'扶着孩子在成长'，而美国的家长是'放开手让孩子成长'。一个是个性被束缚着的，另一个是个性得到充分的张扬。"② 显然，个性被束缚的学生，老实、听话、顺从，我们很难指望他在学习过程中活泼、大胆和打破常规、标新立异。

形成客观主义倾向学习观的学生，通常能够遵从课堂纪律与常规，跟

---

① 刘儒德：《学生的学习观及其对学习的影响》，《教育理论与实践》2005年第5期。
② 黄全愈：《玩的教育在美国》，作家出版社2001年版，第2页。

随教师的教而安排自己的学习，一般比较认同教师权威，认为教师讲的都是正确的，倾向于全盘接受教师所传递的"真理"，能够较好地重复和再现教学内容，很少质疑教师。与此相反，具有建构主义倾向学习观的学生，通常比较注重对教学内容进行深加工和自我理解与解释，并不认同教师是真理的化身，当教师的教与自己的理解或原有的经验、认知结构不一致的时候，倾向于提出自己的疑惑和质疑。显而易见，一般而言，在教学过程中，前一类学生与教师发生教学冲突的可能性不大，而后一类学生与教师之间则相对容易发生教学冲突。

就像教师的教学观与学生观是个统一的整体一样，学生的学习观与教师观也是一个统一的整体，二者相互联系，相互配合，共同影响学生在教学场域内与教师互动的总体行为方式。所谓学生的教师观，通俗来说，就是学生对于教师角色的期望以及对教师形象的评价等构成的观念系统，包括一般教师观和特殊教师观。前者是指学生对教师群体的角色期望和形象的总体性评价，后者是针对具体教师而言的。通常情况下，在师生交往的初期，一般教师观起主导和定向作用，而当师生之间相互熟悉和了解之后，特殊教师观就替代前者起主导作用。学生的教师观的形成，既受到家庭和社会文化中教师观的影响，也与学生自身学习生涯中与教师交往的经验密不可分，还受到教育理论或大众传媒中所塑造的教师形象的影响。学生的教师观对师生关系与教学都具有直接影响，大致可分为三种情况：其一，学生将教师看作知识的权威和真理的代言人，教师对于学生而言是高高在上和神圣不可侵犯的，"仰之弥高，钻之弥坚"。从而，学生只能谨遵教师的教诲而亦步亦趋，师生关系是顺从、严肃和疏离的。其二，教师在学生的眼里是一个先学、厚学的普通人，是可错的，则学生倾向于与教师之间形成良师益友的民主型师生关系，在教学过程中能够自由地表达己见并与教师相互探讨。其三，如果教师在学生的眼里是一个平庸之辈或是具有某种人格缺陷的人，或者教师的某些特质或行为令学生极不喜欢，学生通常对教师的轻视多于尊敬，往往会做出一些或公开或隐蔽的反抗行为。第一种情况以孔子弟子颜回为代表，颜回的谦虚好学勤奋执着之心可嘉，其对孔子的敬仰之情溢于言表，无事不从、无言不悦，然而无论身前还是身后，颜回始终笼罩在老师孔子的光环之下，虽创立了颜氏之儒，终究以"孔子最著名的弟子"或"孔子最得意的弟子"而留名后世；第二种情况则以柏拉图的弟子亚里士多德为代表，亚里士多德说"吾爱吾师，吾更爱真理"，说明在他的心目中教师与真理不是等同的，教师并非真理的掌控者和代言人，教师也不是神圣不可置疑之人，对真理的追求与对教师的尊敬之间不存在矛盾。在阿加德米学园里，他常与老师柏拉图争论，他坚信"智慧不会随柏拉图一起死亡"，所以最终他能够凭着自身的智慧、努力与勇气超越柏拉图而建立起庞大的哲学体系，对后世产生巨大的影响，被恩格斯称为"最博学的人"。在后两种情况下，教学冲突发生的可能性要大一些，但两者之间具有根本的差别，一类更多表现为积极的建设性冲突，往往频度高而烈度低；另一类则主要表现为消极的破坏性冲突，多包含不满情绪的释放，容易激化成激烈的对抗甚至导致教学关系的终结。古人田汝成笔记中所记的一则笑话流传甚广，虽语焉不详，但在一定程度上可看作是第三种情况的表现："杭谚言：社师读《论语》'郁郁乎文哉'，讹为'都都平丈我'。委巷之童，习而不悟。一日，宿儒到社中，为正其讹，学童皆骇散。时人为之语云：'都都平丈我，学生满堂坐；郁郁乎文哉，学生都不来。'"①

由以上分析可知，教学冲突的发生受到多种因素影响，是各种复杂因素相互作用的产物。教学冲突发生在各种因素交汇的地方，它本身就是一个交汇点。英国诗人布莱克在《纯真的预示》中说"从一粒沙子看到一个世界"，教学冲突何尝不是这样的一粒沙子？当我们后退几步并把视野扩大和放远，我们从中看到了人类历史的风云与气象；近距离观察，我们捕捉到师生的观念系统及其引导与调节作用；集中视线聚焦，我们则体悟出人的主体性的力量。因此，对教学冲突的理解，不能局限于教学冲突本身，归根结底，它是人的生存方式的体现。

---

① 李书磊：《村落中的"国家"——文化变迁中的乡村学校》，浙江人民出版社1999年版，第58页。

# 第三章　教学冲突解析

如果说第一章意在说明教学冲突是教学过程中的一种必然现象，是教学过程的一部分，第二章则考察了教学冲突的发生根源与影响因素，阐述教学冲突何以发生。然而，到此为止，我们至多形成了一个关于教学冲突的大致印象。要想透彻深入地了解教学冲突，我们必须对教学冲突本身进行透视和解析，譬如，作为一种活动存在的教学冲突，它的性质如何，存在哪些类型，具有什么功能，它的发生过程是什么样的，等等。这些就是本章所要完成的任务。

## 第一节　教学冲突的性质

### 一　教学冲突性质的诠释

性质，是指事物本身所具有的区别于其他事物的根本属性。在英文里，表示性质的词是"nature"，"nature"也指自然，由此可知，性质是事物本来所具有的，也是生来就具有的，只要事物不变，性质就不变，如果事物发生变化，性质也会发生变化。"性质"一词是英国哲学家弗朗西斯·培根的用语。培根是在自然哲学的意义上使用这一名词，他把性质看成是物质自身固有的特性，如密度、温度、重量、体积、运动等，与"形式"相对。培根认为自然界中的物体就是由各种性质组合的集合体，各种性质都是由自己的形式决定的，因此物质获得个体形式，造成千差万别的事物。形式与性质不可分离，形式离开性质就无所谓形式，性质离开决定它的形式也就无所谓性质。[①] 马克思主义哲学把事物的性质看成是由

---

① 冯契：《哲学大辞典》，上海辞书出版社 1992 年版，第 1053 页。

事物自身的矛盾所决定的。事物是矛盾的统一体，其性质表现是多种多样的。基本可分为两类：基本性质与一般性质。事物的基本性质是由事物的主要矛盾所规定，它反映事物的本质，事物的主要矛盾变了，其基本性质就要改变，一事物也就变成了他事物。一般性质是事物的外在属性，当然，它也曲折反映事物的本质。区分事物就是区分事物的性质。只有区分不同性质的事物，才能用不同方法对事物加以改造，为人类造福。① 本研究所探讨的"教学冲突的性质"，指的是教学冲突的基本性质或根本性质，是教学冲突区别于其他任何一类社会冲突及其他教学事件与教学状态的根本特性，是教学冲突"是其所是"和"不是其所不是"所在。

　　然而，人的活动不同于一般的客观事物，一般客观事物的性质是其物质形式所固有的，是与客观事物结合在一起的，事物不变则性质不变，不以人的意志为转移。人的活动的性质恰恰是以人的意志为转移的，它表现为参与活动的人在活动中所持有的占主导地位的价值旨趣，是人的活动所具有的内在规定性和倾向性。所以，教学冲突的性质虽然具有某种客观性和普遍性，但绝不是先验的存在，也不是纯粹客观的存在，而是主观见之于客观的产物，是我们基于教学场域的基本特性和教学活动的根本旨趣所做出的科学判定。

　　之所以要探讨教学冲突的性质，是因为这是我们全面深刻地认识教学冲突与合理地处置教学冲突所不可或缺的一个前提。无论是在国家大事还是日常琐事当中，我们对事物和问题的处置都是以我们对其性质的判定为前提的。譬如，对于社会矛盾，其性质被判定为人民内部矛盾还是敌我矛盾，会被采取截然不同的处置措施；如果我们判定自己所交往的对象是坏人，那么我们绝对不可能像对待我们所认为的好人一样对待他（她）。尽管在处理日常琐事的时候，我们对问题或事物性质的判定常常是缄默的或下意识的，但性质的判定恐怕是一个必经的环节。否则，人类的行动就与动物的本能冲动无异了。教学冲突的发展过程及其走向，也是以当事双方尤其是教师对教学冲突的性质判定为前提的。

　　虽然我们在处置事物之前总是要对其定性，但我们对性质的判定并不一定总是正确的。错误的定性带来错误的处置，从而必然导向错误的结

---

① 　许远征：《马克思主义辞典》，吉林大学出版社 1987 年版，第 823 页。

果，这是另一种意义上的"预言的自动实现"效应。对教学冲突性质的考察和判定，必须是审慎的和理性的。

## 二　教学冲突的性质判定

教学冲突是在教学互动过程中围绕教学而发生的，没有教学互动就没有教学冲突，教学冲突的性质只能在教学互动中体现出来，认定教学冲突的性质必须以对教学性质的确认为基础。毋庸置疑，教学是教师帮助和促进学生学习的活动，其首要性质是发展性，这是教学活动存在的根基。那么，我们认为，在具有发展性的、以促进人的发展为出发点和旨归的教学活动中发生的教学冲突具有以下基本性质。

1. 文化性

教学与文化关系之密切，可谓相互依存、须臾不可分离。首先，教学为文化而生。教学为人而生与教学为文化而生这两点并不矛盾，而是内在一致的。文化即人化，文化是人类活动的产物，它反过来又造就人。人类生存的连续性要求文化的连续性，每一代人都在继承前人积累的文化的基础上成长起来，并通过自身的活动发展文化，再把文化传承给下一代。这种继承和传承的任务，主要是由教育和教学完成的。没有文化，教学就成了无源之水、无本之木、无米之炊，何以促进人的发展？所以，教学依托文化来促进人的发展，教学是为人的，也就意味着教学是为文化的。其次，教学在文化中。教学是在一定的社会文化环境中进行的，不可能不受到社会文化环境的影响和制约。可以说，我们都是带着一定的社会文化环境的"印迹"参与到教学活动中来的。既然任何教学活动都孕育于一定的社会文化环境之中，那么，社会文化环境对于教学活动来说就具有某种前提预设性。社会文化环境在很大程度上决定着教学活动的价值取向，左右着教学活动的内容乃至教学方式和方法的选择。① 只有一定历史文化社会环境中的教学，不存在任何超文化、超历史的教学。再者，教学本身是一种文化。教学是一种师生共同生活于其中的特殊生活样式，人们在长期的教学生活中形成了一定的习惯、传统、方法、价值、信仰，建构了独特的教学文化。教学文化具有相对独立性和历史传承性，具有内在的发生和

---

① 徐继存：《教学文化——一种体验教学总体问题的方式》，《教育研究》2008 年第 4 期。

发展逻辑，在任何时代都是社会文化体系当中一道独特的文化景观。

因此，教学既是一种教育性实践，也是一种文化性实践。佐藤学特别强调，"教学是双重意义上的文化性实践。教师首先同儿童一起参与文化享受与知识探究的活动。教师进行着两种文化内容的探究：文化内容本身的探究与儿童经验的内部所生成的文化内容的探究。两者都拥有作为文化性实践的性质"。① 发生在这种文化性实践场域内的教学冲突，因其主体是文化的人，所指向的教学又是文化性的，且在一定的社会文化背景下发生，从而总是具有鲜明的文化性。在一定意义上，我们可以说，教学冲突就是文化的冲突，就是不同个体或群体"内部所生成的文化内容"之间的冲突。当然，这是需要通过理性的分析和透视才能发现并确认的，因为文化是隐藏在言语和行为背后的深层精神力量，纷繁复杂的教学冲突总是直接表现为个人与个人之间的冲突，或个人与群体之间的冲突，又或者是群体与群体之间的冲突。

马克思指出，人的本质在其现实性上是一切社会关系的总和，他强调在具体的社会关系中具体地考察和把握一个人的本质，反对抽象地谈论人的本质。这为我们从文化的角度来认识人提供了方法论的启发和借鉴。一个具体的人，既是宏观文化中的人，也是微观文化中的人，是一定宏观文化和诸多微观文化的复合体。这里的文化复合体，指的是个体受外在文化环境的影响在其生活史中养成的、属于个体所独有的文化结构整体，既包括宏观层面的文化，也包括微观层面的文化；既是完整的、稳定的，也是开放的、流变的；它不是个体生命的附属物，而是个体生命的一部分，是个体区别于其他"文化人"之所在。在某一文化层次上，多个个体拥有相同的文化，存在文化认同、文化共享，并使得"人以群分"。但在绝对意义上，个体之间拥有各不相同的文化复合体结构，只有着眼于文化复合体整体结构，我们才能完整地认识和理解个体本身。因此，我们可以把马克思的话语转换为：人的本质在其现实性上是一切文化的总和。世界上没有两个完全同质的"文化人"，个体与他者时时处处都有可能产生和迸发文化冲突，因为任一个体的文化结构是完整的、无法切割的，个体总是作为一个文化的复合体而不是某一特定文化模式的抽象代表或符号出场的，

---

① ［日］佐藤学：《课程与教师》，钟启泉译，教育科学出版社 2003 年版，第 362 页。

尽管他可能在特定场合总是着力表现某一侧面。在教学场域中，教师与学生之间、学生与学生之间随时都可能出现文化冲突。其中，教师与学生之间的文化冲突是教学生活的核心。

> 一次课上，我正侃侃而谈，不觉中犯了一个知识性错误，话一出口便意识到了，但见学生没反应就接着往下讲。这时候，一个平时给我的印象不大好的学生站出来反驳了："老师，你说错了，还好意思说下去！"我一下子面红耳赤，狠狠地瞪了他一眼："你懂什么？我哪儿说错了？"学生坚持反驳。我恼羞成怒，将那学生赶出了教室。[1]

很显然，案例中的"我"明知自己犯了一个知识性的错误，但出于维护教师尊严和面子的需要，企图蒙混过关，在被学生指出来之后还恼羞成怒，过分地惩罚学生。事实上学生可能并非在故意跟老师"唱反调"，而是出于维护知识的尊严而忽视了师道尊严而已。类似的场景在教学中恐怕并不少见。看似一场知识的冲突，实际上却是典型的学生文化与教师文化之间的冲突，是正统的教师文化试图强加和绑架学生文化所导致的冲突，是成人文化对儿童文化的僭越和强力管制。在此案例中，问题并没有获得解决而是被搁置了，极有可能以其他的方式再次出现，甚至引发更激烈的冲突。

如果我们确认教学冲突具有文化性，或者说教学冲突是一种文化的冲突，那么，我们就必须用处置文化冲突的方式来处置教学冲突。换言之，处置教学冲突只能采取文化交流和文化沟通的方式，任何强制和灌输以消解文化冲突的企图都是徒劳的甚至反教学的。因为灌输即压迫，强制即霸权。因此，好的教学应成为一种致力于理解的伦理学实践，不仅是理智方面的对所要学习的内容和对象的理解，而且是人类主体间的相互理解。对于前者，教师需努力颠覆传统的师道尊严，创设一种民主化的教学情境，尊重多元文化，鼓励各方通过客观、民主的说明、解释、辩论和辩护展示自身的合理性，同时要求各方，包括自己在内，对自己的思维假定和观念进行反思和批判，尽可能消除歧见、达成合理的相互一致，"无论是用表

---

① 丁静：《关于师生冲突中教师行为的案例研究》，《教育研究》2004 年第 5 期。

达提出有效性要求的自我，还是接受或拒绝这个要求的他者，他们的抉择
都立足于充足的理由"。① 对于后者，教师则需要将"相互理解"作为教
学的目标之一并在教学过程中始终予以关注，努力破除各种类型的自我中
心，养成学生对人类复杂性的意识，以及开放、同情和宽容的个性品质。

2. 共有性

看到文化的多样性和彼此之间的冲突的同时，也应该避免忽视或遮蔽
人类社会的统一性。虽然每种文化都是独特的，但总是存在着处于多元文
化中的一般文化和共同文化，而且一般文化和共同文化是通过多元的文化
而存在。人类文化具有多样性和统一性的双重性质。就教学来说，它本身
就是一种有目的、有计划、有组织地传递社会主流文化价值体系的实践活
动，是始终以"一"统摄"多"的过程。因此，教学过程中的各种文化
冲突并非杂乱无章和盲目的，而是紧密围绕社会主流文化价值体系而展
开，并且随着冲突而不断接近社会主流文化价值体系。这样，在各种价值
对立中事实上存在着一种客观价值、核心价值，存在着隐藏着的共同价值
标准。这种核心价值既是教学的基础也是教学的目标，是教学场域的一只
"看不见的手"。

美国社会学家 G. 辛普森根据冲突双方是否存在共同目的将冲突区分
为共有冲突和非共有冲突。他指出，"当冲突的双方不存在共有的目的的
时候，非共有冲突就会发生，或者当双方认为无法找到能够使双方达成妥
协的共同目的的时候，这种冲突也会发生……非共有冲突被认为是破坏性
的和分裂性的。相反，共有冲突，即以共同承认的基本目的为基础的冲突
是整合性的"，"当人们的分歧是建立在一致的基础上的时候，共有冲突
会随之发生；当人们的一致是建立在分歧的基础上的时候，非共有冲突就
随之发生"。② 也就是说，在共有冲突中，冲突双方存在共同的根本利益
和奋斗目标；反之，就是非共有冲突。

前面我们已经分析过，根本利益的一致性是教学场域的重要特性之
一，师生之间的根本目标是一致的（即人的发展，既包括学生的发展也

---

① ［德］尤尔根·哈贝马斯：《交往行为理论》，曹卫东译，上海人民出版社 2004 年版，第
274 页。

② ［美］刘易斯·科塞：《社会冲突的功能》，孙立平译，华夏出版社 1989 年版，第 62 页。

包括教师的发展，而且两者之间相互促进、相辅相成），在教学互动中发生的教学冲突也是指向教学和围绕教学的，只是双方在"何为好的教学"或"如何造就好的教学"方面产生了意见的分歧和碰撞而已。教学或者说好的教学，是冲突双方行为的共同指向，也是双方的共同利益，因而毫无疑问教学冲突属于共有冲突。既然教学冲突属于共有性冲突，那么它就不是不可调和的，不是此消彼长或你死我活的零和博弈，而是可以增进双方"利益"的正和博弈，冲突双方必然能达成某些"交叠共识"①，或者至少能相互启发。"诺贝尔奖获得者、物理学家博尔（Bohr N.）提出一个基本原理：'与真命题相反的是假命题，但是与一个深刻真理相对立的，可能是另一个深刻的真理。'……博尔以极为恰当的话语，界定了对整体地思考世界很重要的悖论概念：在一定的情况下，发现真理不是靠非此即彼地割裂世界，而是靠既此既彼地拥抱世界；在一定的情况下，真理是表面对立事物的似非而是的联系。如果我们想认识那一真理，我们必须学会把对立事物作为整体来接受。"② 一旦我们确认这一点，那么必然要求教师以谦虚、宽容、开放和爱的态度来对待和处理教学冲突。在这里，关键不是技巧，而是发自内心的爱的情感。"通观我们所有的生活，我们都面临调和对立或矛盾的任务，但是从合乎逻辑的思想来看，这里对立或矛盾又是不可调和的。……怎么能够使教育的纪律和自由的要求调和呢？实际上，有无数的母亲和教师都在做着这个工作……他们的做法是这样的：带入一种更高层次的、超越了对立的力量——即爱的力量……如此，有分歧的问题促使我们自己努力提升到高于我们自己的层次；它们既要求又激发着来自更高境界的力量，从而就给我们的生活中带来了爱、美、善、真。就是因为有这些更高层次的力量，对立的事物才能在我们的生活环境中得以调和。"③ 这种爱既是深沉的也是理性的，既是热烈的也是智慧的。从而，无论冲突表现得多么混乱多么激烈，无论教师的个人情感卷

①　美国学者罗尔斯认为，若想确保多元文化社会的稳定，就必须找到各种信念的重叠部分，或各种信念都可接受之共识，此共识即"交叠共识"（overlapping consensus）。

②　［美］帕克·帕尔默：《教学勇气：漫步教师心灵》，吴国珍等译，华东师范大学出版社2005年版，第65页。

③　E. F. Schumacher, *Small is Beautiful: Economics as if People Mattered*, New York: Harpencollins, 1973, p. 98.

入得多么深，无论冲突多么令人失望和气恼，教师的头脑中都应该始终有一个理智的声音提醒自己：冲突是可以调和的，冲突绝不能成为一种伤害的力量！在沉着冷静的情绪下，在爱和宽容的基础上，促成冲突双方开展真诚的交流和对话，化教学冲突为教学契机，既是解决教学冲突的有效路径，也是教师教学智慧的充分彰显，如下面这个案例所显示的。

> 有一次，我在指导作文时说："作文材料像大海中的浪花，多得数不清……""不对，作文材料像大海中的小鱼。"一位调皮生插嘴道。当时，我真有点气恼，心想这捣蛋鬼故意跟老师唱反调。但我很快冷静下来，耐心地反问他："你为什么把作文材料比作小鱼呢？"他理直气壮地说："在海里的小鱼虽然很多很多，但是很难抓得到，作文的好材料也不容易找到。"多么形象、多有创新的比喻，我又惊又喜，大加赞赏。并因势利导："我们要做高明的小渔夫，捕捉又多又美的小鱼。"①

### 3. 建设性

只要对教学实际稍有了解，我们就会知道，就教学冲突对个体和组织的作用而言，现实中既存在建设性的教学冲突，也存在破坏性的教学冲突。而且，我们不可能通过量的统计来确认到底是建设性的教学冲突居多还是相反。可是，这并不妨碍我们认定教学冲突具有建设性。如前所述，人的活动的性质不同于客观事物的性质，它作为活动的内在规定性和整体倾向性存在并被把握，是逻辑的事物而非事物的逻辑。现实教学当中存在破坏性的教学冲突，并不意味着破坏性是教学冲突本身的性质。就像我们说教学具有发展性，但在现实当中，有的教学可能表现出的恰恰不是发展性，而是阻碍发展一样。在活动过程中，受多种力量的规约和牵制，活动本身所具有的性质可能会充分展现，也可能被遮蔽或扭曲而走向反面。"任何行动一旦发起，就进入了一个在它被实施的环境内部的许多相互作用和反馈作用的游戏之中，这个游戏可能使它脱离它的目标和甚至导致一

---

① 陈金枝：《学生"插嘴"是好事》，《小学语文教学》2001 年第 6 期。

个与预期的结果相反的结果。"① 就教学冲突来说，因为它是共有冲突，所以它"应该被视为一种建设性的而不是破坏性的力量"。结合教学实践来看，教学冲突的建设性至少表现在以下两方面。

一方面，教学冲突对教学群体具有建设性作用。社会冲突理论的代表人物之一、德国社会学家齐美尔认为，"一个成员与另一个同伙的对立，并不是一种纯粹消极的社会因素……一定程度的不一致、内部分歧和外部争论，恰恰是与最终将群体联结在一起的因素有着有机的联系"。② 科塞在此基础上，提出了关于社会冲突的"安全阀理论"，即社会系统应提供排泄敌对和进攻情绪的制度，通过减轻其破坏性的影响而有助于维护这个系统的安全。这个由社会群体研究而得出的理论同样适用于教学群体。教学冲突的产生源于冲突各方对自己意见和情感的表达或不满情绪的释放，表明了个体的自我意识和对群体的开放。显然，这比压抑和掩盖分歧与不满要好得多，因为日久累积的分歧和不满一旦爆发出来，往往会具有很大的破坏力，从而威胁到教学共同体的良性生存。那些极力强调教学秩序、压制教学冲突的专制型课堂往往充斥着紧张、压抑的情绪，很容易酿成一些"课堂暴力"事件。同时，看似混乱的教学冲突其实是导向合理教学秩序的前提。因为，冲突，尤其是对抗性冲突的发生会迫使冲突场域内的各方重新思考彼此之间共处的原则和方式，以及如何在冲突与和谐之间保有适当的张力和形成合理的转换机制，从而有助于班级本位的教学纪律与教学规则的重建以及班级特色的教学文化的生成。

另一方面，教学冲突对个体发展具有建设性作用。即教学冲突具有发展性。教学冲突在一定意义上可看成是一种危机，既是教学的危机，也是冲突双方即教师和学生在教学场域内的某种生存危机。博尔诺夫说："人只要生存着，任何时候都会处于危机之中……人只有通过危机——基本上没有其他途径——只有通过这种最大的威胁才能获得真正的自我。"③ 危机同时也意味着时机和契机。人的生命因非连续性的危机和遭遇而变得丰

① ［法］埃德加·莫兰：《复杂性理论与教育问题》，陈一壮译，北京大学出版社 2006 年版，第 147 页。

② ［美］刘易斯·科塞：《社会冲突的功能》，孙立平译，华夏出版社 1989 年版，第 17、24 页。

③ ［德］博尔诺夫：《教育人类学》，李其龙译，华东师范大学出版社 1999 年版，第 63 页。

盈和厚重，教学亦可能由于非连续性的冲突而令人从中获益匪浅。粗略来看，教学冲突至少对个体发展具有以下三个方面的积极作用：第一，有助于个体对教学内容的深刻理解和深入掌握。围绕教学内容而产生的冲突，意味着冲突各方对特定内容不能达成一致的理解并为各自的意见辩护，辩护则意味着调动尽可能多的理性和感性经验并对问题进行较为全面深入的思考。在此基础上，无论最后是坚持还是抛弃自己的意见，都经历了理性的探索，足以令人记忆深刻。在教学实践中，很多教师精心设计冲突情境，通过引发认知冲突来提高学生对教学内容的掌握，取得了很好的效果。第二，有助于个体之间人际关系的调节。在一定意义上，频繁的冲突机会是人际关系密切的表现，冲突总是在交往中产生的，冲突是交往的一种形式，正所谓"不打不相识，不打不成交"。儿童心理学家已经指出，竞争或冲突是孩子们建立某种关系的途径。同时，冲突不仅使得冲突双方更加清楚地了解对方，而且没有卷入冲突的个体也可以通过旁观来了解冲突及冲突双方，从而产生一种班杜拉所说的"社会学习"。第三，有助于个体个性的发展。冲突引发对自我和他人的重新发现和审视，也意味着在对立的意见当中进行选择和取舍。在冲突中，人们才真正知道了自己生存的艰难并深刻体验到自己的存在；在冲突的两难中，人们学会独立做出选择并为自己的选择承担责任；冲突还教人学会理解、宽容以及与他人"求同存异"等。

　　以上简要介绍了教学冲突的建设性所在，实际也就是其所具有的积极功能，这将在"教学冲突的功能"部分进行详细阐述。最后，需要再次强调的是，就像说教学具有教育性并不意味现实中所有的教学都具有教育性一样，说教学冲突具有积极的建设性，也并不意味着教学冲突在现实中必然发挥出建设性作用。在现实教学中，由教学冲突导致的教学事故、教学暴力甚至教学悲剧并不少见。教学冲突的性质不是自在的和自足的，不是某种神秘的客观必然性，而是在人的活动中表现出来的内在规定性和倾向性，是人的意志的自觉体现。教学冲突是教学互动的一种形式，发生在发展性的教学活动过程中的教学冲突决然不同于一般的争权夺利的社会冲突，它本身具有一系列积极的性质——一种共有的文化冲突，其中蕴含着积极的建设性。至于要把现实的教学冲突引向何处，或者说教学冲突最终获得什么样的结局，则取决于冲突双方的相互作用。可以认为，现实的教学冲突及其结果是由包括师生双方在内的各种力量相互作用的加权平均数决定的。作为教师应深刻理解并把握这一点，从而辩证地认识教学冲突，变自发应付教学冲突为自觉管理教学冲突，化教学冲突为教学契机，化教学冲突为推动师生双方共同发展的现实性力量。唯其如此，教学才能真正是为人的，才能真正成为一项追求发展、进步、美好和崇高的人类实践！唯其如此，我们才能说，好的教学既是教师的教学智慧所在，更是教师的教学德性所在！

## 第二节　教学冲突的类型

### 一　教学冲突分类的意义

既然教学冲突是教学过程中的必然事件，是教学过程的一部分，而且是教与学的一种非耦合状态，那么，很显然，我们仅仅确认它的存在并知道它"是什么"和"为什么"是远远不够的。"是什么"作为对事物的概括，只有抽离了其存在的具体情境的复杂性获得抽象性和普遍性之后，才能具有概括和包容的特点，才能称其为概念。而关键在于解决问题，概念界定只是解决问题的必要前提。"为什么"是对问题何以发生的一种根本性追问，也是剥离了具体的问题发生情境之后的一种总体性回答。而我们面对的同时也要解决的问题总是具体的、特殊的、情境性的，这就使得理论研究与实践改善之间存在一道巨大的鸿沟。很显然，我们不可能穷尽所有可能的情境下问题发生的所有样态然后一一对应地给出相应的解决策略，即使有可能，恐怕也没有必要，否则理论研究就会蜕变成碎片化的经验堆积而丧失其概括性和精练性。我们能够也必须要做的是，在抽象和具体之间、普遍性和特殊性之间、概括性和情境性之间，搭建起一座沟通二者的桥梁。

对事物进行分类是人类理性和智慧特有的活动倾向，分类的目的是为了从逻辑上分别地、准确地把握事物，从而更深刻地认识事物并有的放矢地对待和处理事物。荀子针对概念和对象之间的关系提出了"同则同之，异则异之"的逻辑命名原则，这一原则同样适用于对事物的逻辑分类。类型的各成分是用假设的各个特别属性来识别的，这些属性彼此之间相互排斥而集合起来却又包罗无疑，这种分组归类方法因在各种现象之间建立有限的关系而有助于论证和探索。在本研究中，我们尝试用类型学的分析和归纳的认识方法，对"教学冲突"进行类型的分梳和考察，在"教学冲突是什么"的基础上继续追问"教学冲突有哪些表现样态"即"教学冲突的类型有哪些"。教学冲突的类型分析让我们更加接近纷繁复杂的教学冲突现实，进一步形成关于"教学冲突"的具体而清晰的印象。当我们认定事物属于一种类型而非另外一种类型时，意味着我们要运用适用于这一类型的方式去把握和对待它，如果在两者之间造成混淆，则很可能徒劳无功，甚至使我们的行为走向行为目的的反面。教师在面对教学冲突的时候，必须首先分清其类型，这是实事求是地解决问题的前提。

**二　教学冲突的分类依据与具体类型**

类型的各成分是用假设的各个特别属性来识别的，根据不同的标准，可以进行不同的划分：

1. *知识冲突、价值冲突、情感冲突和行为冲突*

这是根据教学冲突的内容的性质来划分的。教学是一个促进学生整体发展的活动，也是一个师生都作为整体在场和投入其中的活动。如果做进一步的分析，我们可以说，教学过程涉及师生的知识、情感、价值和行为，师生之间的交流与互动实质是师生之间在知识、情感、价值和行为方面的交流与互动。在这一互动过程中产生的教学冲突，从而也涉及师生的知识、情感、价值和行为。当然，这四个方面其实是浑然一体的，当我们就某一问题表达自己的意见的时候，我们既在阐述自己对这一问题的认识和理解，同时也在说明自己所持有的态度和价值，其中还必然地蕴含了情感的成分和行为的倾向，我们只能在理论上而不是现实中将它们分开来。然而，在不同的教学时刻和不同的教学冲突时刻，基于教学目标的要求必然会在某一方面有所侧重，所以我们可以分别列出知识目标、情感目标、价值目标和行为目标，同时也据此将教学冲突划分为知识冲突、价值冲突、情感冲突和行为冲突。

（1）*知识冲突*

即在教学互动中教师与学生之间由于知识上的差异和分歧而导致的冲突。知识是教学的重要内容与载体，离开了知识，教学就会成为无米之炊，教学的目标就无法达成。正是由于知识与教学的这种密切关系，所以知识冲突是最常见的一类教学冲突。知识冲突既包括具体知识点的冲突，也包括整体知识观的冲突。前者是由于师生双方在掌握具体知识上存在质和量的差异或分歧而导致的，譬如，在某一小学的课堂上，关于"美国的首都在哪里"这一问题，师生之间给出了两种不同的答案——纽约和华盛顿，并为此产生争论。后者是由于师生双方持不同的知识观而导致的冲突，即在关于知识的来源、知识的传播、知识的本质、知识的合法性等方面存在差异和分歧而导致的冲突。譬如，进入网络时代以后，很多学生在课堂发言和作文中喜欢使用网络语言，而教师则强调要使用规范化的语言，由此而产生的教学冲突。如果说，前一种类型的冲突还可以借助外力即更高层的权威来予以解决的话，那么后一种类型的冲突则复杂得多，原因在于，在老师看来不是知识的东西恰恰被学生奉为重要知识。这其实是文化冲突问题了，在后面我们会专门论述。随着社会的发展、知识观的变迁和进入多元文化时代，后一种类型的知识冲突正在成为教学冲突的主要成分。

（2）情感冲突

即在教学互动中教师与学生之间由于在情感体验上出现差异而导致的冲突。人是情感的动物，即使是在做一件最客观、最严谨、最需要抛开个人情感的事情或工作，我们也是不能把情感同我们正在做的事情彻底分开的，因为如果没有一种情感的动力的话，我们根本就不可能去做好任何一件事情。教学尤其如此。教学是人与人的共同活动，漠视情感的教学和缺乏情感投入的教学最终只能导致失败的教学。然而，人的情感是丰富的，复杂的，也是多元的。对于同一事物，不同的人可能会产生完全不同的情感，情感之间既可能相互共鸣和谐振，也可能相互对立和冲突。所以，如果我们承认教学是有情感的，是包含情感的互动过程，我们就应该同样承认情感冲突是教学冲突的一个重要方面。

（3）价值冲突

即价值观冲突，指在教学互动中教师与学生之间由于在价值观念上出现差异和分歧而导致的冲突。价值观是社会成员用来评价行为、事物以及从各种可能的目标中选择自己合意目标的准则，对个体生活具有指导作用。"倘若个体与他所处的周围世界处于变动的关系之中，他的价值观就不会静止不变。作为行为准则，价值观随着个体的经验的发展成熟而发展成熟。"① 教学是负载价值的活动，一般而言是教师代表社会向学生传递社会主流价值观的活动。所以社会主流价值观是教学场域的主导价值观。但是，社会主流价值观并非教学场域的唯一价值观。人的价值观受到多种因素的影响，包括家庭、大众传媒、同辈群体等，教育只是其中的一个因素而已。所以，进入教学场域的教师并非总是社会主流价值的代表者，也不会仅仅只是社会主流价值的代表者，他们还有与他们的成长背景和生活史相关的特定价值观，学生也并非一张等待渲染的白纸，而是带着虽未稳定成型但确定已经存在的价值观进入教学场域的。这样一来，教学过程就不是社会主流价值观一元主导，而是多元价值观参与其中并相互博弈的过程。在相互博弈的过程中，出现价值观的冲突是自然的现象。

　　　　语文课上，老师讲曹禺《雷雨》这篇文章，老师说不同阶级的人不可能产生真正的爱情，全班学生都持反对意见。老师举出《红与黑》中于连的例子，我们则举出《永恒的爱情》为例子，老师说这不过是一部电影而已，《红与黑》不也是一部小说吗？反正争执了半天，谁也没有说服谁。②

（4）行为冲突
　　即在教学互动中教师与学生之间由于对方做出与期望行为不一致的行为而导致的冲突。教学作为一种特殊的社会实践活动，是由一系列相应的行为和动作构成的。行为是个体认识、情感和价值观的外在表现，是个体能动性的表现，也是最能体现个体存在的属性。无论教师的教还是学生的学都是通过行为来完成的，且二者行为之间的对应性和配合性在很大程度上反映了教学的和谐程度。所以，为了教学过程的顺利进行，会针对教师和学生设立一些课堂行为规范，规约他们"应该做什么"和"禁止做什么"。教师和学生则会基于课堂行为规范和自己的已有经验对对方"应该做什么"和"禁止做什么"产生一定的期望，如果对方行为不符合课堂

---

① ［美］路易斯·拉思斯：《价值与教学》，谭松贤译，浙江教育出版社 2003 年版，第 24 页。

② 丁敏：《课堂教学中的师生冲突》，博士学位论文，华东师范大学，2001 年，第 18 页。

规范或违背自己的预期则有可能产生行为冲突。教师作为成人和专业从业者，同时也作为课堂规范的主导制定者和维护者，一般情况下其行为是符合规范要求的，大多数行为冲突都是由于学生的行为僭越教师的要求和课堂规范而导致的。

> 这是一节语文课，老师让大家先自己把《董存瑞舍身炸碉堡》这篇课文读两遍。
>
> 莉雅一边读一边奇怪：旭然为什么今天读得抑扬顿挫，没有发生一点儿事？他今天怎么这么乖呢？于是支起耳朵听，却发现旭然正在念："班长，前面那个汉堡包让我去把它吃掉吧！"
>
> "同志们，为了新中国，吃啊！"
>
> 莉雅咯咯笑了起来，旁边的人也都哈哈笑了起来。
>
> ……①

当然，由于教师的行为背离学生的期望而导致的行为冲突在教学过程中也存在，尤其是当教师的行为出现前后不一致或在不同学生身上表现不一致时。

2. 显性冲突和隐性冲突

通过对教学过程的现场观察，我们发现，大多数时候，教学过程是连续而流畅的，教学冲突似乎并不频繁。但是，深入考察后我们才恍然大悟——"没有出现"并不意味着"不存在"，看起来"没有出现"，实际只是没有显现而已，或者说冲突隐于心理领域而没有成为社会事实而已，就像大海中的冰山。于是，根据是否具有外显表现，我们可以将教学冲突分为显性冲突和隐性冲突两类。

（1）显性冲突

所谓显性冲突，就是伴随有言语或行为表现的冲突，一旦出现就会为旁观者所知觉。冲突源于意见的分歧和自我确证，所以伴随出现的言语或行为都是指向意见的自我确证的，其核心在于表明"我的意见是对的"。显性冲突的最大特点在于其外在性和明朗性，很容易为第三方所知觉。当

---

① 赵荔：《3·1班以外的故事》，长春出版社 2005 年版，第 29 页。

第三方在场时，我们的心理和态度往往会发生一些变化。这对于教学冲突有两种影响：一是激发冲突双方的自我防卫倾向，使得冲突加剧。社会心理学研究表明，态度是理性的，与价值观有着密切联系，因而人们在面临与他人的冲突和态度改变的压力时，首先的反应不是考量自己的态度是否正确并改变态度，而是拒绝别人的影响。① 在众人面前，为了保留"面子"，显示自己"立场坚定"和不轻易受影响的形象，冲突双方往往积极调动所有能够调动的知识信息，并尽量进行逻辑周密的表述，以打败对方确证自己。这是一种理智的历练，也是一种思维的冒险。因为它可能把人的思维引入歧途，使人忘记冲突的缘起，双方不再为意见的分歧、不再为"什么是正确的"而辩论，而是为维护"我"的形象、为"我是正确的"而辩论，从而意见的探讨扭曲为口舌之争，甚至恶化为人身攻击、污蔑或肢体冲突，极大地破坏师生关系。二是成为冲突的缓冲地带和调节者，促进冲突的转化。在教学过程中，旁观者就是教学场域内没有卷入冲突的其他学生，他们对冲突的缘起、内容和进程一般都比较了解，可以对冲突双方的意见和行为进行理性的评判，予以肯定或否定并提出充分的理由，从而促使冲突的一方或双方认识到自身看待问题的片面和不足，改变原有的观念、态度和立场，化冲突于和谐之中。大多数教学冲突，就是这样在众人你一嘴、我一舌中偃旗息鼓了。

总之，冲突的显性化就是冲突的明朗化，它既有可能使冲突加剧，也有可能促使冲突得以合理解决。显然，后者是理想的选择。理想的选择能否变成现实的取向，关键在于班级中是否具有一种开放、包容、尊重和鼓励探索的人际关系和心理气氛，而这种人际关系和心理气氛的形成又有赖于全班师生尤其是教师的长期努力。既要给予冲突适当的空间，又要防止冲突激化。如何能够做到这一点，即是教师的教学艺术所在。

（2）隐性冲突

顾名思义，隐性冲突就是没有明显外在表现的冲突。所谓没有明显外在表现，指的是较少出现言语的冲撞，很难为第三方所知觉。分歧或不满总要通过一定的方式表现出来，并让对方知觉，所以隐性冲突更多表现为心理和行为的对立。即采取与对方希望相逆的行为，主要是消极的不作

---

① 金盛华、张杰：《当代社会心理学导论》，北京师范大学出版社1995年版，第110页。

为。譬如，在教学过程中，有学生对教师的意见很不赞同，但他不是站起来发表自己的意见与之辩驳，而是对他人的意见嗤之以鼻或不屑一顾，内心里只坚持自己的正确性。由于长期以来形成的"枪打出头鸟"的文化习性和谦虚谨慎、内敛深沉的心理历史传统与社会性格，这在我国的教学中是比较常见的。很多学生课上木讷寡言、温和顺从，课下却伶牙俐齿、语出惊人，对课上的某些意见和行为持有强烈异议。随着社会的开放和教育的民主化改革，这种情况正在得到改变，教学过程越来越成为学生表现自我、建构自我的过程。但浸入骨髓并变成获得性遗传的习性和传统的改变绝非一朝一夕能完成，需要一个长期的过程，教育却不能间断以待，所以从今往后的很长一个时期内，教学中的隐性冲突仍是十分值得我们关注和思考的问题。

隐性冲突最大的特点是不外显，"你知我知天知地知"，甚至有时候如果你不够敏感，那么连"你"也不知，第三方就更难知觉了。一方面，它不会影响整体教学，不会造成教学进程的中断，也不会由于第三方的在场而进一步激化；另一方面，第三方力量也无法介入其中，参与推动冲突的解决。那么隐性冲突会走向何处呢？一般情况下，有两种可能：一是冲突自行消失于无形。隐性冲突表明了人对自我的确信和坚持，"只有存在冲突的地方才有行为意识和自我意识"[1]，然而，随着时间的推移和接受的信息量的增加，人们往往会意识到自己之前确信或固守的一些意见的错误或片面之处，从而主动修正和更新自己的观念系统并接纳他人及其意见中的合理之处，即发生皮亚杰所说的认知结构的"顺应"。这样，冲突就自然消失了。二是爆发成显性冲突。如果在一定的时期内隐性冲突无法自行消解，就会积累并最终爆发出来变成显性冲突。因为冲突代表了一种不协调的机体紧张状态，一经产生，人的避免焦虑、肯定自我的倾向，就会推动人减少或避免不协调。[2] 而这个过程如果不能在个体内部通过心理学的方式获得解决，就会外显出来要求通过社会学的方式获得解决。一旦爆发出来，冲突就会明朗化，冲突为冲突双方提供了彼此沟通和交流的机

---

① Robert E. Park and Ernest W. Burgess, *Introduction to the Science of Society*, Chicago：University of Chicago Press, 1921, p. 578.

② 金盛华、张杰：《当代社会心理学导论》，北京师范大学出版社 1995 年版，第 106 页。

会，同时第三方的力量也可能介入其中，这些都有利于冲突的解决。不可否认的是，长期积累起来的冲突能量巨大，如在教学过程中爆发（也可能不在教学过程中爆发），会给人猝不及防和措手不及之感，必然对教学过程产生一定的影响。

隐性冲突的存在，使得教学过程耐人寻味，让人不由自主地思考——那些看起来和谐流畅的教学过程是否真的和谐流畅？不反对并不表示认同，不明确表达出来也不意味着没有异议。教学包容冲突但不鼓励隐藏冲突，在一定意义上，隐性冲突的存在于个人是内心的折磨，于教学和人际关系则是危险的火种。因而，教师应致力于创建一个民主、宽松和安全的课堂教学心理氛围，鼓励所有人坦率而真实地表达自己，同时对别人的异议持一种尊重和宽容的态度，即"我不同意你的意见，但我坚决捍卫你说话的权利"。这样的课堂教学心理氛围可以起到安全阀的作用，有利于隐性冲突向显性冲突的顺利转化，也有利于减少甚至避免破坏性冲突的发生。

3. 现实性冲突和非现实性冲突

这是根据教学冲突的目的指向来划分的。刘易斯·科塞在《社会冲突的功能》中将社会冲突区分为现实性冲突和非现实性冲突，并做出解释："那些由于在关系中的某种要求得不到满足以及由于对其他参与者所得到的估价而发生的冲突，或目的在于追求没有得到的目标的冲突可以叫作现实性冲突，因为这些冲突不过是获得特定结果的手段。相反，非现实性冲突虽然也涉及两人或更多人的互动，但它不是由对立双方竞争性的目标所引起的，而是起因于至少其中一方释放紧张状态的需要"，"杜威有句名言，'人们并不是有靶子就射击，而是把靶子立起来，以便投射得更有效，更具有重要性'，这句名言可以适用于非现实性冲突"。[1] 据此标准，我们也可以把教学冲突分为现实性冲突和非现实性冲突。

（1）现实性冲突

所谓现实性教学冲突，就是由于师生双方对于教学互动中的某一目标产生互不相容的意见和要求而导致的冲突。冲突是由具体目标引发的，也是围绕具体目标进行的。教学是在一定教学目标指引下的活动。教学目标

---

[1]　［美］刘易斯·科塞：《社会冲突的功能》，孙立平译，华夏出版社1989年版，第35页。

依据其发生作用的范围可分为四个层次，即课程教学目标、学期教学目标、单元教学目标和课程教学目标，教学活动同时受这四层教学目标的引导和规约。而且，课程教学目标又可以分解成更细的目标，如知识与技能目标、情感、态度与价值观目标和过程与方法目标，或者基础目标、提高目标、拓展目标等，正是在这些精细而有序的目标的指引下，教学成为一个有目的、有计划的理性活动过程。然而，任何一个哪怕是细小目标的达成都是以师生协作为前提的，而师生之间不可能总是相互协作的，如果师生之间对这些目标或达成目标的途径上出现互不相容的意见和要求，就可能产生教学冲突。这种类型的教学冲突原因很明确，即通过冲突达成自己的目标而抑制对方的目标，是一种现实性冲突。对于现实性冲突而言，冲突是一种手段而非目的。也就是说，如果还有其他更有效的方式可以达到目的，那么就可以采取替代性的方式而不一定要通过冲突的方式。如此，只要师生双方对冲突都保持清醒的认知，即冲突是对事不对人的，就会倾向于努力寻求解决冲突的办法，冲突激化的可能性就比较小。教学是教师促进和帮助学生学习的活动，教学的核心目标是促进师生双方尤其是学生的发展，师生双方不存在根本的利益冲突，而只可能在达到同一核心目标的具体目标上产生冲突，所以教学冲突大多属于这一类型的冲突。教师应对现实性教学冲突持理解和接纳的态度，认真分析冲突，合理地应对冲突。

（2）非现实性冲突

所谓非现实性教学冲突，就是师生双方或某一方为了释放紧张状态而导致的冲突。冲突并不是由某一目标直接引发的，冲突本身就是目的。通俗来说，这类冲突主要是对人而不是对事。如果说情绪常常成为现实性冲突的结果的话，那么对于非现实性冲突而言，情绪则是原因。正是出于释放某种情绪的需要，所以才发动和导致了冲突。科塞认为，"非现实性冲突产生于剥夺和受挫，这种剥夺和受挫则产生于社会化过程及后来的角色义务或其结果，也有的是由原初的不允许表达的现实性冲突转化而来"。[①]在前文中已经提到，教学是情感性活动，这不仅意味着教学活动必须达成情感上的目标，或者必须投入某种情感，而且意味着教师和学生都是带着

---

① ［美］刘易斯·科塞：《社会冲突的功能》，孙立平译，华夏出版社1989年版，第41页。

其在先前教学活动和非教学活动中所积累的复杂情感进入教学过程的，包括快乐与哀愁、忧伤与愤怒、憧憬与彷徨，等等。他们不是专业演员，不可能利落地抛开原有的情感任由剧本和导演的安排随意地进入所需要的情感状态。所以，教师和学生在教学过程中释放某种情绪并由此而引发教学冲突是可能的，尤其是当情绪的指向与对方有关的时候。譬如，教师因为对某一学生持有偏见而在教学过程中故意刁难学生，或者，学生因为对教师的其他行为感到失望或愤怒而在教学过程中故意跟教师"唱反调"，等等。相对于现实性教学冲突，非现实性教学冲突的处理更为复杂，因为后者是为冲突而冲突，所谓的冲突原因可能不是真正的深层原因，且往往出乎意料、措手不及，给人莫名其妙、小题大做之感。这就要求教师不仅要时刻对自己的负面情绪保持知觉和警惕，更要对学生的情绪表达保持敏感和体察，具有宽容、体谅的博大胸怀，尊重学生的情绪和情感需要，尽量机智圆满地处理教学冲突，不留下情绪上的后遗症。

需要指出的是，具体的教学冲突往往不是作为某一种纯粹形式存在的，而是这两种"纯粹"形式的混合物。现实性冲突中必然伴随着一定的紧张情绪，而非现实性冲突也不全然是无事生非，总是有"一些现实的思想和利益冲突的对立基础"。① 因而，教师在应对教学冲突的过程中，不能仅仅将其看成是某一方面的冲突，而应综合考虑现实和情绪两方面因素，只不过在不同的情况下各有侧重而已。

### 4. 占有性冲突和生存性冲突

弗洛姆认为人存在重占有和重生存两种生存方式，这两种生存方式的区分以及爱活物和爱死物这两种不同形式的爱是人类生存的至为关键的问题。"在重占有的生存方式中，与世界的关系是一种据为己有和占有的关系，在这种情况下，我要把所有的人和物，其中包括我自己都变为我的占有物"，而在重生存的生存方式中，"人不占有什么，也不希求占有什么，他心中充满欢乐和创造性地去发挥自己的能力以及与世界融为一体……承认这样一个事实，即除了我们自己，任何人、任何物都不能赋予生活某种意义，而这种彻底的独立性和无，又是以奉献和分享为己任地充分发挥那种积极性的先决条件；不论在哪里，都有充分展现自身和参与的能力……

---

① ［美］刘易斯·科塞：《社会冲突的功能》，孙立平译，华夏出版社1989年版，第40页。

觉悟到自己和别人个性的充分发展是人生最高目标……"① 教学是师生的重要生存方式，师生共同生存于其中。教学冲突则是师生在教学中生存方式的一个重要组成部分。在教学冲突当中，渗透了人作为人的生存方式，人按照他的生存方式来参与冲突，且人的生存方式决定了教学冲突的方式和发展方向。参照弗洛姆的理论，根据教学冲突双方的冲突动机，我们可以将其划分为占有性冲突和生存性冲突。

（1）占有性冲突

所谓占有性冲突，是指在教学冲突中，冲突双方参与或发起冲突的动机是为了战胜对方或表现自己。具体来说，在这种冲突之中，冲突双方"或多或少地了解对方的观点。他们认同自己的观点，对于他们来说，重要的是为捍卫自己的立场提出更好、更有说服力的论据来。谁也不想去改变自己的主张，或者是只期望对方这样做。他们唯恐放弃自己的观点，因为这也是他们的占有物，放弃也就意味着损失"。② 他们之所以参与冲突，是因为他们需要表现出自己比对方拥有更多的学识或更好的思维、判断与表达能力，对问题有更高明的见解，从一开始他们就不准备接受对方的意见，即使他们已经认识到对方意见中具有某些合理之处，维护自己的面子重于一切，失去面子的恐惧使得他们拼命抗拒对方的意见而千方百计证明自身的合理性。在冲突过程中，他们始终是保守的而非开放的，警惕的甚至敌意的而非友好的，紧张的而非放松的。冲突是他们借以证明自身具有某种优势地位和话语权的方式，除此之外他们并不期望从冲突中获得什么新的东西。在师道尊严犹存而学生自觉争取平等话语权和推动教学民主化的努力不断、不懈的当下，这种类型的教学冲突并不少见。这种类型的教学冲突很容易陷于僵持和胶着状态，解决起来也比较困难。

要想促使这种类型的教学冲突得以顺利解决，教师必须首先对自身的教学动机和行为方式保持警醒和反思，同时努力在教学过程中建设一种对话文化，让教与学的冲突通过对话而非独白来进行，在言说自我的同时倾听自己以及他人内心深处最真实的声音，让教学冲突过程中充溢一种自

---

① ［美］埃里希·弗洛姆：《占有还是生存》，关山译，生活·读书·新知三联书店1989年版，第20、29、23、179—180页。

② 同上书，第38—39页。

由、平等、开放的对话精神。"谈的意图就是为了实现最自由、最彻底、最无拘无束的交流和沟通,在谈话过程中去探索和发现真知与灼见。如果也要为谈确定一个结果的话,它期待的结果使所有人都从中受益,实现双赢、共赢、一举多赢。"①

(2)生存性冲突

所谓生存性教学冲突,是指在教学冲突中,冲突双方"独立、自由和具有批判的理性",② 双方的表现都是自发的和创造性的,不在于战胜对方或显示自己,而在于积极主动地参与和创造性地运用人的力量。"创造性在这里不是说造就某种新的、独创的东西⋯⋯创造性的行动表示内在活动的状态,这并不一定要生产出某种艺术和学术作品或某种有用的东西来。创造性是一种性格取向,每个感情健康的人都能够具有这种性格取向。一个具有创造性的人可以赋予他所接触到的一切以生命。他赋予自己的能力以生命,也赋予别的人和物以生命。"③ 在这样的教学冲突中,冲突双方"忘记了自身,忘记了他的知识和地位;他的自我不是其发展的障碍;恰恰是因为这个缘故,他完全可以适应别人和别人的思想观念。他创造新的思想观念,因为他无意去抓住什么东西不放⋯⋯他相信他的存在这一事实,相信自己是活生生的人,相信只要敢想敢干和敢于做出回答,那就会产生新的东西。在谈话中,他生动活泼,因为他不必因为心怀恐惧地去吹嘘自己所占有的东西而将自己窒息⋯⋯他们不会带着胜利感或者失败感而分开,因为胜负感不会带来任何东西,他们心中充满着欢乐"。④ 在这里,冲突不是战胜对方或炫耀自己的工具,而是双方之间自由活泼的交流,是"我"与"你"的相遇,是真实流露和坦诚相对,是思想与思想的碰撞和灵魂对灵魂的鞭策,是生成的而不是预设的,像一溪欢快的流水,遇到石头则冲突向前,遇到平坦则顺滑向前,一切都是自然而然的,没有任何矫揉造作或恐惧不安。这样的冲突不需要刻意去解决,因为它会

---

① [美]简·韦拉:《话培训法——理论与实务》,马忠虎等译,教育科学出版社 2008 年版,第 4 页。

② [美]埃里希·弗洛姆:《占有还是生存》,关山译,生活·读书·新知三联书店 1989 年版,第 94 页。

③ 同上书,第 97—98 页。

④ 同上书,第 39—40 页。

自行解决，待双方都淋漓尽致之后自然归于和谐，和谐始终在冲突当中，即使冲突着也是和谐的。冲突过后，双方都生机益然，受益匪浅。显然，这样的冲突是教学冲突的最高境界，摈弃了所有的杂念和纷扰，摈弃了与追求真理无关的一切，只为一个纯粹的目标全力以赴，不论是知识的、价值的，还是方法的，如武侠小说里的武林高手过招，虽刀光剑影密布但不带半点杀气。生存性教学冲突与其说是教与学的冲突，不如说是教与学的共进；与其说是教学冲突的类型之一，不如说是教学冲突的美好理想。柏拉图与弟子亚里士多德之间的教学冲突堪为生存性教学冲突的范例。生存性教学冲突是在教学过程中自然生成的，而非刻意的矫揉造作。它是教师与学生在教学场域的生存方式的体现，既需要教师和学生双方都具备良好的个人素养，又需要相互之间的理解、默契与共同努力，缺一不可。

教学冲突作为教师与学生在教学中场域的一种生存方式，作为追求真理与实现自我成长的必经道路之一，比人类的任何一种其他活动都更应该是重生存的。现实的教学冲突应该致力于追求这样的理想境界，即成为生存性的冲突，成为教师与学生持有的不同观点和意见之间的彼此碰撞、激荡、交融，让真理脱颖而出——臻于理想的境界固然很难，但理想可以成为仰望的灯塔和前进的动力；我们或许不能成为柏拉图与亚里士多德，但是我们应该努力像他们那样过一种美好的教学生活。

综上所述，教学冲突样态繁多而内涵深刻，是一个十分复杂的问题。除上述类型描述之外，分析和考察教学冲突的维度还有很多，例如，按冲突涉及的范围，可以分为师生个体间的冲突和教师个体与学生群体间的冲突；按冲突的导因，可以划分为教师引发的冲突和学生引发的冲突，等等。这些分类一般从字面上即可获得较为充分清晰的理解，本书不再赘述。

在关于师生冲突的研究中，有人进行了这样的区分，即根据冲突的结果及其对于群体和个体的作用，将其划分为建设性冲突和破坏性冲突；按冲突的激烈程度，划分为一般性冲突和对抗性冲突。在现实当中，显然也存在着具有破坏性和激烈的对抗性的教学冲突。然而，在此我们并不打算比照这样的冲突分类方式对教学冲突做出类似的划分。我们认为，教学冲突是围绕教学而产生的冲突，是文化性的、共有的和具有建设性的，它不同于以利益争夺为目标的社会冲突，一般不会走向激烈的对抗和产生巨大的破坏性，之所以有时候事实上如此，是因为教师对它采用了不合理的认识和应对方式。它们不应该作为教学冲突的正常类型存在，而是作为教学冲突的扭曲、激化和异化的形式存在。

## 第三节　教学冲突的功能

### 一　教学冲突功能的理解

功能是指事物或方法所发挥的作用、效能。按照功能对人们需要的满足情况，一般将功能划分为积极功能和消极功能，积极功能就是事物或方法具有有利于满足人们需要的作用、效能；反之，就是消极功能。根据唯物辩证法，任一事物或方法既具有积极功能，又具有消极功能。我们是否利用某一事物或方法，取决于它的积极功能和消极功能哪一个占有主导地位。而且，积极功能与消极功能之间不是完全对立的，在一定情况下它们可以相互转化。列宁所说的"只要再多走一小步，仿佛是向同一方向迈的一小步，真理就会变成错误"，表达的就是这个意思，即事物或方法的功能与我们对它的处置和运用有很大的关系，度的把握很重要。

前人的成果对我们的研究具有很大的启发和参考价值，在探讨教学冲突的功能之前，我们先来回顾一下社会冲突理论对冲突功能的研究。社会冲突具有普遍性且具有无可置疑的积极功能，这是所有冲突社会学家的共同认定和立论基础。然而，专门系统地阐述社会冲突的功能的是美国社会学家科塞。1956 年，他出版了《社会冲突的功能》一书，在总结齐美尔相关命题的基础上提出了关于社会冲突功能的 16 个命题，这 16 个命题分别阐述了社会冲突对于群体内部、群体之间以及社会整体所具有的正功能，包括：形成各方清晰的边界，促进群体内部的团结，提高系统单位创新与创造力的水平，在系统单位极端化之前释放敌意，提高冲突关系的规范调节程度，提高现实问题的意识，提高社会单位之间的协作联合的数量，提高社会系统内部的整合水平和系统适应外部环境的能力等。[①] 由于他着重强调社会冲突的正功能，以至于被看作是冲突功能主义的代表。实

---

① ［美］乔纳森·特纳：《社会学理论的结构》，邱泽奇等译，华夏出版社 2006 年版，第138、139 页。

际上，科塞的研究是针对当时以帕森斯为代表的功能主义学派只看到社会冲突的负功能、把冲突等同于"特有的病状"[①]而提出的，并非他没有看到社会冲突的负功能。

　　教学冲突作为一种教学互动方式，有其特定的积极功能和消极功能。然而，教学冲突的功能不是一种实体功能，不是由实体本身的物理性质所派生出来的使用功能，它只能在教学活动中体现和达成，依赖于师生的具体活动方式。教学冲突本身属于具有建设性的共有冲突，但是它的建设性的积极功能的发挥不是必然的，而是应然的；不是本能的，而是可能的。关键是师生怎样对待和处理教学冲突，处理得好，冲突就会向好的方向转化，就会发挥出建设性的积极功能；反之，则会使冲突走向激化甚至恶化，成为一种伤害的力量。就像一根棍棒既具有支撑身体的功能可以用来做拐杖，又具有打击身体的功能可以用来做武器一样，我们不能说教学冲突必然具有积极功能或者消极功能，而只能说教学冲突可能发挥其积极功能或消极功能，或者既发挥积极功能又发挥消极功能，一切都在教学冲突过程中通过人的活动方式表现出来。人是决定教学冲突的功能发挥的决定性因素。在这里，"人"指的是教师与学生，主要是教师。教师与学生如何认识和对待教学冲突，而不是教学冲突自身，决定了教学冲突到底发挥出什么样的功能。我们所谈论的教学冲突的积极功能或者消极功能，实质上指的是师生双方在具体的冲突性互动过程中共同创造或者说合力产生出来的教学冲突的积极功能或者消极功能。这是我们在理解教学冲突的功能时必须谨记的。

　　另外，在前面介绍教学冲突的性质、类型时，我们已经或多或少谈到教学冲突的积极功能与消极功能，尤其从教学冲突的类型分析中我们可以看出，不同类型的教学冲突具有不同的积极功能和消极功能，对教学冲突功能的把握要以对教学冲突类型的确认为基础，不能一概而论。我们必须坚决反对那种离开具体的教学情境和教学冲突的具体类型（样态）来抽象地谈论教学冲突的功能的做法。当然，即使如此，对教学冲突的功能做一个专门和系统的探讨仍然是很有必要的，否则我们只能对其形成一些零散的、堆积式的印象，而缺乏清晰的认知和整体性把握。全面了解教学冲

---

① ［美］刘易斯·科塞：《会冲突的功能》，孙立平译，华夏出版社 1989 年版，第 8 页。

突的积极功能与消极功能，有利于我们在具体的教学冲突情境中保持清醒和理性，通过合理的安排与正当的应对充分发挥教学冲突的积极功能，尽量克服或避免其消极功能。

## 二　教学冲突的积极功能与消极功能

教学冲突是一种不同于一般社会冲突的特殊冲突（这一点我们在本书中多次强调过），所以对它的积极功能和消极功能的分析也要立足于不同的角度。科塞对社会冲突功能的考察从群体和社会整体两个方面进行，是一种社会学的视角，其中个人是作为群体的一分子存在的，个人并不具有实际意义。然而，教学是一种旨在推动人的发展的社会实践活动，每一个人的发展是教学群体发展的前提，每一个人都是独特的和不可忽视的，所以教学冲突的积极功能首先表现在对人的发展的影响上，其次才是对教学活动或者说教学群体的影响。对人的发展我们主要强调的是学生的发展，其中也包括教师的发展。

### 1. 教学冲突对人的发展功能

冲突对人的发展所具有的重要作用是毫无疑问的。"遗传心理学和精神分析已获得的大量证据表明，对于充分的自我身份和自主的形成，即对于个性完全从外部世界分化出来来说，冲突是一个重要的条件。"① 前面分析教学冲突的类型时，我们根据冲突的内容，将其分为知识冲突、情感冲突、价值冲突和行为冲突这四种。在探讨教学冲突对人的发展功能时，我们依然沿袭这样的划分方式。这是基于教学目标在不同的教学时刻分别在这四方面有所侧重而划分的，或者说因为在不同的教学冲突中，它们所占的比例是不一样的，所以我们才能在理论上将它们加以区别。而实际上，在此我们再次强调，"教与学的过程并不停留于思考与认识特定事物的心理过程，也不限于实现特定目标的技术过程。在教与学的过程中，关于教学内容的认知性问题是同人际关系中的社会性问题与自身的伦理性问题难分难解地纠缠在一起而形成的"。②

### （1）发展认识

埃德加·莫兰指出，20世纪认识的最伟大的成就是认识到认识的极

---

① ［美］刘易斯·科塞：《社会冲突的功能》，孙立平译，华夏出版社1989年版，第17页。
② ［日］佐藤学：《课程与教师》，钟启泉译，教育科学出版社2003年版，第140页。

限。它所给予我们的最大的确定性是关于不仅在行动里、而且在认识中的不确定性之不可消除性的确定性……认识永远不是对现实的反映，而总是翻译和重构，也就是说包含有产生错误的危险……认识和思想，它们最终不能达到一个绝对确定的真理，而是与不确定性对话。① 这一认识绝非莫兰的个人之见。巴什拉的"认识论的决裂"，波普尔的"猜想与反驳"，以及库恩的"范式"，都说的是同一个道理。人类的知识积累越丰富，关于自然、社会和人的认识越深入，人们就越来越清晰地意识到，除了全知全能的上帝，没有人能掌握全部真理，也没有一种知识等同于真理的化身。然而，这一认识并没有阻止人们继续探索和发现知识的脚步，而是让人们变得更开放、更谦虚、更审慎。站在人类认识前沿和高端的科学家们尚能如此，其他人更没有理由狂妄自大。谦虚、包容和开放，应成为所有知识探索领域的通行规则，包括教学过程在内。

　　教学过程中传递的知识是经过精心挑选的，是人类知识的精华。但这并不意味着它们就是不可置疑的金科玉律，负责传递知识的教师也不是真理的持有人，充其量只是先学于学生、多学于学生而已。在教学冲突过程中，师生双方最大的感受恐怕是："关于这一点，原来我们想的不一样！"或者，惊讶地发现："怎么会有人那么认为？"随着冲突的深入，冲突双方关于自身意见和立场的阐述不断清晰起来，人们会逐渐意识到，对方不仅与自己想的不一样，而且对方的认识并非一定就是错的，自己的认识也不一定就是对的。可能双方只是基于不同的视角或立场而已，或者，把双方的认识统合起来，会得到关于某一问题的更深刻的认识。事物本身就是多重矛盾的复合整体，我们对它的认识也不能非此即彼，既此既彼反而是最接近真理的认识方法。一个人的理性是有限的，所以别人的不同的声音不是对自我的否定，而是帮助我们扩充自己认识结构、以更大的视野来认识世界的提示音。"从与自己意见不一致的人那里学到的东西往往会比意见一致的人那里多得多"②，我们的认识越丰富，我们的心灵就越宽广，我们的行动就越自由。另外，如果学生的认识是狭隘的或明显错误的，通

---

① 〔法〕埃德加·莫兰：《复杂性理论与教育问题》，陈一壮译，北京大学出版社 2006 年版，第 141、145 页。

② 〔加〕迈克尔·富兰：《变革的力量——透视教育改革》，教育科学出版社 2004 年版，第 32 页。

过教学冲突来纠正它，恐怕比单纯的说教和灌输要有用得多。至少，通过教学冲突学生可以知道自己的不足在哪里，而教师则了解学生为什么会产生那样的认识，从而让后续的教学更有针对性。

（2）丰富情感

教学冲突过程不是抽象的主体思维之间的碰撞，其中必然有情感的卷入，情感的冲突是教学冲突的重要组成部分。教学冲突有利于丰富人的情感，这一功能是通过以下两方面来完成的。

一是通过了解对方的情感而丰富自身的情感。情感是人的人格因素的重要组成部分，教育要把学生培养成某种规格的人才，其中就包括对情感的倾向性要求。教学是促进学生情感发展的一种重要方式，教学的很多内容本身是某种特定情感的载体。譬如，在大、中、小学的各科课程教学中，都有特定的情感目标，如培养学生的集体荣誉感、民族自豪感、爱国主义情感、热爱生活等。然而，情感又是一种个体性很强的自我体验，在实际的教学过程中，对于同一文本、同一事件，不同的人很可能产生截然不同的情感体验。这时就会发生情感性的教学冲突。譬如，中学语文课本中的《项链》一文通常被教师解读为描写了女主人公贪图虚荣的恶劣行为，从而引起学生对女主人公的鄙视。然而，有的学生提出，我们为什么不能以宽容、同情的心情来看待她的劳苦和辛酸呢？又比如，上《白毛女》这一课的时候，很多学生对于喜儿宁肯躲进山洞也不嫁给地主黄世仁感到不可思议，因为按照现代人的观点，嫁给有钱人并非坏事。情感属于个体的自我体验，很难说有对错之分，即使必须按照某一标准做出判断，也不一定能为个体所接受。情感虽然具有自发性，却并非凭空产生的，每一种情感后面都有一套相应的起支持作用的经验、知识和价值体系，即认识基础。情感性教学冲突过程就是双方对自身情感的认识基础进行分析和辩护的过程，认识基础的扩大和改变也会带来情感体验的改变。从而，通过教学冲突，个体不仅检视自己的情感，也有机会了解和理解对方所怀有的情感，感受情感的多元性与世界的丰富性，更有可能逐渐抛弃原有的非好即坏、非善即恶的简单化的情感体验，形成复杂的、丰富的情感。

二是教学冲突本身所带来的情感体验。主要包括两个方面：其一，教学冲突是对冲突双方理智的历练过程，在这一过程中，既有理智的自信，又有遭遇对方质疑时的困惑，还有互相碰撞之后的满足和豁然开朗，这些都有利于个体理智的培养；二是教学冲突过程要求个体对自己情感的表达准确、合理、丰富，并且逐步学会选择与最重要的价值一致的方式对情境做出反应，也就是学会经过选择，正确地表达情绪和控制情绪。这对于个体成熟情感的养成以至民主社会的建设都是非常重要的。

（3）澄清价值

当我们说教学具有教育性，是在强调教学活动并非价值中立的，它对于价值观养成具有重要的作用。事实上，尤其是在那些与人和社会有关的科目的教学中，价值常常就是教学的中心，所谓的"文以载道"，说的就是这个意思。从而，教学冲突也往往表现为价值的冲突，譬如我们前面举过的语文课上关于《红与黑》的教学冲突的例子。在这个价值多元并存、变动不居的社会，继续采用灌输的方式来传授某种价值观，既显得落伍可笑，又是低效和令人排斥的。当下的教学中出现的很多教学冲突就是对这种灌输传统的叛逆和抗拒，它提醒我们学生并非等待装填的空杯，而是已经怀有某种价值倾向的主体。

除此之外，教学冲突本身具有一种十分重要的促进价值观养成的作用，即价值澄清。教学冲突的过程是冲突双方为各不相同的意见和价值辩护的过程，是调动理智和情感的力量说服对方、维护自身的正确性的过程，从而也是双方不断澄清各自价值观念的过程。一般而言，除非那些"吾日三省吾身"的人，大多数普通人持有的某种价值观常常是以缄默的形式存在于精神世界当中的，它是一种幕后的力量，指引人"应该如何做"，却很少让人反思"为什么这么做"，一旦卷入冲突当中，就必须反思、整理并表达自己的价值体系。不管冲突最后的结果是坚持自身的价值还是接受对方的价值，抑或形成"交叠共识"，冲突本身对个体价值所起的澄清作用都是毋庸置疑的。色诺芬在《回忆苏格拉底》中记载了苏格拉底和尤苏戴莫斯关于"正义"的对话，在经过多个提问、回答与反讽的冲突性回合之后，尤苏戴莫斯并没有获得一个关于"正义"的精确概念，但是通过一步步的价值澄清，他至少知道他之前的理解是肤浅的和片面的，他诚恳地表示"收回我已经说过的"，这就是一种进步和发展。正因为价值澄清对于儿童品德发展具有重要作用，路易斯·拉斯恩、梅里尔·哈明等倡导的价值澄清理论成为20世纪美国最有影响的道德教育理论流派之一。

（4）调节行为

与情感功能相似，教学冲突在调节人的行为方面的功能也是通过两个方面来达成的：一是行为性教学冲突对人的行为的调节功能。它指的是通过行为性教学冲突，卷入冲突的一方或双方意识到自身行为方面存在的问题或不足，这些行为可能是有意识的也可能是无意识的或习惯性的，从而进行自我行为检视和自我行为纠正，有意识地自觉形成适当的、理性的或合乎规范的行为。正如美国社会学家帕克所说的，"只有存在冲突的地方才有行为意识和自我意识，只有在这样的地方才有理性行为的条件"。①下面的这个实例可能算不上严格的教学冲突，但是显然与教学冲突具有异曲同工之处，而且是学生在促使教师调节行为。

> 小姐，道思在吃东西。
>
> 那与我有什么关系？
>
> 小姐，你是教师，你应该制止她。
>
> 她吃东西，你干吗着急？
>
> 不是我着急，小姐，可布朗先生告诉过我们，不能在公共汽车上吃零食。
>
> 如此看来此事要在你、道思和布朗先生之间解决，我该做什么呢？
>
> 因为布朗先生是主任教师，所以你必须按照他的话去做。②

二是教学冲突本身对于人的行为所具有的调节作用。无论教学冲突是否是行为性教学冲突，都会伴随着相应的言语行为和肢体行为。教学冲突是一种对抗性的教学互动形式，双方都试图为自己的意见辩护，在这个过程中是否恰当地表现自己的言语行为和肢体行为与是否能够取得建设性的冲突结果之间密切相关，从而冲突行为本身也具有十分重要的作用。正是

---

① Robert E. Park and Ernest W. Burgess, *Introduction to the Science of Society*, Chicago: University of Chicago Press, 1921, p. 578.

② 郭华：《教学社会性之研究》，教育科学出版社 2002 年版，第 194 页。

通过教学冲突以及冲突之后的反思，人们才有可能逐渐形成理性的、恰当的言语行为习惯和肢体动作与姿势的习惯，学会做一个有效的沟通者，并养成相应的关于教学冲突的伦理信念和行为习惯，即"我不同意你，但是我誓死捍卫你说话的权利"。教学冲突的这一行为调节功能有利于培养出理性、节制的行动主体，不仅有利于教学，而且对解决社会冲突乃至建设一个民主的社会都具有重要的意义，因为习惯一旦养成就具有很强的稳定性。

综上所述，教学冲突对参与冲突的师生双方在认识、情感、价值、行为方面的发展都具有一定的积极推动作用，教学冲突本身应被看成一种重要的教学资源，而非教学的阻碍。露丝·本尼迪克特在其《文化模式》一书中写道："冲突是生活的实质。没有它，个人生命便没有意义，而且所能获得的也仅是甚为肤浅的生存价值。"迈克尔·富兰在论及学校变革与人的发展时也一再强调冲突的积极功能，他说，"生命力就是在不断经历冲突和对抗之中成长壮大，富有生命力的系统也是包含焦虑的，只是各方面的相互关系是积极的。合作文化是具有革新精神的，不仅在于相互之间提供支持，而且在于他们承认存在于组织内外的分歧的价值"。[①] 教学冲突除了令双方对教学本身的认识有所拓展或深入之外，又何尝不是一种令人的生存变得更有张力和创造性的活动？

2. 教学冲突对教学群体的发展功能

教学冲突的个体功能与群体功能密切相关，因为群体是由个体组成的，个体的发展必然产生一定程度的群体效应。然而，在我们专门阐述教学冲突的群体功能的时候，指的是教学冲突直接对教学群体所产生的作用，尽管它也是通过一个个个体的行动表现出来，但在这里，个体只是群体功能的载体。群体功能与从个体功能转移至群体上所表现出来的功能是不一样的，这一点我们必须做出严格区分。

（1）促进师生关系发展

师生关系无论对于教师还是学生而言都是非常重要的人际关系，它不仅仅是一种制度化的角色关系，其中还包含着深厚的情感因素。所以在中

① ［加］迈克尔·富兰：《变革的力量——透视教育变革》，教育科学出版社2004年版，第37页。

国的传统文化里有"一日为师终身为父"的说法，很多教师对待学生也像父母对待自己的孩子一样。然而，正是这种亲密的相互关系导致师生之间的频繁互动从而引发教学冲突的频繁发生。弗洛伊德认为，对于与自己具有亲密关系的对象，我们往往产生对立情感或矛盾情绪，如爱与敌对。他在《群体心理学与自我分析》中写道："几乎所有能持续一段时间的两个人间的密切的情感关系——配偶、朋友以及父母和子女——都会留下一堆厌恶和敌对的沉淀物，这种沉淀物只有通过表达才能得以消除……当人们结合成一个大的单位时也是如此。"① 人类学家马林诺夫斯基也提出了相同的看法，他说："进攻如施舍一样先及亲友……实际上，进行合作的群体越小，越是由某种共同利益联合起来，越是每天都相互生活在一起，他们就越是会遇到令人恼火的事情，越容易把怒火激发出来。"② 他们都认为，对立是亲密的社会关系的核心部分，也就是说，它是合作的"副产物"，初级群体中发生冲突的概率要大于次级群体。他们的分析无疑是非常具有说服力的，生活中的很多现象确实如此。然而，还有一点必须做出补充，那就是，在根本利益一致的初级群体中，相互之间的对立和冲突不仅不会导致群体的解体，反而起到一种黏合剂的作用，有利于相互之间形成更加成熟稳定的关系和群体内部的团结。因为，在确认双方之间具有共同目标的情况之下，双方相互信任度高，就无须猜度也很少误解对方的真实意图而能够集中精力于冲突的对象本身，同时也会对对方具有更大的容忍度和耐心，从而冲突既不会太激烈，也往往能以较为温和的方式结束。冲突不仅不会破坏双方的人际关系，反而有利于深入了解对方，形成更稳固的关系。

另外，在师生之间还没有形成密切的相互关系的情况下，例如在一个刚刚形成的新班级里，或者有教师或学生中途加入，教学冲突也能起到促进师生关系发展的作用。因为教学冲突本质上是一种教学互动，是对立双方展示自己和相互沟通的一种方式，通过教学冲突，有利于双方加深对对方的了解，因了解而相互信任，这样建立起来的师生关系比一般浅层交往所建立起来的师生关系更为密切和牢固。中国有句俗语叫"不打不相

---

① ［美］刘易斯·科塞：《社会冲突的功能》，孙立平译，华夏出版社 1989 年版，第 49 页。
② 同上书，第 51 页。

识"，说的就是这个意思。

（2）推动教学管理更新

如果一个组织拒绝或逃避任何冲突的话，它将变得僵化和保守，同时，如果一个组织中总是充满冲突的话，它将陷入混乱和无序。因而，如何在冲突与稳定当中保持动态的和谐，使冲突不至于破坏稳定，稳定也不会压制冲突，是我们面对冲突时所要认真考虑和努力探索的。只有当一个组织既包容冲突又能妥善地解决冲突的时候，才是最有效的。要想达到这一点，既需要组织成员具有理性清晰、情感节制和心态开放的共同人格特质，更需要一种能确保即使某些组织成员不具备这些人格特质也不至于使冲突走向扭曲和异化的制度的保障。科塞受齐美尔的启发在《社会冲突的功能》中提出的"安全阀"理论，其实就是要求社会建立起一种提供冲突释放机会的制度或习俗，它就像河流的出口，为被堵塞的河流提供一条河道，"它使社会生活的其他部分免于受到毁灭性的影响"。① 为了建构动态和谐的教学，我们也应该在教学中建立类似的制度。然而，我们不可能通过想象或自以为是的方式来建立这种制度，也不能将相应社会制度直接移至教学过程当中，更不能通过制定一个普遍性的制度来规约所有的教学冲突。教学冲突的现实性在于它的具体性和情境性，抽象的教学冲突只存在于理论和概念当中。逻辑的事物不能代替事物的逻辑。因而，我们只能从教学冲突的过程当中探索如何有效地管理教学冲突，总结出具有一般性的经验和规律，凝成相应的教学冲突管理制度。也就是说，正是教学冲突本身推动了教学冲突管理制度的创立与更新。正如多伊奇指出的，"一个灵活的社会能够从冲突中得到好处，因为这种行为帮助人们创立和修正规范，从而保证它在变化了的条件下继续存在"。② "创立和修正"的规范就是以制度化手段解决一般性冲突的规则，如对话、交涉、磋商、谈判等。制度一旦确定下来，就具有一定的稳定性，唯其具有稳定性，才能为今后处置教学冲突提供制度保障和经验参照，使得今后一旦发生类似冲突就用这种规则去解决，而不至于陷入茫然、混乱或寻求暴力手段，通过援

---

① ［美］刘易斯·科塞：《社会冲突的功能》，孙立平译，华夏出版社 1989 年版，第 26 页。

② ［美］罗伯特·G. 欧文斯：《教育组织行为学》，窦卫霖、温建平译，中国人民大学出版社 2007 年版，第 331 页。

引相关规定或前例更为快速高效地解决教学冲突，有助于教学的存续与发展。当然，制度的稳定性是相对而非绝对的，即使是最具有适切性的具体制度也绝非一劳永逸的，一切都在变化当中，制度应该具有开放性和包容性特质，永远向新的可能性开放自身，并随时准备依情况的新变化而进行自我更新和自我完善。

另外，教学管理制度是用来调节人的行为和人与人之间关系的规定，它本身是一种权力的结构。话语即话语权，行动即行动权，当教学冲突发生的时候，冲突双方的言语行为和肢体行为不仅用来表达其意见和观点，而且表征着他们之间的权力关系以及双方对待这种权力关系的态度，即要求对方对自己的承认和理解，换言之，冲突本身可看成一种权力争夺。权力的争夺使得权力关系和权力结构朝着双方可接受的方向和状态发展，通过多轮较量之后逐渐达成一种双方都认可的稳定状态。这一过程即教学管理更新的过程。对民主平等的师生关系的呼唤由来已久，但直到今天才成为大多数人的共识并开始在教学中有所显露，显然，我们既需要感谢理论工作者的不懈呼吁，同时也应该意识到，这是与教学过程本身的变化或者说学生的各种坚持不懈的"斗争"分不开的。理论在一个领域实现的程度，总是取决于理论满足这个领域需要的程度。

（3）激励教学文化重建

教学不仅承担着传递人类文化的使命，而且它本身就具有文化的形式。在不同的时代、不同的国家甚至不同的学校或班级，教学从来都表现出其特有的文化特质。教学文化既是教育文化下面的一个亚文化概念，也是教育文化的核心。所谓的教学文化，就是由教师和学生组成的教学共同体在长期的教学互动中共同构建的教学生活方式以及支配这种教学生活方式的信仰、价值观与习惯的总和。如果说教学制度是规约师生行为的"硬"规范，教学文化就是指导师生行为的"软"规范。当过教师的人，都会有这样的体会，即使一模一样的教学内容和教学目标，教师在不同的班级讲解，一般需要设计不同的方式和进程，教学过程中也要采取不同的激励措施，如果将教学从前一个班照搬过来，绝对不可能取得同样的效果。这其中就包含着教学文化的差异。受教学文化规约的教学生活方式之间的差异，一点也不比人与人之间生活方式的差异更小。

教学的目标是为了人的发展，因而发展性应成为教学文化建设的追求。然而，"发展"又是一个充满历史感、时代感和文化感的概念。在不同的时期，它的意涵是迥异的。当我们都在说"要促进学生的发展"时，可能我们说的根本不是一回事。这提醒我们在使用"发展"这一概念的时候必须对那种自以为是的前提认定保持警醒，同时也意味着我们可能在关于"什么是发展"以及"什么样的教学文化有利于发展"方面达成一定的交叠共识。在 21 世纪的今天，在社会民主化、经济全球化、信息网络化的时代背景下，如果我们说应该建设一种有利于促进人的自主人格和创造精神养成的教学文化，应该不会招致太多反对。人的自主人格和创造精神的养成不是教学发展的全部，但一定是它的必要组成部分，甚至是最重要的部分。那么如何建设这样的教学文化而不是保守专制的教学文化呢？这不可能通过外在强制的方式达成，而必须依赖于教学共同体内部的互动。外部压力可导致暂时性改变，持久而稳定的变革必然需要内部的动力。教学冲突是一种特殊的对抗性互动形式，是对传统的自上而下的授受式教学的反动和颠覆，其中蕴含着形成自主、创造的新的教学文化的力量。因为，正如在第二章的分析当中已经指出的，教学冲突根源于人的主体性，而主体性包含自主性、能动性和创造性。

迈克尔·富兰在谈到组织的变革时指出，"文化通过成千上万的小形式发生变化，并非通过董事会发布的引人注目的通知。如果我们等待高层管理对我们想看到的变革加以领导，我们就会错过机会。对我们来说，如果希望我们自己向往的未来会实现，我们就去当领导"。[①] 那么就让我们从接纳教学冲突开始，着手建设一种鼓励自主性和创造性的教学文化吧。当我们不再视教学冲突为教学的阻碍力量或麻烦、负担，而是导向生机勃勃的教学的必经之路并能顺利有效地处置教学冲突的时候，我们才能说，一种全新的教学文化诞生了。

3. 教学冲突的消极功能

（1）阻断教学进程

通常情况下，教师总是按照预先准备好的教学设计来按部就班地进行教学，直至完成一堂课的教学目标。对于那些本身具有一定争议性的教学

---

① ［加］迈克尔·富兰：《变革的力量——透视教育变革》，教育科学出版社 2004 年版，第 21 页。

内容，有经验的教师一般会根据自己对学生的了解在教学设计中有所安排和体现，对即将发生的教学冲突做出一定的估计和准备，预留一定的时间和精力来处置教学冲突，如果教学冲突没有如期发生，教师甚至会通过追问或其他方式来引发教学冲突，从而加深学生对某一教学内容的深刻认识或把握。然而，不可否认，计划永远赶不上变化，大部分教学冲突的发生可能是突如其来的，完全在教师的准备和预料之外，即使课前设计好的教学冲突也可能在实际进行过程中脱离教师的预设和控制，滑向一个不可知的境地。因为教师不是万能的上帝，他的理性是有限的，而他面对的则是一群活生生的人，不是一堆任人摆布的器件。在这种情况下，教学冲突的发生必然打乱和中断教师预先设计好的教学进程，教师必须腾出一定的时间和精力来处置教学冲突，从而挤占了完成其他教学任务的时间，影响预定教学目标的完成，降低教学效率。这也是为什么大多数教师对教学冲突感到压力和恐惧的原因之一。

如果教师不是教室里的专制残酷的"独裁者"，那么教学就必然是一次向着一个模糊的目的地的不确定的旅行航程，旅途中充满了变化和意外，从而也令人兴奋和激动，它既为人的自由创造留下开阔的空间，也可能将教学拖入混乱和危险之中。教学冲突的每一次发生，都意味着对教师教学智慧的一次严峻考验。

（2）破坏师生关系

与周围的人保持和谐融洽的交往关系，是大多数人的心理需要。教学生活是教师与学生日常生活的重要组成部分，师生关系对教师和学生而言都是非常重要的人际关系，是满足其交往需要的重要途径。然而，教学冲突是一种教师与学生之间的对立关系，对立关系中必然伴随着情绪的紧张和一定的敌意。有时候，教学冲突是之前积累的紧张情绪和敌意的表达，有时候，从"就事论事"出发的教学冲突引发了双方心理上的紧张情绪和敌意，有时候甚至冲突结束之后，仍然会有一定的紧张情绪和敌意遗留下来，并累积成爆发下一次教学冲突的能量。因为对立即互不承认，冲突双方互相挑战对方的心理舒适地带，人们出于自我防卫的需要必然在情绪上感到紧张和不自在。在双方的言语和行为不够理性而情感又缺少节制的情况下，很容易酿成破坏性的教学冲突。破坏性首先表现在师生关系上，导致师生之间由关于某一方面的对立转变成泛化的和普遍的人际关系的对立，造成师生双方尤其是学生的心理负担，表现为双方之间的疏远和隔膜，缺乏亲密感，相互敌视或不满，对对方形成刻板印象，特别严重的还可能诱发一方或双方的非理性行为。古语云"亲其师，信其道"，教学唯有在良性的师生关系中才能取得良好的效果，师生关系的破坏必然影响教学的质量。

(3) 影响师生心理健康

教学冲突在造成师生关系的紧张的同时也会影响师生的心理健康。一般情况下，教学冲突表征了学生对教师教学的质疑和反抗，打破教师对教学进程的预设和控制，可能会导致教师产生教学的挫折感，降低自我效能感，丧失改进教学的信心和力量，从而慢慢陷入悲观和怀疑，产生恐教或厌教的不良情绪。如帕克·帕尔默所描述的："我觉得自己站在教室的前面，袒露无遗，随时出丑，惶恐不安……我们恐惧遭遇他者可以自由地成为他自己的情景，恐惧直面他者说出他真实的心声，恐惧面对他者向我直白我可能不希望听到的实话。我们想要的是符合我们开出条件的相遇，以便我们能够控制其结果，以便他们不会威胁到我们关于世界和自我的观点。"[①] 对于学生而言，发动和卷入教学冲突需要巨大的勇气，因为面临着双重的心理困境：如果自己在冲突中败下阵来，则可能在教师和同学面前出丑并被讥讽为卖弄自己；如果在冲突中侥幸处于强势，则事后可能会担心遭遇教师的"报复"，因为自己让教师在众人面前"丢脸"。这些对学生的心理而言都是巨大的折磨。更重要的是，如果教学冲突没有得以顺利解决，导致师生关系的对立，会对学生造成很大的心理压力，长此以往，必然会影响其身心健康。研究表明，影响主要体现在下述几个方面：(1) 生理功能紊乱，身体不适，有饮食障碍、睡眠障碍、肌肉紧张性疼痛、植物神经功能紊乱等；(2) 心理功能下降，如记忆力、注意力、思维能力降低等；(3) 负面情感增加，过分压抑造成学生心理紧张、烦恼、易激怒、焦虑等负面情感；(4) 情感迁移泛化，迁怒于他人，形成抑郁状态等。[②] 因而，对教学冲突的处置，不仅仅指在

---

① ［美］帕克·帕尔默：《教学勇气：漫步教师心灵》，吴国珍等译，华东师范大学出版社2005 年版，第38—39 页。

② 张希希、田慧生：《课堂交往冲突研究》，《教育研究》2006 年第 1 期。

认识或价值层面上达成一致或交叠共识，还必然地包括双方人际关系和心理健康的维护。①

## 第四节　教学冲突的过程

美国著名管理学家斯蒂芬·罗宾斯在其经典著作《组织行为学》中提出，冲突就是一个过程，这个过程可划分为五个阶段：第一阶段，潜在的对立或不一致。在这个阶段，产生冲突的"差异"已经存在，这些"差异"并不必定导致冲突，但它们是冲突产生的必要条件。这些"差异"主要有：1. 信息差异。即双方了解信息、获得事实上的差异。2. 认识差异。双方由于知识结构、知识背景等的不同，造成对事物（务）认识上的不同，甚至会是相反的结果。3. 利益差异。双方各自要达到的利益不一致。4. 角色差异。双方各自处于不同的角色之中，并依照各自角色的要求而行动。第二阶段，认知。在这个阶段，一方或双方已经认识到冲突的存在，个体有了情感上的投入，冲突问题变得明朗化了。第三阶段，行为意向。行为意向为冲突中的双方提供了如何解决冲突的总体行为指南。这种行为意向主要指"在满足己方利益与满足对方利益这两个维度上，考虑如何结合"。这两个维度上的不同结合，形成五种典型的冲突处理意向方式：合作方式，折中方式，回避方式，强迫方式和迁就方式。第四阶段，行为。在这个阶段，冲突是明显可见的，冲突双方公开试图实现各自的愿望，包括冲突双方进行的说明、活动。冲突行为有强弱之分，斯蒂芬·罗宾斯用"冲突强度连续体"来表示，从"无冲突"到"毁灭性冲突"之间依次是：轻微的意见分歧或误解，公开的质问或挑战对方，武断的言语攻击，威胁和最后通牒，侵犯性的身体攻击，摧毁对方的公开努力。第五阶段，结果。冲突行为与冲突结果并不存在必然的对应关系，冲突并不一定会提高或降低组织绩效，换句话说，冲突行为既可提高组织的工作绩效，也可降低组织的工作绩效。是提高还是降低关键取决于如何处理，处理得当，能提高组织

---

① Diamond. Stanley. C, *Resolving Teacher - student Conflict*: *A Different Path*, Clearing House, Vol. 45, No. 3, 1992.

的工作绩效，处理不当，会降低组织的工作绩效。① 罗宾斯所划分的这五个阶段是针对一般组织行为冲突而言的，不能完全适用于教学冲突。譬如，罗宾斯所说的第三个阶段即"意向阶段"，行为的意向指向"在满足己方利益与满足对方利益这两个维度上考虑如何结合"，用来说明基于利益博弈的一般社会冲突比较合适，但教学冲突恐怕没有这么复杂，教学冲突的内容比较明晰，目标也比较直接，教学冲突的解决不是利益的分割或平衡，而是观点的取舍与共识的达成，它关心的是真正的真理所在，不可能进行"你好我好大家好"式的折中或妥协。但是，毫无疑问，罗宾斯的冲突过程五阶段理论对我们认识教学冲突的过程具有一定的启发和参考作用。

教学冲突可能围绕教学的一切方面产生，包括教学内容、教学目标、教学方法、教学评价等，也可能在各个层面展开，包括知识层面、价值层面、情感层面和行为层面。但无论是什么方面和什么层面的冲突，我们将其统称为意见的冲突。在本研究中，意见是一个中性词，意见即观点、见解、主张，② 指个体对某一事物所持有的认识、情感和价值的总和。在古希腊哲学家巴门尼德那里，真理和意见是相互对立和分割的，真理具有普遍必然性，意见则是因人而异的，哲学应致力于追求真理。本研究无意于探讨这一哲学问题，然而，我们认为，真理是建构的而非客观存在的实体，真理和意见并非截然对立，而是密切相关的，意见中包含着对真理的认识，真理也常常表现为意见。主体总是用意见来统摄和表达自己，也是用意见来为自己证明和辩护，从而，教学冲突表现为意见之间的差异和对立。

巴班斯基指出，"'过程'这个概念经常用以表示某种事物的进程、经过、进展，并且反映彼此相随的各种发展因素的有规律的、循序的、不断的更替"。③ 教学冲突由一系列前后相继的事件组成，是一个连续的动态的活动序列，其中体现出一定的发展规律性。参考罗宾斯的冲突过程理

---

① 张泽洪：《浅论运用冲突过程五阶段理论解决医患纠纷》，《医学与社会》2005 年第 11 期。

② 罗竹风：《汉语大辞典》（第七卷），汉语大词典出版社 1991 年版，第 637 页。

③ ［苏］巴班斯基：《教育学》，李子卓等译，人民教育出版社 1986 年版，第 156 页。

论，我们将教学冲突过程划分为五个阶段，如图2① 所示。

| 第一阶段 | 第二阶段 | 第三阶段 | 第四阶段 | 第五阶段 |
|---|---|---|---|---|
| 潜在对立 | 产生 | 发展 | 转换 | 结果 |

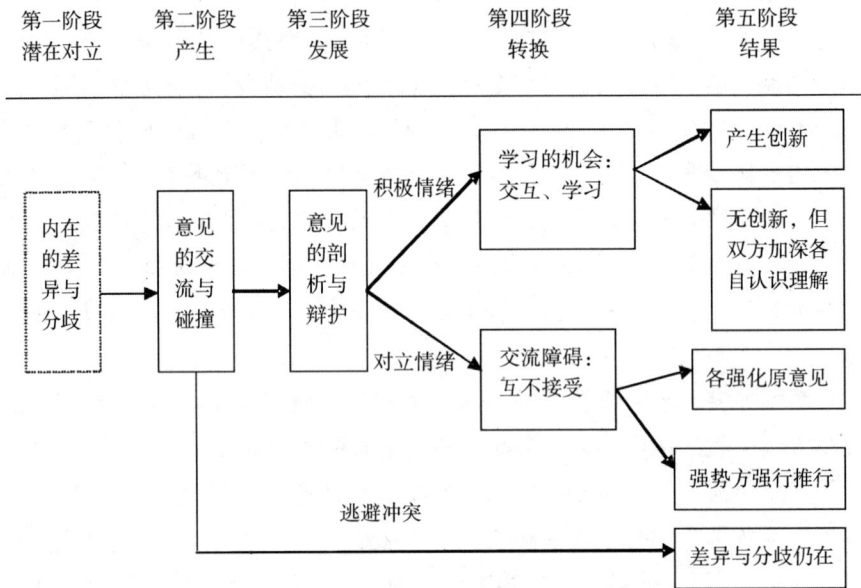

**图2　教学冲突过程的模型**

　　第一阶段，潜在对立。即师生双方认识到相互之间在意见上存在差异和分歧，但双方之间没有就其进行争论和探讨，这是一种隐性的教学冲突。在教学中，潜在对立是否存在或长期存在，与教学心理氛围有关，也与教学冲突的内容有关。一般而言，民主化的教学心理氛围当中，学生倾向于自由、即时、明确地表达意见，则教与学之间的潜在对立较少，相反，在专制型的课堂上，学生即使有疑问或困惑也不敢明确表达出来，容易导致长期的潜在对立。在教学冲突的内容上，对那些在教学中具有长期性和稳定性的方面，如教学方法或价值观层面的东西，往往会有一个长期的潜在对立和从隐性冲突转入显性冲突的过程，而对那些本身即具有即时性的东西，如知识信息，这一阶段可能非常短暂甚至可以忽略不计。譬如，学生发现教师所讲述的知识与自己已有的知识积累互相不一致，很有可能立刻提出质疑，从而发生教学冲突，即跳过第一阶段，直接进入第二

---

① 绘图参考张刚、倪旭东《知识冲突过程：一个案例研究》，《研究与发展管理》2006年第3期。

阶段。因此，在图2中，"内在的差异与分歧"用虚线标出。

第二阶段，产生。在这一阶段，双方之间开始言语争论，公开表达自己的意见，也公开表现相互的分歧与对立。双方都明确意识到冲突的发生。这时候，双方都必须就冲突的下一步发展方向做出决定，或者继续深入地阐述和表达自己的意见为自己证明和辩护，或者放弃对自己意见的坚持和对对方意见的反对，逃避冲突，使冲突不了了之。不可否认，有相当一部分教师遇到来自学生的反对意见或质疑时，出于各种动机，以"这个问题我们课下再继续讨论"，或"继续深入思考一下我们再交流"等为借口逃避冲突。学生也常常在教师的权威压力之下，或由于受到传统学习观念的影响，虽不能理解和认同教师，但是缺乏与教师进一步探讨和辩论的勇气，伪称接纳教师意见而逃避冲突。逃避冲突并不能解决冲突，分歧与差异仍然存在，往往会在以后继续发生。

第三阶段，发展。在这一阶段，双方在明了对方意见的基础上展开自我的剖析和辩护，努力调动各种因素来确证自己的意见，同时也从与对方的意见对照中反思自己的意见。双方心理的舒适地带都受到对方的挑战。这个阶段是双方辩论的过程，也是双方的思维和情感都比较活跃的过程，双方都深度卷入其中，心理气氛紧张而激烈。这个阶段具有不同性质取向并蕴含了不同的发展方向。如果双方都能持一种积极和兴奋的情绪，并紧密围绕冲突的内容，则很可能导致建设性的冲突，相反，如果双方或有一方处于对立情绪，或完全出于自我防卫和自我面子保全，则冲突很容易异化为相互攻击，并导致破坏性。

第四阶段，转换。转换环节决定了教学冲突将发挥建设性还是破坏性，是很关键的一步。如果在之前的产生和发展环节，冲突双方能冷静地对待并分析对方的意见，同时会反思自己的意见，大家都会对彼此的意见有所认识和了解。此时，通过进一步的探讨，包括相关背景因素的介绍、意见中所蕴含的假设的澄清等，双方更清楚地了解对方的意见和立场，也能更加清楚地意识到自己所持意见的角度和局限性。这时，意见的分享便被自然地激发起来，冲突者变成了分享者和相互促进者。相反，如果在之前的产生和发展环节，双方或一方带有强烈的情绪色彩或某种顽固的自信，将自己的意见等同于无法撼动的真理，那么互不相让的辩论会使双方陷入对立和疏远的心理状态，产生交流障碍，拒绝接纳对方意见，也拒绝对自己的意见进行反思。如果争论涉及核心价值观且进入极端状态，甚至有可能导致冲突升级为肢体冲突，对教学关系产生更大的破坏性。当然，这种情况并不常见。

第五阶段，结果。冲突不是一个无止境的过程，经过一段或长或短时间的相互作用之后，便产生了结果。结果是对冲突是否具有建设性的最终确认。建设性冲突的结果表现为，冲突令双方都接触到新的意见并理性地审视自身意见的局限性，他们或者通过"视域融合"合作创造出一个新的双方都赞成的意见，或者如萧伯纳的"苹果理论"所揭示的，各自仍持有自身意见，但都对自身原有意见加深了认识和理解，并尊重对方的立场和意见，双方都从冲突中有所收获。而破坏性冲突的结果表现为，双方对立情绪严重，抵制和否定对方的意见，冲突并没有令双方审视自身意见的局限性，反而更加确信和坚持自己的意见，认为对方不可理喻。当其中一方处于强势地位的时候，常常独断地宣布自己意见的最终正确性，强行要求对方接纳。在教学冲突中，这种情况并不少见。当无法说服学生的时候，有的教师借助教师权威来结束冲突，或以"标准答案"等为理由，抬出更大的不在场的专家权威来逼迫学生就范。这种做法通常会产生两种结果，一是打击学生的主体性，令其以后不再"知无不言"和"言无不尽"；二是导致敌对情绪，为以后发生更严重的冲突埋下伏笔。显然，这是我们不愿意看到的，也是我们应在实践中尽量避免的。

从以上分析我们可以再次看出，教学冲突的过程是前后相继的一系列行为及行为效果的连续体，是由师生双方共同建构的。教学冲突并不自然是建设性的或破坏性的，它如何发展或向什么方向发展取决于我们看待它的态度和对待它的方式。如果我们对其持一种封闭和敌对的态度，缺乏理性和冷静的分析，则自我防卫僭越相互交流，必然导致冲突的恶化；相反，如果我们能认识到每一个人的理性都是有限的，任何人都不可能同时看到立方体的六个面①，而且世界是差异的共同体，每个人都是一个独特的个体，有自己的独特背景和立场，那么即使不能做到如孔子所说的

---

① 法国哲学家梅洛·庞蒂曾通过分析人们对六面体的认识来说明人们对同一个事物的认识必然具有多样性和差异性，谁也不能穷尽事物的全部内容，谁都只能对真理的某一方面有所认识：立方体有六个面，然而，没有一个人可以同时看到它们，六个面不可能同时出现在人们面前，一个人只能在某个时候看到它的某些方面而不可能看到它的全体。

"闻过则喜"，也至少能对教学冲突保持尊重、开放与平和的心态，视冲突为蕴含学习和进步的契机，引导教学冲突向建设性方向转化。显然，后者是我们所期望的，也是与教学的人性要求相一致的，是教学冲突的应然取向。

在教学冲突过程中，冲突双方对冲突如何发展及最终导致什么样的结果共同承担责任和发挥作用。然而，教师作为成人和教学的组织者与领导者，对教学冲突的过程负有不可推卸的主要责任和不可替代的主要作用，他们既要具有民主的精神充分而自由地参与教学冲突，又要审慎地展望和引导教学冲突的发展方向，致力于激发和诱导教学冲突的积极功能，而尽力避免和克服教学冲突的消极功能，促使教学冲突向积极方向转化。教学冲突及其过程，既是对教师教学勇气的考验，也是对教师教学智慧的考验。

# 第四章　教学冲突的时代境遇与特征

　　一切问题都是时代的问题，在特定的历史阶段都有其特定的新形式和新表现，时代的机缘是我们观察和理解问题的一个重要方面，而且，任何问题的解决都要依赖于其所处的历史和时代背景。教学冲突问题概莫能外。所谓时代的问题，无非是生活在这一时代的人们在实践活动中所表现出来的共同倾向。教学冲突的必然性和现实性是教师和学生共同活动的产物，而不是由时代先验地决定的，时代的影响在教学冲突之中，而不是在教学冲突之前或背后。

　　教学冲突之所以到今天才引起我们的关注和研究，那是因为它在当前的时代背景下格外凸显，已经成了一个对教学具有全局性影响的重大问题。如果说《论语》所记载的"樊迟问稼"是一次小小的教学冲突的话，很显然，今天的学生已不是当年的樊迟，面对教师莫名其妙的回答，他们不太可能只是悻悻又乖乖地"出"。他们对于教学和教师有着更多的期望和要求，也更具有维护自身权利和观点的意识与能力。一个我们不得不承认的现实是，尽管流传几千年的教学传统依然具有强大的生命力，左右着课堂教学的整体生态，但在今天的学校和课堂里，教学冲突正在日益成为一个不可忽视的教学现象。教师比以往任何时候都更强烈地感受到教学正在成为一种巨大的挑战，成为智慧与勇气的严峻考验。教师越来越难当了！

　　"教育学是时代学。作为教育学分支学科的教学论，更是灵敏地反映时代精神的一门学问。"[①] 教学论不能回避教学冲突问题，而只能直面它，直面问题是解决问题的前提。而且，对问题的讨论不能陷于孤立和静态，

---

　　① 杨小微：《现代教学论》，山西教育出版社2004年版，第3页。

不能就教学冲突谈教学冲突，而"必须把它们归结为某种一般性的讨论，归结为与时代相关的理论问题。杜威在《教师和他的世界》中借用大法官霍尔姆斯的话说：'理论是世界上最实际的东西。'这里特别指的是各种社会理论，而教育学是社会理论的核心"。① 下面，我们将视野放大，来分析一下今天的教学冲突处在什么样的时代背景之下，弄清楚这个问题之后再反身回来看教学冲突，一定会有更深刻的认识。

## 第一节　教学冲突的时代境遇

### 一　社会转型期理性的分化

从 20 世纪 70 年代末 80 年代初开始，中国对内改革调整，对外开放搞活，走上一条奔向现代化之路。建立社会主义市场经济，健全社会主义民主法制，建设社会主义先进文化，等等，是中国现代化之路上的一系列任务和进程，它们共同构成了中国现代化的主要内容。我们的目标是要实现中国从传统型社会向现代型社会的转变，即社会转型。"社会转型不是在一夜之间完成的，需要经过一个新旧社会之型相互竞争的阶段，这个阶段至少要经历几年的时间，甚至要经历几百年的时间。社会转型之间的过渡时期就是社会转型时期。"② 从改革开放开始到今后的很长一段时间之内，中国社会处于社会转型期。

社会转型是传统因素与现代因素此消彼长的进化过程，是社会权力和社会利益的重新分配过程，也是一种整体性的社会发展过程。"在社会转型时期既有日渐衰退的各种落后因素，也有不断成长的各种先进成分，二者相互影响渗透又相互对立冲突，在交融与激荡之中赋予社会转型时期以独特的面貌。"③ 亨廷顿在《变化社会中的政治秩序》中讲道，"现代化是一个多层面的进程，它涉及人类思想和行为所有领域里的变革"，并通过大量数据的比较提出"现代性意味着稳定而现代化则意味着动乱"这一论点。他说，现代化令"社会的传统生活方式四分五裂；整个国家面

---

① 陈家骐：《时代冲突中的教育理念》，载刘铁芳《回到原点——时代冲突中的教育理念》，华东师范大学出版社 2007 年版，第 108 页。

② 兰久富：《社会转型与价值冲突》，《北京师范大学学报》（社会科学版）1999 年第 3 期。

③ 同上。

临着经济、社会、政治各方面的要求改弦更张的压力"，同时"都市化、扫盲、教育和新闻媒介都给恪守传统的人士带来了新的生活方式、新的行为标准和获得满足的新天地，这些新鲜事物打破了传统文化在认识观念上的障碍，并提高了新的渴望和需要水准"。① 这些都使得转型社会充满异质性与多样性。不仅传统因素与现代因素杂然并存，"如'摩天大楼'与'木板小屋'、'大水牛'与'喷射机'"②，现代因素本身又是分化的，正如哈贝马斯所指出的，现代社会区别于传统社会，最重要的特征就是"理性的分化"，理性已经无可挽回地失去了其原初的统一性，理论理性、实践理性和审美理性，科学话语、道德话语与审美话语等之间的分裂是现代社会永久的特征。③ 按照迪尔凯姆的理论，即社会丧失了"机械团结"的基础，而"有机团结"的基础又没有完全具备。从而，处于过渡时期的转型社会呈现出复杂多元的生存和发展样态，人们的生活方式和利益、价值选择失去了原有的高度统一性和重叠性，表现出多元分化的特征。多元性和异质性使得社会整合困难，必然带来各种利益和价值的矛盾与冲突。当前，撇开政治、经济层面的各种纷争博弈不说，单是不断升级、硝烟弥漫的网络论战，就足以令我们深刻地感受到，转型中的当代中国社会，前所未有地繁荣活泼，也前所未有地多元化和充满冲突。"冲突"成了社会转型期的一个重要关键词。我国政府倡导建立"和谐社会"，正是基于这一时代背景而提出的。

　　社会转型必然对教育有所要求，教育的转型必然是社会转型的一部分。社会转型与教育发展的巨大飞跃和变迁总是历史地联系在一起。在中国历史上曾经有过两次非常重大的社会转型时期。一是春秋战国时期；一是辛亥革命之后。春秋战国时期是中国社会从奴隶社会向封建社会转变的过渡时期。与社会的冲突和动荡相对的是文化的"百家争鸣"和繁荣昌盛，教育则由"学在官府"至"学术下私人""学在民间"，孔子开创的私学教育体系及其内容是中国教育史上的一个高峰，奠定了后世两千多年

---

　　① ［美］塞缪尔·P. 亨廷顿：《变化社会中的政治秩序》，王冠华等译，上海三联书店1989 年版，第 30、41、43、49—50 页。

　　② 刘祖云：《当前中国社会转型特征再探讨》，《武汉大学学报》（哲学社会科学版）2002年第 6 期。

　　③ 贺来：《边界意识和人的解放》，上海人民出版社 2007 年版，第 233 页。

的教育传统。辛亥革命结束了中国的封建帝制，开创了民主社会的新纪元，将中国带入了一个新的社会转型期。辛亥革命之后，新文化运动蓬勃开展，荡涤旧传统，启迪新思维，新式学校与现代学制建立，高等学校形成"思想自由、兼容并包"的学术与教育精神，中国教育又一次获得了新的勃勃生机。同样，19 世纪末 20 世纪初，西方社会在现代化的进程中也催生了教育的变革和转型，即欧洲大陆的"新教育"运动和美国的"进步主义"教育运动。杜威一直强调，进步主义教育运动并非独立的教育革命，而是和当时美国的"黑人、民权和妇女解放"运动紧密联系在一起的，是整个社会转型的一部分。

然而，说社会的转型必然带来教育的转型，并不意味着教育的转型是社会转型自然而然的产物或附属品。教育转型是教育的自我保存与自我更新的矛盾辩证运动的结果，与社会转型一样是人的能动的探索性实践活动。教育的转型也需要一个相当长的时期，是一个痛苦的冲突、抉择和艰难的蜕变、涅槃过程。教育本身具有相对独立性，唯其具有相对独立性，才能缓冲外界力量对教育的强力干预，依循自身的逻辑和内在的规律完成其传承文化和培养新人的使命。然而，也正是由于这种相对独立性，使得教育对社会变革具有某种程度的不敏感性和滞后性。这使得教育的变迁与社会整体转型之间出现了美国学者 W. F. 奥格本所说的"文化滞差"（cultural lag）①，教育常常在社会转型之初陷入茫然无措、进退失据之境。从 20 世纪末延续至今的应试教育与素质教育之间拉锯式的较量，饱受争议的第八次基础教育课程改革，私塾教育的再度兴起，等等，都反映出社会转型时期教育的这一尴尬处境和教育转型之艰辛历程。

就学校教育的核心——教学而言，浸染于社会转型之宏观背景之下并在与社会的互动中生存发展的教学，也遭遇到一些前所未有的挑战——进入教学场域的文化不再是单一的法定文化，诸多文化借各种渠道渗透进来，有的甚至与法定文化分庭抗礼；社会权力的重组扩张至教学场域，教师的话语权和教学控制力有所削弱和收缩；社会利益和价值选择的多元化，使得教学面临互相不一致甚至背道而驰的各种期望和要求，无所适

---

① 文化滞差，也叫文化堕距，是指当一种文化的一个方面改变得比其他方面迅速时所出现的那种失调现象。

从，晕头转向；等等。换而言之，对应于社会多元和冲突，教学场域也不再是"象牙塔"中的一块净土，而成为多元文化聚集之所、多种价值博弈之所。比如，近年来关于教学的各种话题聚讼不断，包括要不要读经、要不要体罚、要不要补课、要不要废除高考，等等。今天的学生也与过去大不一样，生活在社会主义民主制度之下的他们或清楚或模糊地知晓自己在教学场域应处的平等地位以及他们所具有的不可让渡与剥夺的各种权利，他们日益清楚地知道自己的兴趣和偏好，日益明确地表达自己的选择意愿，敢于亮出自己与师不同、与众不同的一面，也勇于担当自己的选择后果。在这种情况下，搞好教学，即借助适当的内容、运用合理的方法、朝着正确的方向引领学生的发展变得比任何时候都更加困难——何为适当的内容，何为合理的方法，何为正确的方向？这些恐怕都"见仁见智"，随时可能引发知识论或价值论的冲突。教学不等于教师怎么教、学生就怎么学，恰恰相反，教师的教并不总是能引发和带动学生的学，甚至教与学相抵触、相冲突。正如很多一线教师的感叹，"现在的学生越来越难教了"，抑或"现在当老师越来越难了"。

归根结底，教学是一项社会活动，是社会的一部分。教学只能在社会所提供的环境而不能在想象的环境当中进行，面对变化了的和正在变化中的社会环境，教学如果不能进行适当应对，就必然令自身陷入某种困境。

## 二 多元文化下同一性的解体

将自己浸染于其中的文化作为分析和研究的对象是文化自觉的表现，也往往是文化冲突的结果。文化冲突催生文化自觉。文化是历史地沉淀下来的稳定的生活方式，就像从小生活在庐山里的人根本不知道庐山有什么特色一样，如果我们不能从自己深深浸染于其中的文化中抽身出来，就无所谓"文化"，也就不可能去分析和研究文化，而从自己浸染于其中的文化中抽身出来的前提是，有另外的与自己浸染于其中的文化不同的文化样态存在，而且，另外的文化样态从根本上威胁到原有文化的连续性和整体性。中国的文化和文化研究就是这样一路走来的。从 1840 年鸦片战争中国落败开始的 19 世纪下半叶和几乎整个的 20 世纪，在中国的这片土地上，以自然主义和经验主义为主要特征的中国传统文化①和以理性主义为典型特征的西方文化一直冲突和争辩不止，构成了中国思想文化发展史上的独特景观。有感于中国的落后和愚昧，从严复、梁启超、陈独秀、胡适、鲁迅，到20世纪80年代"文化热"中涌现出来的一大批文化精英，都不遗余力地以文化激进主义的方式推动中国的文化启蒙，以强调自由和理性的西方文化改造具有顽强的经验化和人情化特征的中国传统文化。与此同时，文化保守主义的力量也始终强劲，以儒家文化为代表的传统文化不断通过自新的方式与前者形成强有力的对峙。然而，虽然开始于20世纪80年代的"文化热"尚未结束，但时至今日，这两种文化的对峙已经不那么引人注目了，很少有人激进地全盘否定一种文化而无条件地肯定另一种文化。我们似乎跳出了原有的非此即彼的二元对立的文化选择模式。究其原因，一方面是因为经过多年的文化启蒙和市场经济体制的建立，西方理性主义文化已经渗透到当代中国文化的方方面面，同时我们也从西方社会发展所取得的成就和所存在的弊端中更全面地看清了西方文化的优缺点和中国传统文化的优缺点；另外还有一个非常重要的原因，那就是二者都融入了一股更汹涌、更具冲击力的文化洪流当中了——我们称之为多元文化。

实际上，百十年来发生在中国大地上的文化冲突与大多数普通中国人是没有什么关系的，那只是立场不同的文化精英之间的文化冲突而已，他们常常是在为大众"立言"和"代言"。然而，中国进入多元文化时代恰恰是以文化精英的沉寂和普通大众的出声为特征的。市场经济的建立带动了社会的转型，社会转型期意味着某种程度的动荡，导致了"学在民间"。市场经济的洪流将文化从广场转移到了市场，市场中的每一个人都需要找到自己感兴趣的和能代表自己的文化，或者生产出属于自己的文化。"传统知识分子以理性方式影响社会的情景，正由商业性的明星、歌星、影星、体育明星和政治活动家所取代。由于人们对理性、真理、正义、价值、尊严感这些近代以来知识分子赖以存在的条件和基础的兴趣消失，知识分子的社会地位正在被取代。知识分子存在的大本营——大学也不再是文化的基地，不再是思想性生活的园地，也受制于'消费性'社

---

① 　衣俊卿：《文化哲学十五讲》，北京大学出版社2004年版，第250页。

会和市场社会的一般原则：实用性、直接性、短期性。大学成为培训班，
成为社会生产专用人才的工场。传统意义上'传道、授业、解惑'式的
教育已经死亡。传统的名著和价值观念无人顾及和关注。"① 孟繁华将这
种"整合社会思想的中心价值观念不再有支配性，偶像失去了光环，权
威失去了威严"、多种文化并存的情况称为"众神狂欢"，② 而且将今日中
国的文化形态概括为三种：主流文化、知识分子文化和市场文化。

　　或许我们还可以从其他角度来概括现存的各种文化形态，如主流文
化与非主流文化；精英文化与大众文化或草根文化；传统文化、现代文
化与后现代文化；严肃文化、消费文化、网络文化与娱乐文化；等等。
如何分类可能并不重要，那是文化学家们操心的事，重要的是，我们之
所以尝试着进行分类和概括，表明我们已经在一点上达成共识，即我们
已经走入了一个多元文化时代。多元文化差异地并存是今日中国的文化
图景。多元文化最核心的意义不在于文化形态数量上的增多，而在于增
加了"谁的文化"，在于普通大众具有了属于自己的文化形态，把被迫
长期委托给文化精英的文化权力收回自己的手中，无论这意味着文化的
繁荣还是某些人士所忧虑的"文化的庸俗化与整体倒退"。在一定意义
上，多元文化时代的到来背后是社会权力的重新布局和话语权的重新分
配。需要指出的是，多元文化指的是文化多样与文化差异的事实，是就
社会的整体文化样态而言的，而不是指个体的文化负载多元，尽管面对
着多元文化，个体必须做出自己的选择和适应性整合，而不可能同时负
载完全意义上的多元文化。

　　长期以来，学校是传递主流文化和精英文化的机构，教学是完成这一
任务的主要方式。我们把校园称为"象牙塔"，以示校园与世俗社会的隔
绝。在封闭的前多元文化时代，这种隔绝颇有效果，生活在其中的人们学
习掌握主流和精英的话语与行为系统并获得跻身社会上层的性格系统和身
份象征，即伯恩斯坦所说的"精制符码"。

---

　　① 孟繁华：《众神狂欢——当代中国的文化冲突问题》，今日中国出版社 1997 年版，第
12 页。

　　② 同上书，第 13 页。

　　6月26日下午我同三年级班长王春雷在教室中谈话。……王春雷十来岁的年纪，说起话来却像个小大人，满口文语。问他当班长几年了，他答："约有四年了！"问他班长好不好当，他答："也可以。指导这些同学是我的职责。是我应该做的。"问他在学前班当班长时好不好当，他答："在学前班时也没有什么难当，他们都很懂事。"我夸他的作文写得好，他很庄重地回答："谢谢！"问他对美术老师的印象，他说："很好，我也非常敬仰这位老师。"他一直正襟危坐，说的都是正规用语，形同外交会谈。①

　　然而，进入多元文化时代，曾经居于统治地位的主流文化和精英文化受到大众文化的强烈冲击和无所不在的渗透，学校的阻隔功能日益弱化，校园内外的文化差异正逐渐消解。校园和课堂不再是单一文化独步之所，而成为多元文化聚集之处。这样一来，依然以传递主流文化和精英文化为己任的教学中面临着前所未有的文化冲突。

三国笑传

七步诗

　　曹丕："曹植！七步做不出诗来就杀了你！喂，听到了没有……站住……别走啊……跟你说话呢，你回来……"

　　——遇到被老爸惯坏了的弟弟，哥哥通常都是很没面子的。

长坂坡

　　曹洪："丞相你看！那个敌将又杀回来了！"

　　夏侯惇："今天已经是第七次了吧，他不累呀？"

　　曹操："可恶啊……一定要把我的人马全部杀光才肯罢手么!?"

　　在乱军中奋战的赵云："张飞这个狗日的！让我垫后又不给我地图！长坂桥到底在哪里呀!?"

望梅止渴

　　众士兵："渴……渴……"

---

　　①　李书磊：《村落中的"国家"——文化变迁中的乡村学校》，浙江人民出版社1999年版，第78—79页。

曹操："大家再坚持一会儿！我曾经到过这个地方，记得附近有一座梅林，再走一会儿可能就到了！"

众士兵欢呼："噢——有梅子吃呀——噢——"

半个时辰后——

曹仁："主公！探险队找到了大量的水源！"

曹操："哈哈哈哈，大家听到了吗？终于有水喝啦！"

众士兵："不去！一定要找到梅子！"

一年后——

在田间忙碌了一天的曹操和他的儿子们扛着锄头走在夕阳下……

曹操："丕儿！说真的，爹是不是很失败？"

曹丕："都对你说了很多次了，根本就不怪你嘛……"

（《新校园小说》2002 年第 12 期，转引自周宗伟《高贵与卑贱的距离——学校文化的社会学研究》，南京师范大学出版社 2006 年版，第 58 页。）

　　显然，"这样一个新版'三国'是一个彻底沾染了'世俗气'的大众文化的产品，其中的人物完全被剥离了历史的痕迹，而被置入一个大众文化的语境之中。……在新版故事中，我们处处都看到'小人物'得胜的戏剧性场面，旧版故事中的处于'弱势'的人纷纷'造反'并'犯上'，旧有的等级秩序在此被彻底颠倒置换了"。[①] 类似这样的"戏说""恶搞"，在今天的学生文化当中相当常见，且颇为流行，他们从颠覆经典中获得了创造的快乐，在嘲笑严肃中开辟自我的意义空间。除此之外，还有很多其他的新文化形式渗透到教学场域当中，使得教学处在一个空前多元、复杂的文化环境当中。在此，我们无意做任何道德层面或其他层面的评价。我们想说的是，无论我们是否喜欢，这是当前教学无可逃避的、必须直面的文化现实！

　　当我们把教学冲突归结为时代的文化冲突的时候，我们所要解决的就不仅仅是教学冲突问题，而是在新的文化环境当中，如何摆正教育和教学

---

[①]　周宗伟：《高贵与卑贱的距离——学校文化的社会学研究》，南京师范大学出版社 2006 年版，第 59 页。

的姿态，如何继续践行培养"文化人"以及培养什么样的"文化人"的问题。是对多元文化的存在视而不见，延续原有的"文化人"培养方式，用严肃深刻的经典文化对抗喧嚣肤浅的大众文化？还是与时俱进地加入培养大众文化人的行列？抑或开辟兼容两者的第三条道路？"教育是一种文化，是文化中的一部分，它涵盖文化概念，这是问题的一方面。另一方面是，教育又是面向全部文化的，教育通过培养年幼一代而复制了全部文化。一个社会、一个文化中的人际关系是怎样的，它的教育中的师生关系和人际关系也会相应是怎样的；一个社会最崇尚的价值和知识也会成为教育内容中最核心的价值和知识。反过来说，儿童接受什么样的教育，未来的国民便是什么样的，儿童教育对于民族文化的变革、对于民族的前途，其作用便是如此的神奇。"①

### 三　信息革命中传统的危机

信息技术是人类收集、处理和传递信息的技术与方式，自人类社会形成以来就存在，并随着科学技术的进步而不断变革。"媒介即信息"②，所谓信息革命，实际上就是传递信息的媒介的更新和换代，信息革命即媒介革命。迄今为止，人类历史上已经经历过五次信息革命，分别是：第一次，语言的使用；第二次，文字的创造；第三次，印刷术的发明；第四次，电报、电话、广播、电视的发明和普及应用；第五次，计算机应用的普及、计算机与现代通信技术的结合。毫无疑问，信息技术革命对人类的生产生活具有重大的影响，在一定意义上，我们可以说，信息技术水平是人类生产发展阶段和人类生存方式的标志。教育是人类有目的、有意识地在代际传递信息的一种重要活动，教育的形态和命运与信息技术休戚相关。信息技术的每一次革命都直接促发了教育的变化和发展：语言的产生和使用使人类经验的代际传递区别于动物的模仿本能，使教育成为可能和得以诞生；文字的出现使人类经验的客观化积累成为可能，使教育摆脱了口耳相传的时空限制，为专门的学校教育的出现奠定了基础；印刷术的发

---

① 刘晓东：《解放儿童》，新华出版社 2002 年版，第 95—96 页。
② ［美］尼尔·波兹曼：《娱乐至死·童年的消逝》，章艳、吴艳莛译，广西师范大学出版社 2009 年版，第 9 页。

明则为大规模学校教育准备了物质条件，西方近代义务教育的普及就是以印刷机的大量使用为基础的；电报、电话、广播、电视的发明和普及应用促进了教育技术的发展，使传统的教学途径发生根本的变化，并直接推动了教育学知识体系的更新，教育技术学成为教育学的重要分支学科；当前正在进行中的第五次信息革命，即电子媒介的诞生和应用对教育的影响还未完全显现出来，教育的命运还未可知，但毫无疑问的是，我们的教学已经迈入了多媒体时代，而且已经发生了一些明显可见的变化。这些变化当中有的部分令人忧心忡忡。

1971 年，美国思想家伊万·伊利奇提出了举世震惊的"非学校化社会"理论，猛烈地抨击现代学校制度的种种流弊，号召人们废除学校，代之以"学习网络"，建立一种人人平等、自由、自律、自助、愉快交往的"非学校化社会"。虽然这一理论是针对现代学校制度种种异化人、控制人的弊端和对下层阶级的不公平对待而提出的，但显然也与他对现代技术所持有的热切期望密不可分。20 世纪六七十年代正是科学技术突飞猛进的时代，是第四次信息革命和第五次信息革命的过渡时期。他说，"大部分的学都是教的结果，这一错觉是学校系统赖以生存之基础。不错，某些环境中教也许会有助于某些类型的学，但大多数人都是在学校之外获得他们的大部分知识的……应当运用现代技术使言论自由、集会自由及出版自由真正成为所有人均可享受的权利，并因此而具有充分的教育价值"。[①] 可能伊利奇的理论有些极端，学校并不会立即消亡，但信息革命对学校教育教学所具有的强大冲击由此可见一斑。尼尔·波兹曼也毫不夸张地指出，"我们完全有理由说，美国目前最大的教育产业不是在教室里，而是在家里，在电视机前，这个产业的管理者不是学校里的行政人员和教师，而是电视网络公司的董事会和节目制作人"。[②] 学校教育教学正遭遇一场生存论危机。

一方面，电子媒介所制造的信息超市令学校的权威和魅力下降。教育教学的诞生源于人类经验代际传递的需要，"教育是由前一代人对下一代

---

① ［美］伊万·伊利奇：《非学校化社会》，吴康宁译，台北：桂冠图书股份有限公司 1992 年版，第 19、107 页。

② ［美］尼尔·波兹曼：《娱乐至死·童年的消逝》，章艳、吴艳莛译，广西师范大学出版社 2009 年版，第 125 页。

人进行的"。① 而前一代人之所以能对下一代人进行教育，原因在于两代人之间存在布列钦卡所说的"成熟差"，即不对称性。这种不对称性表现为成人比儿童占有更多信息，成人"懂得很多"而儿童"懵懂且充满好奇"。然而，以电视和电脑为主体的电子媒介制造出了一个容纳海量信息的信息超市，使信息公开化并唾手可得，世界变得透明起来，儿童可以自如地进入成人世界，甚至比成人更早、更快、更多地获得新的知识和信息，这导致代际之间不对称性和儿童的好奇心正在消失，也导致了儿童的消失。尼尔·波兹曼对此深表忧虑，他说："由于电子媒介肆无忌惮地揭示一切文化秘密，它已对成人的权威和儿童的好奇构成了严重的挑战……好奇心是儿童的天性，但它的发展却有赖于人们日益清楚地了解通过秩序井然的问题来揭示各种秘密的重要性。已知的世界和尚未知的世界是通过好奇来连接的。但好奇大半发生在儿童世界和成人世界是分离的，儿童必须通过提问寻求进入成人世界的情况下。由于媒介将两个世界合二为一，由于保持秘密所产生的张力在谜底被揭开时，这种张力势必减弱，所以好奇的演算方法也随之发生变化。好奇被愤世嫉俗——或者更糟——被狂妄自大所取代。于是，我们的孩子不能依靠有权威的成人而是依赖不知从哪里来的新闻来获取知识。我们的孩子还没有提问，就被给予一大堆的答案。简言之，我们身边没有儿童了。"② 当儿童消失的时候，当代际差异被拉平的时候，学校何以存在，教师何以教学呢？

李建华将电视中的内容分为三种：新闻、动画片与连续剧。她认为前两种是比较"干净"的，成问题的是连续剧。连续剧中有大量的老板、武打、黑社会的题材，大量的金钱美女、谈情说爱甚至性的情节与镜头，这对孩子有巨大的吸引力与影响力。即使是"主旋律"的电视剧，为了适应观众们新的趣味也必须有许多新的角度与新的发掘，对人物的多面性与复杂性也有很多表现，这与小学课本纯而又纯、好上加好的"好的故事"也是不能吻合的。这使老师们觉得很

---

① ［德］康德：《论教育》，赵鹏等译，上海人民出版社 2005 年版，第 3 页。

② ［美］尼尔·波兹曼：《娱乐至死·童年的消逝》，章艳、吴艳莛译，广西师范大学出版社 2009 年版，第 246 页。

苦恼，李建华说学生看一个电视剧所受的影响，老师讲几节课都消除不了。而连续剧却能消解课堂上传授的东西。丰宁希望小学的老师们比较苦恼的是电视连续剧的两种影响。一是剧中老板们美女在抱、挥金如土的生活方式与生活观念对学生的影响，这使得课堂上许多"正面的"、革命的、道德的教育作用消减；一是剧中男女爱情以及性的情节对学生的"示范"作用，李建华说五年级学生中"有一部分就向这方面发展"，学生变得早熟。李建华还比较忧虑的另外一件事就是电视剧中的许多情节动摇了学生对学习、对知识的崇尚。学生们会从电视剧中得到"有了钱就有了一切"、金钱比知识更重要的意念，淡化了学习的意志。许多电视剧写黑社会靠打就能赚钱，而且剧中的老板、大款没有谁是喜欢读书的，长期的耳濡目染使学生对读书失去兴趣。……她对电视与课堂的冲突、电视对课堂的冲击感到无能为力。

电视的作用使教师们的权威下降。一是教师们讲的一套道理与观念被电视消解得厉害；一是学生们看电视后视野开阔多了，知道了许多课堂上不讲、甚至老师也不知道的事情，有时课文中所涉及的东西学生们通过看电视比老师知道的还多。老师们平时在家看电视的闲暇是没有学生多的。①

另一方面，电子媒介所造就的生活方式与教学生活方式之间是相互对立与冲突的。媒介不仅仅是传递信息的工具和介质，而且意味着与之相对应的认识论、性格特征、价值系统与生存方式。"这世界上并没有诸如纯技术——随手拿得起来、随处放得下、供人随心所欲地利用的技术——之类的东西存在。这是因为，特定的技术形式总是产生于人的特定的思维方式，而那些特定的思维方式又源于人在特定的时间和地域对特定事物的关怀……学会掌握所引进技术的过程，事实上也可能是逐渐受该技术掌握的过程。"②"马克思在《德意志意识形态》中说道，'如果印刷机存在，这

---

① 李书磊：《村落中的"国家"——文化变迁中的乡村学校》，浙江人民出版社 1999 年版，第 90—91 页。

② ［美］大卫·杰弗里·史密斯：《全球化与后现代教育学》，郭洋生译，教育科学出版社 2005 年版，前言。

世上是否还可能有《伊利亚特》？有了印刷机，那些吟唱、传说和思考难道还能继续吗？这些史诗存在的必备条件难道不会消失吗？'马克思完全明白，印刷机不仅是一种机器，更是话语的一种结构。"① 当前的学校教育教学是以印刷文化为基础的，印刷机作为一种隐喻和认识论创造了一种严肃而理性的公共对话，"书本一行一行、一页一页地把这个世界展示出来。在书本里，这个世界是严肃的、人们依据理性生活，通过富有逻辑的批评和其他方式不断地完善自己"②，它要求并培养学习者的专注和忍耐力，以及较强的阅读、理解、思维与判断能力。通俗地说，就是要求学习者坐得住、读得懂、能思考、会判断。然而，电子媒介创造了一个完全不同的世界，它所蕴含的"教育哲学"否定的恰恰是学校教育的循序渐进、心智挑战和深度理解。"电视之所以是电视，最关键的一点是要能看，这就是为什么它的名字叫'电视'的原因所在。人们看的以及想要看的是有动感的画面——成千上万的图片，稍纵即逝然而斑斓夺目。正是电视本身的这种性质决定了它必须舍弃思想，来迎合人们对视觉快感的需求，来适应娱乐业的发展"，"电视最大的长处是它让具体的形象进入我们的心里，而不是让抽象的概念留在我们脑中"③；网络则将海量信息直接抛到人们面前，用夸张的标题和醒目的画面吸引眼球，诱惑人们不停地点击鼠标，令人沉迷其中难以自拔。相比之下，课堂教学让人如坐针毡难以忍受，课本太单调太老套，学习的知识既古板又狭隘，教师的讲解也显得格外枯燥、晦涩和冗长。总之，传统的教学生存方式已经变得不合时宜了。教师们因此而时常感叹"学生越来越难教"，也日益对教学产生莫名的恐惧感。他们是在用最直白的语言诉说一个深刻的时代问题，即信息革命带来的教学生存方式的合理性危机。

　　实际上，面对危机，学校和教师并非无所作为。最先进的信息技术被不断引入教学过程，课堂也如所期望的发生了巨大变化：教学内容的信息量成几何倍数增长，教学课件融色彩、图像、音乐、视频、动画于一体，学生的眼球被牢牢吸引……然而，信息技术的运用是化解信息技术所带来

---

　　① ［美］尼尔·波兹曼：《娱乐至死·童年的消逝》，章艳、吴艳莛译，广西师范大学出版社 2009 年版，第 40 页。

　　② 同上书，第 57 页。

　　③ 同上书，第 80、105 页。

的教学危机的良策吗？或者，它本身就是教学危机的一部分？答案恐怕是后者。课堂不再单调枯燥，但也不再严肃，越来越感性化、娱乐化；知识不再古板狭隘，但也不再深刻，越来越肤浅和花哨。充分运用了现代信息技术的课堂没有鼓励学生热爱学习和思考，却助推他们更加痴迷网络和娱乐。这样的教学当中，恰恰潜藏着最深层的教学危机！同时，这样的教学当中还包含着教师的生存危机：为了锁住学生的眼球不得不依赖信息技术以维持教学，使内容屈从于形式，教师已经无法独立思考和自主决定自己的教学，不知不觉间交出了"内在的自由"，被信息技术操控而迷失了自己。

电视和电脑通过控制人们的时间、注意力和认知习惯控制了教育的发展，而到目前为止学校在反对这一趋势方面几乎无能为力。显然，教师们除了感叹之外有更多的事情要思考和做——"什么是信息？它有哪些不同形式？不同的形式会给我们带来什么不同的知识、智慧和学习方法？每一种形式会产生怎样的精神作用？信息和理性之间的关系是什么？什么样的信息最有利于思维？不同的信息形式是否有不同的道德倾向？"[①] 如何使信息技术为教育所控制而不是相反？……如果我们对一种媒介所具有的危险有所了解，那么它对于我们而言就不会过于危险。

### 四　教育改革中关系的变迁

如果说社会转型、多元文化、信息革命是教学冲突存在的宏观时代背景，它们为教学冲突创造了一个巨大的社会心理和文化场，那么教育变革就是教学冲突存在的局部背景，它为教学冲突的发生提供了直接而具体的背景环境。

从20世纪70年代末实行改革开放以来，"改革"已成为我国官方话语、大众媒体和百姓口头出现频率最高的关键词之一。我们国家已经从三十多年的改革中获得了长足的发展和进步，这促使我们将国家进一步的发展和进步寄希望于持续的改革。可以毫不夸张地说，改革已成为我们这个时代的意识形态，它总是与智慧、勇气、远见、果敢等积极性的词汇联系

---

① ［美］尼尔·波兹曼：《娱乐至死·童年的消逝》，章艳、吴艳莛译，广西师范大学出版社2009年版，第136页。

在一起，被赋予道德上正面的价值与意义。"天命不足畏，祖宗不足法，人言不足恤"，北宋改革家王安石的这句话从来没有像今天这样获得了无数人的认同和共鸣。教育变革是国家改革的重要组成部分，教育变革也已成为当前我国社会和教育发展的主题之一，从某种程度上来说，"今天，为维护现状和允许现状存在而工作的教师是反叛者。有目的地变革在教学中是新的准则，在过去30年的教学中常有议论"。① 1949年新中国成立以来，中国基础教育一共实施了八次课程改革。相比较而言，改革开放以前的历次教育改革大多是政治运动的附属物，是紧跟国家社会政治形势需要而在教育教学领域进行的相应调整，是被动变革，无论从形式还是内容上都具有浓厚的政治性。而改革开放以后，随着知识的变迁和知识经济时代的到来，受社会转型的驱动，我国施行的诸次课程改革尤其是当前正在开展的第八次基础教育课程改革则具有更多的自觉性和自主性，是教育领域发动的、直接针对教育领域自身问题的改革，尽管"政治上正确"依然重要，但"教育的优化"成为施行教育改革的核心指导思想。改革，说到底就是关系的调整。关系的调整涉及利益和权力的重新分配。教育改革概莫能外。每一次教育改革必然导致教育内部诸关系尤其是教学关系的调整，教学关系是教育中的核心关系，是教育的"温度计"，直指教育实践的价值取向与根本定位。譬如，美国的"进步主义"教育改革颠覆了此前教育中普遍存在的以教为中心、学围绕教的教学关系，建立了以学为主、教为学服务的新型教学关系；我国改革开放以来的历次课程改革都将改变教学中过分注重教师的教、过分注重机械的教而忽视学生的主体地位作为改革的核心目标之一。

教学冲突是教学关系的一种表现形态，教学冲突之所以在当前的时代背景下不断凸显，是因为持续变革中的教育呈现出如下基本趋势和特征，而这些趋势和特征中所蕴含的教学关系为教学冲突的释放和发生提供了背景支持。

一是教育的人性化。教育是为人的事业，人是教育由之出和向之归的所在。但全部的教育发展史告诉我们，恰恰是这种最应以人为本的事业，

---

① ［加］迈克尔·富兰：《变革的力量——透视教育改革》，教育科学出版社2004年版，第21页。

常常成了最脱离人性和反人性的活动。在西方，中世纪的教会学校里体罚盛行，如僧院学校的内学，常常在夜间把熟睡中的儿童叫醒，进行祈祷；残酷的鞭笞，甚至把儿童打成残废；另外，还有侮辱性的惩罚，如罚跪、监禁、断食等。在中国封建社会的学堂里，戒尺和各种规矩林立，学生过着如鲁迅先生所说的悲惨生活，"终日以冷遇和呵斥，甚至打扑，使他们畏葸退缩，仿佛一个奴才，一个傀儡"。进入近现代社会以后，在卢梭等人的呼吁之下，儿童被发现，儿童的主体性地位被承认，然而，这一缕人性的光芒很快就被工业化教育的迷雾所遮蔽。虽然儿童不再如以前一样动辄被体罚，但工厂一样的教育机制之下，精神的规训和控制无处不在，心灵依然无法自由地呼吸。教育成为精致、隐秘的规训技术，福柯称之为"柔性权力"，压迫改头换面了但依旧存在。因此，如果说人性化是教育的本真，那么现实的教育与本真的教育总是有距离的。与其说教育是人性化的，不如说教育必须追求人性化。人性化是教育之为教育的根本所在，这个根本是指引现实教育前行而不至于迷路的灯塔。当前，承载各种要求和各方压力的教育在追求人性化的道路上艰难跋涉，虽然坎坷曲折，但方向是明确的和坚定的。每一次理性的教育变革都是在这个方向上奋力地向前迈上一小步。人性化的教育就是人性充分展开的教育，就是尊重人的人格、宽容人的缺点、理解人的需要、肯定人的个性的教育，就是"我与你"平等交往、本色互动的教育，就是每一个人都是作为自己"在场"而不是任何他人的附属物或应声虫而"在侧"的教育。所以，经过多轮教育变革的刺激和鼓动之后，在当下的教学中，气氛可能仍然不是十分的自由和开放，但无疑比过去有了很大变化，学生开始敢于和能够大方地发表自己的独特见解——"雪融化了之后不仅是水，还是春天"。

　　二是教育的法制化。法制即法律和制度。法律和制度是调节人与人之间相互关系的规范和准则，是由国家或部门的强制力量来保证实施的。教育法制则是调整教育活动中人与人之间相互关系的规范和准则。人性化的教育是尊重儿童主体性和个性自由的教育，教育中儿童的主体地位和个性自由离不开相关教育法制的确认和维护。从而，教育的人性化既需要教育者教育良知的驱动，也需要教育法制的保障，前者是软性的，后者是刚性的，相互配合，相得益彰。

在教育法制认可的范围之内，儿童既有"免于……"的自由，也有"做……"的自由，一旦其自由受到干涉或侵害，儿童有权利申请法制的保护，并要求法制对实施干涉和侵害的行为人进行相应的惩罚，这样儿童在教育中的主体性地位才是现实的和有保障的。"长期以来，我国的社会和教育十分强调学生应尽的义务，而忽视了学生的权利。"① 然而，改革开放以来，"随着市场经济的不断发展，教育体制改革的继续深入，以及在缓慢但已成为不可逆转之势的法治进程中人们权利意识的日益增强……教育法律体系的逐渐完善为学生权利的不断实现提供了有力支持"。② 例如，《中华人民共和国教育法》《中华人民共和国义务教育法》《中华人民共和国教师法》《中华人民共和国未成年人保护法》《中小学班主任工作规定》《教育部关于加强依法治校工作的若干意见》等一大批相关的教育法规颁布实施，其中都有关于"热爱学生""尊重学生""师生平等"的内容，且表述越来越明确，规定越来越细致，学生权利的法律救济途径也有所扩展，包括学生申诉、司法救济等。它们既是国家法制建设的成果，也是教育体制变革的产物。这些法律和制度的颁布实施，给长期处于弱势地位的学生们撑开了一柄巨大的保护伞，使得他们在教育教学活动中理直气壮地维护自己的权利和自由。当学生在教学中无所畏惧和顾忌的时候，教学冲突增多是必然的。当然，不可否认，有相当一部分极端性教学冲突的发生与学生滥用权利和自由是分不开的。

三是教育的公共化。随着社会分工的发展，时至今日，教育教学已成为教师的专职和专业行为。这意味着教师在教育教学方面比常人拥有更加丰富的、无可替代的经验和学识，也意味着他们可以比其他人更好地从事教育教学工作。但是，这并不意味着学校和教师可以完全独立地承担起培养和教育学生的重任，也没有哪位教师或哪所学校敢于如此声称。教育是一项复杂的社会活动，具有公共性，需要包括学校和教师在内的全社会的

---

① 劳凯声：《中国教育改革 30 年·政策与法律卷》，北京师范大学出版社 2009 年版，第 145 页。

② 同上书，第 149 页。

共同努力。因而，教育活动越专业化，教育者们就应该越清楚自身力量的有限性，就越应该具有一种谦虚、开放和合作的职业伦理精神。一个真正的专业化教师，应该不仅仅在学校教育教学中表现出色，而且能够致力于并善于联合一切可以促进学生发展的社会性因素、资源和力量为学生的发展服务，学校则应主动敞开大门，做到博采众长为育人而用。唯其如此，学校和教师才能超越任何其他力量，成为毋庸置疑的专业的教育者和教育机构。因而，教育发展和教育变革的一个重要趋势是教育公共性的凸显，是教育越来越成为全社会共同关注和参与的事业。教育的公共化和教育的专业化不是对立的，不是悖论性的，而是相辅相成的，二者共同致力于造就优质的教育。近年来，随着我国市民社会的兴起和大众传媒的普及，包括家长在内的广大供养教育的纳税人对教育具有越来越强烈和清晰的参与意识，教育的各个方面也日益被置于全社会的监督之下，而不再是学校围墙内的"私事"。譬如，很多学校都会定期举办"教学开放日"活动、成立家长委员会，教育方面的新举措常常引来媒体的热切关注，等等。这就为学校按照国家的教育方针政策办学提供了舆论监督，从而也为教育教学中保障学生的应有权利和地位提供了舆论支持，有力地推动了教育民主化的进程。

综上所述，社会转型、多元文化、信息革命和教育变革是教学冲突存在的时代背景，教学冲突与其说是教学中的事件和问题，不如说是教学的时代遭遇，是这个充满冲突和异质的社会的特质向教学的辐射和弥散。上述四者之间并非相互独立的，而是相互勾连、相互促发的，社会转型导致了传统的分裂、同一的解体以及合理性的分化，从而令社会处于多元化状态，多元化社会涵养和生成多元文化，同时社会转型必然要求和带动教育的变革；科技更新引发的信息革命改变了生产力发展的方式（知识经济），从而推动社会的现代化转型，电子媒介极大地方便了多元文化的传播，其本身也因为塑造了人们相应的认识论和生活方式而成为多元文化的一元，并令传统教育陷入生存危机；教育变革既是对以上三者的回应，同时也是推动社会转型、丰富多元文化、促进信息革命的重要力量。四者相互连通、相互促发，共同造就了一个多元、异质和冲突的社会，环抱教学于其中。

## 第二节 教学冲突的时代特征

在上述时代和社会背景之下，作为一种社会活动、并在与社会的互动中生存与发展的教学，焉能没有冲突？如果说前现代时期的教学是一种典型的自上而下的、线性的授受模式，进入现代社会以后，教学正在日益平面化，教与学之间在落差缩小的同时鸿沟在加宽，原有的建立在授受基础上的和谐模式难以为继。教学，正在迈向冲突时代。

### 一 频度增加

当作为教学冲突发生根源的人的主体性在时代的发展和社会的进步中确立自身的存在并获得展现自己的条件时，教学冲突也就相应地获得了确认与表现自我的现实土壤，日益超越隐秘的心理活动层次而成为现实的行为。学生在教学的相关问题上越来越具有自己的见解且越来越敢于表达和勇于坚持自己的见解，隐性和显性的教学冲突发生的频率不断增加。本书第二章关于教学冲突根源的分析和本章第一节对教学冲突时代背景的介绍当中，我们都一再阐述这一论点，此处不再赘述。有研究者通过问卷调查研究发现，当前在普通初级中学中教师与学生之间发生冲突较为常见，近半数的学生与教师发生过冲突。[1] 这一研究虽然针对的是师生冲突，但教学是师生之间最重要的交往与活动方式，故而从这一研究结果当中我们也能看出教学冲突发生频率有所增加的问题。

### 二 内容扩展

如果说教育的民主化与教育中儿童地位的确立以及自由的获得为教学冲突的发生准备了充分的条件，那么，儿童具有自身的意见和见解则是教学冲突真正得以现实化和显性化的"东风"。正如弗洛姆在《逃避自由》中指出的，"表达我们思想的权力，只有在我们能够有自己的思想时才有意义。只有内在的心理状况能使我们确立自己的个性时，摆脱外在的权

---

[1] 王琴：《学校教育中师生冲突研究》，博士学位论文，华东师范大学，2007 年。

威，获得自由才是永久的"。① 虽然我们不能在完全意义上确定地说，我们是自由的，但我们完全可以确定地说，我们正在变得越来越自由。随着社会的进步和人类的发展，学生的主体性不断有所增长并获得了丰富的表现自我的形式，他们不仅对于教师所传承的内容有了越来越多的个性化的自我理解，甚至在一定意义上可以说，他们在创造教学的内容和意义，他们使传统的教学生活发生巨大的变化。四十年前，玛格丽特·米德在她的《文化与承诺》中睿智而富有预见力地指出："即使在不久以前，老一代仍然可以毫无愧色地训斥年青一代：'你应该明白，在这个世界上，我曾年轻过，而你却未老过。'但是，现在的年青一代却能够理直气壮地回答，'在今天这个世界上，我是年轻的，而你却从未年轻过，并且永远不可能再年轻。'……我相信，我们将要创造出一种全新的文化，这一文化相异于并喻文化，正如并喻文化经过有序的或无序的变化异于前喻文化一样。我将这种新型的文化称之为'后喻文化'，因为在这一文化中，代表着未来的是晚辈，而不是他们的父辈和祖辈。"② 如果说在当时，后喻文化初露端倪，那么，到了信息全球化、网络化的今天，这一文化形态已然成为我们的现实生活的最真实的概括之一。学生见多所以识广，博闻所以善言，不仅在教学所传递的知识、情感、价值与行为层面，而且在教学本身的方法、目标层面，他们都具有自己的或明确清晰或模糊直观的见解，他们不再满足于听任教师全权安排教学生活，他们有自己的教学生活主张与教学生活理想，力图通过与教师的沟通和抗争实现自己对教学的理解，不再甘于做教学场域的"配角"或"观众"，而是与教师"联合主演"，真正地深度参与到教学过程当中。从而，教学冲突不仅仅是教育民主化的体现或学生争取权利的姿态，其中蕴含着丰富的内容。也正因为如此，它才不仅仅是教育管理的问题或心理辅导的问题，应被视为教学论的问题。

### 三 手段多元

同样，当教学冲突超越情绪的表达与姿态的宣示，而变得富有内容的

---

① ［美］埃里希·弗洛姆：《逃避自由》，刘林海译，国际文化出版公司 2002 年版，第 171—172 页。

② ［美］玛格丽特·米德：《文化与承诺：一项有关代沟问题的研究》，周晓虹、周怡译，河北人民出版社 1987 年版，第 1 页。

时候，它的手段与表达方式必然突破单一的口头语言表达，而呈现出多元的特征。手段与内容总是相互一致的，至少具有很大的相关性。重要的是所要表达的内容本身，形式与手段是为内容服务的。只有当缺乏内容的时候，形式与手段才是单一化的和缺乏选择性的。

当下，教学冲突手段的多样化表现为：既包括显性的言语冲突，也包括隐性的身体语言冲突，后者是一种通过"日常反抗"①来表达分歧与抵抗的方式；既包括面对面的课堂上的口头语言之间的论争，也包括在教与学双方相互联系的载体上（如学生的日记、周记、作业、试卷、师生互传的小字条，以及现代化的通信手段，如手机短信、BBS、QQ、BLOG、微博、微信，等等）的书面语言之间的抗辩，后者比前者更加便捷，没有时间限制，而且脱离了面对面的压力与焦虑情境，因而成为人们更加方便的选择。另外，即使是在课堂情境当中，为了减少与教师的正面冲突和冲突所造成的消极影响，学生有时候会放弃直接对抗而采取迂回的包括"假意逢迎"在内的一些对抗策略（见下面的案例）。因此，教学冲突绝不狭隘地等同于面对面的直接冲突，而具有更加广泛的表现手段。如此来理解教学冲突，我们也更能领会到教学冲突存在的普遍性。

> 我在北京十二中文科班的主题班会上，以"歌声和修养"为题，作了发言。我详细比较了《祝酒歌》和《美酒加咖啡》的不同，善意地提醒大家警惕腐朽思想的侵蚀。会后，几个同学提出，为了增强识别能力，再听两遍《美酒加咖啡》。②

## 四　影响深远

如前所述，教学冲突本身是一个全息的节点，从中我们不仅可以体察到教学的样态，而且可以观照到人的生存状态与生活方式，以及历史的轨

---

① "日常反抗"是美国社会学家斯科特对葛兰西霸权概念的批判性借鉴。在斯科特看来，"日常反抗"是一种有别于公开反抗的弱者自我保护和抗争的"武器"，它不同于政治学视野中的激烈对抗和公开反叛，而是指在日常生活中对外在控制做出的持续性、隐秘性的抵制与不合作。

② 周宗伟：《高贵与卑贱的距离——学校文化的社会学研究》，南京师范大学出版社2006年版，第134页。

迹与时代的风云。当下，教学冲突之所以进入教学论的研究域，成为一个不可回避与忽视的教学问题和教学研究问题，就是因为这个时代赋予了它强大的生命力，使之获得了广泛的表现形式。人在教学中的生存方式与人在世界中的生存方式具有某种同源性与同构性。教学冲突问题绝不仅仅是一个教学的问题，它还是一个社会的问题、时代的问题，归根结底是人的问题。教学冲突的影响绝不限于教学场域。这个问题可以从两个方面来分析。

一方面，在教育中教学冲突如何发生、发展与获得什么样的解决方式，从根本上来说，根源于我们对"教育"和"人"的理解，关系到我们的教育要培养出什么样的人的问题。"如果我们真心要把教育治好，为这个民族培养出能思考、能判断、有勇气良知的下一代，那么办教育的、教书的，就不能迷信自己的权威；他也要禁得起来自学生的刺激与挑战。"[1] 教师就会在教学过程中充分尊重学生的个性化的甚至乖张出格的见解，就会热情、理性和负责任地对待和处置教学冲突。反之，如果教师在教学过程中独断、专横，一味地用各种知识填充学生的头脑，不留下思考的时间与空间，拒绝与排斥教学冲突，那么，在他的教育哲学中，教育即规训，教育的深层目标即培养出中规中矩、言听计从、温驯畏缩的"顺民"。所以，教学冲突问题，绝不仅仅是教学本身的问题，而是一个关系教育和社会的根本的问题。自清末以降，我们不断呼吁与争取的自由、民主、平等、解放，现在到底是什么样的，又会向着什么样的未来进发，都可从教学冲突及其遭遇中透视出来。

另一方面，当下，教学冲突成为一个教学问题的同时，冲突也成为一个社会的问题。教学冲突是社会冲突向教学领域的衍射，教学冲突又反过来影响到社会冲突的存在与发生样态，二者相互连通。每一个人都是从学校和课堂走向社会的，都是带着教育的印迹参与社会生活的，教学可以通过反向辐射的方式影响社会，教学冲突具有远远超出教学本身的深刻影响力。在美国的学校里，为了将各种各样的年轻人培养成民主社会的公民，有专门的课程教学生如何应对冲突事件，引导他们学会通过民主参与的方式在解决冲突中获得"积极自由"（positive liberty），而不是仅仅进行

---

① 龙应台：《幼稚园大学》，《中国时报·人间》（台北）1985 年 3 月 14 日。

"消极的调停"（nagative peacemaking）。[1] 此为言教。教师如何应对和处理与学生之间的教学冲突则属于身教。言教固然重要，身教亦必不可少。尤其是在言教没有列入正式课程的时候，身教的作用更加突出和重要。学校成为孩子们学会如何看待、面对和处理冲突的重要场所，在其中所获得的经验和体会将成为他们在当前和未来的社会生活中理解和处理社会冲突的重要基础。因此，对教学冲突的认识绝不能停留于教学过程本身，我们必须立足于社会和历史的高度，必须有一个开阔的视野。如果我们不能应对好教学冲突问题，也绝不可能应对好社会冲突问题；如果我们想要建设一个和谐的社会，就必须首先建构和谐的教学。巴西教育家弗莱雷一再强调，教师应该把对美好社会的憧憬和为之而努力奋斗结合起来。合理应对教学冲突就是这"奋斗"的一部分，或者，它可以成为"奋斗"的开始。

---

① Bickmore and Kathy, *Teaching Conflict and Conflict Resolution in School*：（*Extra -*）*Curricular Considerations*, Paper presented at connections' 97 International Social Studies Conference, Sydney, New South Wales, Australia, July 1997.

# 第五章 "去冲突化"教学及其批判

长期潜隐在教学过程中的教学冲突终于在这个时代获得了蓬勃的生命力，成为我们再也无法回避和忽视的教学存在。那么，在现实的教学中教学冲突的实际命运又如何呢？

不可否认，在一个"冲突"已成为常见社会现象的时代背景下，有相当一部分教师善于思考，善于从实践中总结、进步和成长，不断地从教学冲突中学习如何全面地理解和正确地对待教学冲突，他们以开放的心态、爱的信念、包容的勇气和高明的智慧合理地应对教学冲突，化冲突为促进学生发展的动力，成就了高质量的、有生命力的教学，同时也成就了自我，实现了自我。然而，这还没有成为一个普遍的现象。中国人向来崇尚"和为贵"，冲突通常被视为不正常、不健康和令人厌烦的状态而被排斥，从而导致长期以来人们对冲突缺乏一种理性的审视和全面的认识。在日常的教学中，"教学冲突"也往往被看成是一个负面的词汇，被作为教学的破坏力量和消极因素来对待，总是与师生之间激烈的对抗联系在一起，让人联想到混乱、情绪激动、理智失控甚至诋毁、辱骂、身体攻击等。在很多教师的心目中，教学要想顺利地进行就意味着必须排除和避免教学冲突，理想的教学似乎应该是没有"教学冲突"的连续过程，如果出现教学冲突，则表明教师在教学中的地位受到威胁与挑战，是教师缺乏教学控制力和无能的表现。显然，日常教学话语中所理解的同时也是教学实践中力求排除和避免的"教学冲突"其实只是教学冲突的一种极端表现，是一种激化的教学冲突，而不是教学冲突本身或教学冲突的正常存在，把教学冲突等同于激烈的对抗性冲突是对"教学冲突"概念理解的简单化、片面化和窄化，在一定意义上也是对教学冲突的曲解和误解。植根于这种错误理解的教学实践，通常表现出强烈的"去冲突化"倾向，表现出对任何可能的教学冲突的极力逃避和任何现实的教学冲突的极力排斥，以及对所谓的稳定教学秩序的极力追求，和强烈的对教学过程的严密控制欲望。我们认为，持有这种倾向和做法的教师，既没有辩证地认识教学过程，也没有辩证地认识教学冲突。前者使得他们把教学冲突归为教学过程中的偶发事件而非必然事件，总是力图去减少"教学冲突"，后者则使其将激化和异化的教学冲突等同于教学冲突本身，只看到教学冲突消极的一面，而忽视其积极的一面，缺乏对教学冲突的理性审视和全面思考。如果我们意识到"好的教学"与"没有冲突的教学"二者之间不能画等号，同时确认我们追求的是一种好的教学，而不是一种没有冲突的教学，那么，我们就必须对教学实践中的"去冲突化"倾向予以深入的分析和深刻的批判。

## 第一节 "去冲突化"教学的问题

教学冲突依其是否具有外显的表现，可以分为隐性冲突和显性冲突两类，下面我们将依循这一分类方式来进行实践的分析和考察。在"去冲突化"教学当中，隐性冲突和显性冲突会遭遇不同的对待，但实质上却具有相同的命运。它们从来都不会被正视，从来都被当作教学过程的障碍被或巧妙或生硬地"搬离"，它们总是在还没有充分地绽放之前就被"解决"掉。

### 一 忽略与回避隐性冲突

每一个人都有自己的"认知版图"与"逻辑世界"，每一个人都以自己的方式观察和理解所生存的这个世界。学生就某些方面的问题产生与教师相左或相异的意见是很正常的，如果没有反而是不正常的。然而，出于包括社会传统、班级文化特征、个性特点等在内的各种各样的原因，并不是每一个不认同教师意见的学生都会明确地表达出自己的意见并与教师进行交流，很多人可能宁愿选择独自疑惑或暗自揣摩，也或者"阳奉阴违"。大至核心价值观的对立，小至某一个行为细节或知识点理解上的差异，教学过程中存在着各种各样的隐性教学冲突。隐性教学冲突虽然隐而不发，没有外化成言语的冲撞，但是并非神秘的和不可觉知的。言语只是表达方式当中的一种，在言语不存在或不清晰的地方仍然存在着有效的人际交流与互动。很多优秀教师在谈到教学成功的秘诀的时候，都强调要"倾听孩子们内心的声音"或"读懂孩子们的身体语言"，"倾听"与"读懂"是采取适切的教学行为的前提。

然而，在"去冲突化"教学过程中，对于隐性教学冲突，教师是不会花时间去"倾听"和"读懂"的。他们可能并不缺乏觉知隐性教学冲突的敏感，却缺乏一种正视它的存在并采取适当应对行动的勇气、信心与智慧。因为，一旦用心去"听"或"读"，势必要进一步去"问"，势必会使隐性冲突外化为显性冲突，势必带来教学进程的中断，甚至可能把教学推向一个不可知、不确定的去处，教学将远离他们的控制与预定的节奏。而这正是他们十分担心和忌讳的。所以，除非不得已，多一事不如少一事，少一事则不如无事。在"去冲突化"教学过程中，隐性教学冲突通常会被迫一直"隐"下去，教师往往对其采用"视而不见、听而不闻、对而不应"的态度，远之，避之，拒之，弃之。

　　　　在六年级的语文课上，教师正在教授《詹天佑》一文。

　　　　课文中有一段话描写外国人嘲讽中国人，"能在南口以北修筑铁路的中国工程师还没有出世呢"。教师读完这段话后深有感慨地总结道，"帝国主义极尽讽刺挖苦之能事，但是詹天佑顶着巨大的压力完成了工作，他非常了不起！"

　　　　这时候坐在后排的小L轻声地说："我发现外国人一嘲讽，中国人就真的做成了。我们还要感谢外国人呢！"

　　　　小L的声音比较轻，除了坐在周围的同学其他人并没有听清楚。周围听到的同学有的愕然，有的发出"嗤嗤"的笑声。教师并未听清小L的话，但显然意识到他可能具有某种与自己不同的观点，同时因自己的情感抒发未引起预期的共鸣而有些懊恼。她目光凌厉地盯着小L，声色俱厉地说："认真听讲！上课乱嘀咕什么！"吓得小L赶紧低下了头。

　　　　下课的时候，我把小L的观点复述给教师听，并问她为什么当时不问问小L到底在"嘀咕"什么。这位教师一脸惊讶地看着我说："不知道他哪根神经出问题了，竟然这样想！这些孩子们的脑子里每天都蹦出各种各样的奇怪想法，我哪有那么多工夫去细细打听啊！……可能有的时候他们有的想法也蛮好的，但我首先要完成教学任务！"①

### 二 敷衍与排除显性冲突

如果说对于隐性教学冲突，教师还能佯装它并不存在采取远而避之的方式"迂回前进"，那么对于伴随着清晰的言语表达或无法回避的外在表现的显性教学冲突，教师们又会如何解决呢？通过对一些课堂教学的现场观察，结合相关研究中的文献记载，我们发现，为了尽快地"解决"教学冲突，以下五种方式是教师们经常使用的。

#### 1. 敷衍塞责，不了了之

教师往往想让学生多发言，但实际上，仔细地倾听每个学生的发言，了解学生发言背后的东西，在此基础上展开指导，远远比发言本身更重要。在很多教室里，教师往往能够注意与学生交谈和互动，却很少会仔细倾听学生的发言。他们提出问题让学生回答，但目的不是为了了解学生到底如何看待问题以及为什么这样看待问题，而是"启发"学生说出符合自己想法的正确答案。一旦正确答案有学生说出来，他们便认为已经成功地启发了学生，关于这一问题的交流可以到此为止了，于是迅速地转向下一个学习内容。而一旦学生说出了与自己的"正确答案"不一样的答案，他们既不会饶有兴趣地追问下去，直至找到学生心中的"导师"，并真正了解学生的思维方式，同时也不会粗暴地呵斥学生，因为多年的教育经验和所了解的哪怕最粗浅的教育理论都告诉他们，那样做是不对的。他们通常的做法是，泛泛地表扬学生"想法很独特""爱好思考"或"善于动脑筋"，褒奖一下学生的表现欲，同时通过承诺将在课后进行进一步的交流控制住学生的表现欲，制止教学冲突可能的进一步发生与发展，然后继续开展课堂教学。实际上，这种承诺往往会落空，教师根本就是敷衍学生，在他们看来，学会如何得出"正确答案"才是最重要的，其他的都可以忽略不计。而学生也常常缺乏再次主动与教师交流的勇气，一方面是因为当时的想法往往属于"灵光乍现"或"灵机一动"，情境的消失与时间的延宕会冲淡或带走

---

① 摘自笔者的课堂观察记录。

"灵感";另一方面更重要的是,当教师已经宣布正确答案之后,学生往往接受了正确答案,也就没有与教师继续交流的必要了。

上述做法总结起来就是,拖至课后,丢至脑后,敷衍塞责,不了了之。这在认知性教学冲突中较为常见,下面的案例恐怕很多教师都不会觉得陌生。

在一年级数学《数砖墙》的教学中,执教老师让同学们看着数砖墙上的数字,思考有什么特点。(如下图所示)过了一会儿,他叫起一名男同学问道:"你发现了什么秘密啊?"那位同学想了一想说:"我发现下面的(数字)来得早,上面的(数字)来得晚。"同学们似乎都对这个回答有些意外,有几个在下面开始嘀咕。然而老师只是随声附和了一句"嗯,看来你的想法很独特,下课咱们可以继续交流",然后就去叫别的同学。

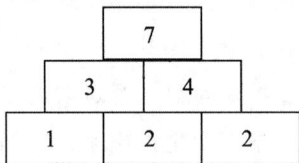

几天以后,在对该老师作访谈时,我特意问他,是否课后真去了解那个"奇怪"答案。"没有,我下课就走了。"他不假思索地答道。

"像这样的情形还有吗?"我接着问。

"好像也有吧,后来也都差不多,没再找学生聊。你想,我上完一节课,下面还要有课,哪有时间和他聊啊。"

"那学生会不会一直等着你呢?"我追问道。

"估计不会吧,"他说,"学生也就是当时随口说的,不一定会记得的。"①

**2. 虚与委蛇,转移话题**

面对学生出其不意的发言,面对已经现实化的、无可逃避的教学冲

---

① 刘万海:《重返德性生活》,博士学位论文,华东师范大学,2007年,第91—92页。

突，教师除了"拖"之外，有的时候还会采取"转"的策略来"解决"。其通常做法是：不针对学生发言的内容本身，而是就发言的其他方面与学生进行交谈，虚与委蛇，在学生不知不觉当中转移话题，回避现实的教学冲突。

初一语文课堂上，学习的课文是苏轼的《记承天寺夜游》。

教师正兴致盎然地向大家介绍苏轼的生平："……最后死于海南岛……"一位学生站起来打断老师的话："老师，苏轼不是死于海南岛，而是死于从海南岛回京城的路途中。"教师颇有些不悦，但仍耐住性子问道："是吗？""是的，前几天我在网上查到的，他死在常州，那时……"没等学生说完，教师便果断地打断："好，你知道从网上查找资料，这很好。"接着转向全班同学："我多次跟大家说过，网络上有很丰富的信息，我们应该善于利用网络来辅助学习。21世纪是一个信息化的世纪，不会搜集和利用信息，我们就会落后于时代，就会被时代所淘汰……当然，我一向反对大家玩网络游戏的，那只会浪费时间耽误学习，没什么意思。希望大家克制自己，科学地利用电脑和网络……"老师突然意识到发言的学生还站着，便压压手示意他坐下。学生悻悻地坐下来，教室里很安静……①

在这个知识性的教学冲突里，关于苏轼的逝世之地师生双方各执一词，然而，冲突的发生却没有令这个问题清晰化，或者至少获得一个较为圆满的解决方式（如回去查询一下权威资料，下堂课再给出确切答案）。教师趁机说教一大堆，将知识冲突转换成对学生学习方式的指导，看似自然的转换，实则刻意为之，恐怕教师认为只有这样她才能有力地控制住课堂的进程，才更像一个"教师"吧！

3. 游辞巧饰，蒙混过关

就像任何类型的社会冲突一样，教学冲突也会导致人们的紧张和焦虑情绪。因为教学冲突意味着学生与自己在某一问题上不能达成一致，意味着学生对自己的质疑与挑战。教师能否真实和真诚地面对教学冲突是教学

---

① 摘自笔者的课堂观察记录。

冲突能否获得合理有效的解决的前提。然而，很多教师面对教学冲突的第一反应不是真诚地面对冲突本身，而是如何维护自己的教师尊严，确保自己在学生面前的完美形象免遭破坏。所以，一旦学生给出了与自己不同的判断，尤其是当学生的判断正确而自己的判断错误时，他们通常不是谦虚地、诚心诚意地接受学生的批评指正，而是着力寻求如何使自己脱离尴尬和"危险"的对策，而且，常常以能够迅速而巧妙地脱离尴尬或"危险"而自得。类似这种应对冲突的方式，我们称之为"游辞巧饰，蒙混过关"。

　　　　一位教师正在黑板上书写课题《论雷峰塔的倒掉》，老师刚转过身，就听一学生在嚷："老师，不是'雷锋'叔叔的'锋'，应该是'山峰'的'峰'。""啊……"教师一愣，神情略显尴尬，但随即镇定下来说："这位同学真不错，很细心。老师故意把'峰'字写错，就是看同学们细心不细心，提醒大家注意。"本来还很得意的学生一下子像泄了气的皮球一样……①

　　案例中的教师自作聪明，看似保住了自己的面子，实际上却输掉了一个孩子对他的信任，降低了他在学生心目中的形象。毫无疑问，我们应该把游辞巧饰与教学机智严格区分开来。前者是教师从自己出发，为了维护自己的面子而进行的油滑辩解，充其量只能算是一种狡黠；而后者则是从学生出发、为了学生而产生的"灵机一动"，是具有教育性的。教学机智表现为尊重孩子的主体性，是以爱为基础的，"施加带有虚伪的和自私的影响的机智是虚假的机智"。②

　　4. 恩威并施，三缄其口

　　汉代学者刘向在其《说苑·敬慎》中记载了一个故事："孔子之周，观于太庙，右阶之前，有金人焉。三缄其口，而铭其背曰：'古之慎言人也，戒之哉，戒之哉！无多言，多言多败。'"大概这次考察给孔子以极

---

① 田墨文：《为语文课堂"插嘴"放行》，《语文建设》2009 年第 6 期。

② ［加］马克斯·范梅南：《教学机智——教育智慧的意蕴》，李树英译，教育科学出版社2001 年版，第 179 页。

大的震动和启发，所以在谆谆教诲弟子时，他总是十分强调"君子讷于言而敏于行"。千载而下，"谦虚""谨慎""话不三思不出口"等已成了中国人共同的社会性格，成了传统文化的一部分，人人皆知"言多必失""祸从口出""多言必败"，从而"谨言慎行"。林语堂先生将其总结为中国人的"圆熟"。他说，"这个社会见了少年人的盛气热情，会笑出鼻涕。中国人有一种轻视少年人热情的根性，也轻视改革社会的新企图。他们讥笑少年的躁进，讥笑'天下无难事'之自信，所以中国青年老是被教导在长者面前缩嘴闭口，不许放肆"。[①] 今天距林氏发表此论已过去近八十年，这八十年是中国大地风雷激荡、翻天覆地的八十年，国家的面貌已经发生了巨大的变化。然而，文化传统中的很多东西在日常生活中仍然具有顽强而固执的生命力，即使我们已经从观念中认识到它的弊端所在。教学中亦不例外（见下面的案例）。教师的确希望学生多发言，且乐于"启发"学生发言，然而一旦学生所言与自己所想有所冲突，他们往往立刻停止"启发"，转而责备或讥消学生，可谓是恩威并施。长此以往，学生发言的兴趣就会逐渐下降以致冷却，所以到了高中或大学的课堂上，教师常常因为学生的沉默而倍感失落与无奈。作为教师，我们应该意识到，如果我们总是教导学生"慎言"，或讥讽其"不慎之言"，那么有一天，即使有畅快发言的机会，他们也不会发言了，因为已因教师之教导而日渐丧失了发言的能力与勇气。鼓励学生畅快发言，并非因为他们的发言内容多有价值，而是因为我们需要呵护他们的自尊与自信！教师应该自我反思、自我叩问：让学生"慎言"，到底是为了学生还是自己？

> 教学《苏州园林》一课，教师从我国各大风景名胜引到苏州园林，一位学生打断教师："老师，我知道苏州园林，我去年和爸爸去过。""那就请你帮老师讲讲吧。"教师脸上显然有些不悦。"苏州园林有大小一百多处，其中最有名的是四大园——'沧浪亭''狮子林''拙政园''留园'……""那你能说说苏州园林在建造上有何特点吗？""这……这我不知道……""连这都不知道，你算是白去

---

① 林语堂：《吾国与吾民》，陕西师范大学出版社 2006 年版，第 30—31 页。

了。"教师话音刚落，学生们哄堂大笑，这位学生满脸涨红，手足无措……①

**5. 打击压制，杀一儆百**

如果说在前几种情况下，教师还能耐着性子与学生"周旋"一番，以体现自己的"机智"与"艺术"，有一些教师则非常直接，一旦发现学生偏离"正轨"，他们往往直奔主题，或疾言厉色地制止学生的"不妥"行为或言论，或用所谓的某种"标准"来压制学生的行为或言论，使学生知"错"而改、知"难"而退，从而最终达到使学生"听话""顺从"的目的。这些行为都是公开化的，不仅对参与教学冲突的学生具有直接的"规范"作用，而且对教学场域内的其他学生还具有"榜样示范"作用，可谓是"杀一儆百"。如下面两个案例中所示的。

案例1②

一堂小学三年级美术课上，王老师正在教学《用点作画》的内容。她先带领学生回顾了上堂课的内容，一是三原色及各种颜色的搭配；二是作画的程序。她选择了黑板上一块显眼的地方把这个程序写了上去：（板书）1. 构思画面；2. 打草稿；3. 点画。

"下面，两个人先讨论一下画什么，构思一下。"说完，他给每个同学发作画用的纸。然后，他就开始在过道里来回走动巡视，转了两圈后，突然在一个靠窗户坐着的男生桌旁站住，弯腰用手指点着那个同学的纸，面带愠色地大声说道，"谁让你没有构思就画图的啊？先构思！"那个学生盯着自己的"作品"看了半天，才不舍地拿起橡皮擦了起来。

案例2③

教学《威尼斯商人》，教师引导学生分析夏洛克的形象，学生们

---

① 田墨文：《为语文课堂"插嘴"放行》，《语文建设》2009年第6期。
② 刘万海：《重返德性生活》，博士学位论文，华东师范大学，2007年。
③ 田墨文：《为语文课堂"插嘴"放行》，《语文建设》2009年第6期。

思维很活跃，气氛相当热烈，等到学生分析、交流后，教师归纳：夏洛克是一个贪婪阴险、偏执凶残、唯利是图、冷酷无情的反面角色。正当教师准备完满收场时，学生中冒出一个声音："老师，我不认同您的看法。"没等老师反应过来，学生接着说："作为犹太人，夏洛克遭受到了非人的对待，为了捍卫民族和个人的尊严他孤独地进行了不屈的斗争，因此，他更值得我们同情。我的依据是……"当这位学生准备继续陈述时，一旁早已不耐烦的老师接过话茬："同学请注意，我们可不能为恶人寻找开脱的理由哇，这可是关系到做人的道德准则。"教师话音才落，同学们都齐刷刷地看着这位学生……

　　除以上两大类共六种情况之外，还有一些更极端的情况，比如有的教师会以体罚的方式或者以暴力来制止教学冲突，这些情况我们并不陌生。但总的来说，随着国家相关法律的实施和"依法治教"的落实，以及教师教育意识上的改变，这些行为已经渐趋稀少，且一旦实施造成一定的后果，必然会受到外界的强烈关注和相应的严肃处理。在此，我们不再赘述。相比较而言，以上六种去冲突方式在教学中更普遍也更隐性地存在着，且少有外力加以关注或干涉，然而日积月累下来，其所造成的危害却一点也不比后者更少，甚至有过之而无不及。

## 第二节　"去冲突化"教学的危害

　　教学冲突一旦发生，必然要求获得解决，这是毫无疑问的。关键在于，我们该如何解决？教学冲突是教学过程的一部分，解决教学冲突也是教学过程的一部分，也就是说，解决教学冲突的方式、步骤与结果都是教学，一个教师如何教学，他（她）就会如何解决教学冲突。上述的种种"去冲突化"措施所具有的共同问题在于，这些措施并未真正地解决教学冲突，而只是回避冲突或排除冲突，前四者属于回避，后两者则属于排除。冲突仍然存在，悬而未决。这些措施与其说是解决了冲突，不如说是搁置了冲突，冲突的"解决"带来的不是轻松与和谐，而是不满与紧张，或者无奈与灰心，还有可能为将来的更激烈的冲突埋下了种子。这些去冲突方式基于这样的教学过程：教师与学生之间有互动和交流，但这种互动和交流是不对等的，它的主动权被完全地控制在教师的手中，除非学生努力揣测并说出教师期望的"正确答案"，否则互动和交流就随时面临被阻止、被压制的危险。这种互动和交流也是不彻底的，教师想方设法地"启发学生"，却不愿意"倾听学生"，实际上，后者比前者更重要，没有倾听就不会有真正的对话和交往。这样的互动与交流实质上是一种控制与规训，一种机械灌输和强制塑造，它不允许学生向教师说"不"，教学蜕变成教师向学生单方面输出和强加信息的过程，徒具相互交往的形式而丧失了相互交往的内涵，教学过程中的不确定性和生成性方面被排斥，学生的主体性被遮蔽，教师的创造性丧失，从而教学表现出"反教学性"。

## 一　禁锢思维

苏霍姆林斯基明确指出："学校的重要任务是培养具有好钻研的、创造性的、探索性的思维的人。我认为童年正是培养思维的时期，而教师是悉心地造就学生的机体和精神世界的人。关心儿童大脑的发育和强壮，使大脑这一面反映世界的镜子经常保持清晰和易感——这是教师的重要职责之一。"① 在理论上，没有人怀疑学校教学在培养学生优良思维习惯、提升学生思维品质方面的重要性，在知识更新速度不断加快、知识总量不断增加的今天，"为思维而教"已成为教育领域内的普遍共识。然而，学校是否能真的胜任这一工作和不负期望则是另一回事。教师通常都鼓励学生开动脑筋努力思考，但在"去冲突化"教学过程中，学生的思考除非沿着既定的路径前进并获得与教师一样的思考结果才会被肯定，否则教师就会通过回避和排斥冲突来限制学生的"胡思乱想"和"胡说八道"，隐藏在这种教学行为背后的深层思维教学目标是鼓励和培养"求同思维""集中思维"与"常规思维"，禁锢和扼杀"求异思维""发散思维"与"创造性思维"，这实际上等同于剥夺了学生的思考，让课堂成为禁锢思维和扼杀才智的地方。人类的思维尽管遵循某些共同的原理，但它的内容是千变万化和因人而异的，是有着无限可能的，它自身也具有向各种方向拓展和创造的可能，正因为如此，恩格斯说，"人类的思维是地球上最美丽的花朵"。如果思维只能在某种固定的框架下进行，它就丧失了个体意义，

---

① ［苏］苏霍姆林斯基：《给教师的建议》，教育科学出版社 2000 年版，第 204 页。

从而丧失了自身。早在 20 世纪初，杜威就针对这一问题进行了严厉的批评："学校中过分重视学生积累和获得知识资料，以便在课堂问答和考试时照搬。'知识'作为一种资料，意思就是进一步探究的资本，必不可少的资源。知识常被视为目的本身，于是，学生的目标就是堆积知识，需要时炫耀一番。这种静止的、冷藏库式的知识理想有碍教育的发展。这种理想不仅放过思维的机会不加利用，而且扼杀思维的能力……思想、观念不可能以观念的形式从一个人传给另一个人。当一个人把观念告诉别人时，对听到的人说，不再是观念，而是另一个已知的事实……只有当他亲身考虑问题的种种条件，寻求解决问题的时候，才算真正在思维。"① 时至今日，这一问题在我国的教育教学中并未有所根本性改观。"我们的教育到现在仍然只是一味用各种办法在剥夺孩子的思考能力，而且所有的思考几乎都是引导用来琢磨权威的意图的，或者在琢磨着出试卷人的意思的，然后聪明者悟出来，就投其所好，因此就成了所谓的'优秀学生'。但是，正是这样的'优秀学生'，世代承袭了一个民族的弱智与愚昧，还促成了一个民族的文化荒漠及无数个灾难深重的历史悲剧。"② "去冲突化"教学在一定意义上可看成是这一教育教学传统的集中体现。

## 二 压抑个性

当学生被要求按照教师规定的方向思考和给出标准答案的时候，被禁锢的不仅仅是他的思维，还有他的个性。除了人格分裂者，正常情况下，一个人的思维方式与人格特征是密切联系在一起的，二者相互影响、相互支持，共同构成一个整体的人。我们很难想象一个人在思维上循规蹈矩、平淡无奇而在生活中却个性鲜明、与众不同，更不能想象这个人会具有真正的自我认识和自我理解，能活出真正的自我，或者实现自我。一个人是如何思维的，就是如何思考和认识世界的，就是如何在世界中生活的，当学生勇敢地站起来阐述自己的、与教师不同的意见的时候，他不仅仅在表明自己是如何思考某一问题的，而且在表明他是一个怎样的人，他对自己

---

① ［美］杜威：《民主主义与教育》，王承绪译，人民教育出版社 2001 年版，第 172—175 页。

② 许锡良：《开设"批判阅读课"为什么必要——读龙应台〈一张考卷〉》，《凤凰博报——教育改革研究》（http://blog.ifeng.com/article/4752579.htm，2010 – 03 – 311）。

与周围的人的关系持有怎样的认识与定位，以及他如何与周围的人交往。历史表明，几乎所有天赋异秉的天才人物都有着特立独行的个性，他们既秉持着与常人迥异的思维旨趣与思维方式，也践行着与常人迥异的生活旨趣与生活方式，常人往往因无法理解天才而称他们为"怪人"。英国著名思想家密尔认为，个性是人类福祉的要素之一，是理性与德性的基础，"人类要成为思考中高贵而美丽的对象，不能靠着把自身中一切个人性的东西都磨成一律，而要靠在他人权利和利益所许的限度之内把它培养起来和发扬出来"，并在此基础上深刻地指出，"凡性格力量丰足的时候和地方，怪僻性也就丰足；一个社会中怪僻性的数量一般总是和那个社会中所含天才异秉、精神力量和道德勇气的数量成正比的。今天敢于独行怪僻的人如此之少，这正是这个时代主要危险的标志"。① 教学无疑或有意或无意地在造就"这个时代"方面起到了重要作用。当教师在教学中采用各种方式极力"去冲突"的时候，他不仅仅在否定和压制一种意见，他是在压制和奴役发表意见的这个人，使其不能作为自己和一个真正的人自主地思考和言说，使其生活在外在权威控制的阴影之下，丧失个性、精神力量和道德勇气。一个没有个性、没有自我的人，还是真正意义上的人吗？这个后果何其严重！这样的教学何其危险！

### 三　打击兴趣

"兴趣"（interest）这个词，从英文词源上说，含有居间的事物的意思——即把两个本来远离的东西联结起来的东西。② 杜威将兴趣理解为"生长过程的开始阶段和完成时期之间"的路程，或者"学生现有的能力"和"教师的目的"之间的路程。然而，我们更愿意把兴趣看成是居于学习的内容和我们之间的某种东西，正是因为它，我们才和遥远的事物联系起来，才能让遥远的事物走入我们心中，成为我们的一部分。

在"去冲突化"教学过程中，这个"居间的事物"往往首先受到伤害。当学生发表自己关于某一问题的意见的时候，表明他已经与某一遥远的事物之间建立起联系。不管他的意见是正确的还是错误的（以教师的

---

① ［英］约翰·密尔：《论自由》，许宝骙译，商务印书馆 1959 年版，第 79 页。
② ［美］杜威：《民主主义与教育》，王承绪译，人民教育出版社 2001 年版，第 140 页。

"标准答案"来衡量），意见本身即表明联系的存在，表明他怀有兴趣。然而，当这一意见因与教师的意见相互冲突被回避或排除而夭折之际，居于其间的"兴趣"也就枯萎了。当新的遥远事物再次出现的时候，它已经无力将学生的内心与其联系起来，即使应教师的要求记住和理解了遥远的事物，那个事物对学生而言，也仍是外在的和陌生的，是与其相互分离的。学习于他，也就不再有乐趣和幸福感可言，而成了装填与己无关的知识的艰辛劳作，成了漫长而难挨的苦役。苏格拉底说："教育不是填充容器，而是点燃火焰。"所谓的火焰，不就是兴趣的火焰吗？唯有兴趣的火焰，才能进一步引燃智慧的火种！我们总说"教是为了不教"，如果教学没有促使学生建立起浓厚的学习兴趣，那么，教停止的日子也就是学停止的日子。当下，很多学生厌学逃学，视毕业为解脱，在很大程度上与他们在所谓的"去冲突化"教学的课堂上缺乏自我表达的机会和找不到自我的尊严与价值有很大的关系。谁愿意永远被动地接受那些自己根本不感兴趣的东西呢？又有多少人在一次次受到打击之后还能兴趣盎然呢？

笔者在给本科生上教育学课程时，让他们交一篇作业，写写他们学生生涯中最喜欢的一位教师并阐述一下他（她）的教学特点。有一位女生的作业颇能从正面说明，教师对待教学冲突的态度与方式对学生的学习兴趣具有十分重要的影响。

> 他的课很轻松，我们被他那优雅的举止和诙谐的笑话迷得在语文的天堂里沉醉。他的课堂永远都是吵吵闹闹，像是在玩，可我们却都在学习，在进步。他鼓励每一个学生发表自己不同的观点，然后跟你辩论，让你心服口服。当我们指出他在课堂中犯的一些小错误时，他会和我们要赖皮，但是下一次，他绝对不会再犯同样的错误……可以畅所欲言，无论什么话题，只要有话就可以大胆地说出来，就算你的观点是错误的，他也不会怪你。渐渐地，我发现我喜欢上了语文这门课，每天我最开心的事就是上语文课……①

最后，需要指出的是，以上关于"去冲突化"教学危害的分析，主

---

① 资料来源：安庆师范学院2009级小学教育专业常娟娟同学的一次平时作业。

要是针对学生来说的。然而，这些危害对教师而言同样存在。课堂是一个
生态循环系统，任何一方面的问题最后都将导致系统中其他部分受到影
响。教师教与学生学是相互依存的，教师与学生也是相互依存的。一方
面，无论有意还是无意，一个有着强烈的"去冲突化"倾向和行为的教
师绝不会是一个思维活泼、个性鲜明和对教学有着发自内心的浓厚兴趣的
人。因为如果具有这些特征，他必然会厌烦重复的、单调的独白式教学，
对学生的"异见"感到惊喜和兴奋，也必然会包容和接纳教学冲突，善
于利用教学冲突促进教学，且能够从教学冲突中学到很多东西。另一方
面，当学生的思维、个性和兴趣在"去冲突化"教学过程中受到伤害，
那么教师的思维、个性和兴趣发展也就同时丧失了一个良好的外在激励环
境，因为他每天的大部分时间是与学生一起度过的。对此，龙应台教授深
有感触，当她从一个没有任何教学冲突的教室里走出的时候，她觉得自己
如同"被针刺破了的气球一般"。因而，从根本意义上而言，"去冲突化"
教学是一种教师通过伤害自己的方式来伤害学生的教学。

## 第三节　"去冲突化"教学的原因剖析

　　"去冲突化"教学并非某一种特殊的不当教学类型，而是当前很多教
学过程当中共同存在的行为倾向和行为方式。因为它具有一定的普遍性和
广泛性，所以在一定程度上可以看成某种时代的问题，对它的分析和批判
不能仅仅拘囿于教师本身，而应该将时代的病症与教师自身所存在的问题
联系起来。教师是教学的承担者，但并非教学的唯一主宰，教师本身并不
是纯粹的教育理论和教育理想的信徒，他也是由各种社会力量共同建
构的。

　　如前文所述，当今时代是一个摆脱了人身依附关系、人的主体性不断
增强的时代，在社会转型、多元文化、信息革命以及教育变革的推波助澜
之下，教育场域中原有的很多根深蒂固的传统生活方式失去了存在的根
基，教学冲突呈现频度增加、内容扩展、类型多样、手段多元等发展趋势
和特征。与之并存的另一方面是，当今时代又是一个人的生存面临种种前
所未有的危机的时代，人类具有对自然的绝对优势，似乎正在远离物质的
匮乏与理智的无知，但是仍然处处受到束缚，难以体会到心灵的自由与精

神的舒畅。在这样的时代当中，教学也呈现出极其复杂的生存样态，一方面鼓励自主性，另一方面又害怕和反对教学冲突，鼓励自主性导致了教学冲突的增加，害怕和反对教学冲突则导致了教学的"去冲突化"。教学艰难地挣扎于两者之间。

## 一 效率主义当道

1911 年，美国"科学管理之父"泰勒出版了《科学管理的原理》，系统地阐述了其管理理论，即所谓的"泰勒主义"，在美国掀起了"社会效率运动"。"泰勒主义"的基本假设是：人受经济利益的驱动，因而是可控制的；效率即科学；科学管理是为了提高生产效率而对人及其工作进行有效控制。"泰勒主义"的基本特征是：效率取向、控制中心，把科学等同于效率，把人视为生产工具。这一管理理论极大地吻合了资本主义市场经济"投入最小，产出最大"的基本要求，产生了广泛的影响，不仅盛行于经济生产领域，而且迅速扩展到社会生活的各个方面，包括教育领域。在中国，市场经济体制的确立也为"泰勒主义"提供了大行其道的土壤和空间。在教育领域，"提高教学效率""向课堂四十五分钟要效率"等字眼随处可见。教学必须有效，这是毫无疑问的，无效的教学只会浪费生命和教育投入。然而，教学活动迥异于经济生产活动，该如何界定教学的"效率"？又该如何衡量教学的"效率"？这恐怕是我们在探讨如何提高"教学效率"之前必须弄清楚的。

有效的教学应该是能够最大限度地促进学生身心全面发展和教师成长的教学，这是毫无疑问的。然而，这一效率观念很难量化成具体的评价指标加以实施并为外部管理和监控提供参照，它更多地依赖于教师自身的良知与理性，而且长期才能见效（十年树木，百年树人）。这与效率主义的急功近利的管理模式是不相吻合的。于是，教学当中那些最容易量化的部分便被强调和突出出来，成为衡量教学效率的指标，譬如教学的进度，学生掌握课本知识的程度，等等。在应试教育的推波助澜之下，教育对效率和分数的追求达到了疯狂的程度。教师为了在这一管理与评价体系中取得较好成绩，必然十分注重教学的进度以及学生掌握课本知识的程度等，而其他方面，譬如过程与方法、情感、态度、价值观等则退居其次，时间充裕的情况下锦上添花固然不错，时间紧凑的话则会毫不犹豫地排除，一切以顺利完成教学任务为中心，一切以学生的考试成绩为尺度。在不少教师看来，最有效率的教学方法，就是迅速准确地把相关知识传递给学生，并通过重复练习让学生熟记这些知识。在这样的观念支配下，教学冲突必然会被当作教学过程中的干扰因素而遭到回避和排除，纠缠其中只会浪费时间。

在一个效率主义横行的世界当中，人们的行动以效率为准绳，政府和社会用效率主义的管理模式管理和评价学校教育，教师就必然用效率主义的管理模式来开展教学活动。教师所要做的，就是尽力排除一切无关的干扰因素达成教学效率的最大化。效率主义实质上是一种功利主义，对教育和教学效率的追求源于人们对教育和教学在帮助人们谋取身份、地位和经济利益方面的功利追求。诗人艾略特曾一针见血地指出："个人要求更多的教育，不是为了智慧，而是为了维持下去，国家要求更多的教育，是为了要胜过其他国家，一个阶层要求更多的教育，是为了要胜过其他阶层，或者至少不被其他阶层所胜过，因此教育一方面同技术效力相联系，另一方面同国家地位的提高相联系……要不是教育意味着更多的金钱，或更大的支配人的权力或更高的社会地位，或至少一份稳当体面的工作，那么费心获得教育的人便会寥寥无几了。"[1] 同样，人们对教学的效率也就不会如此强调了。

当人们沉溺于对教学效率的极力追求的同时，已丧失了对"教学效率"的真正内涵的冷静思考和必要的坚持，将复杂的培养人的教学活动简化和矮化为与生产物的活动并无二致的简单技术行为，变得庸俗、势利、浅薄和目光短浅，没有品位、尊严和深度，对于人的灵魂、精神、理性、生活意义等无暇顾及，弃之如敝屣。从而，教学越有效，就越是背离了本真的教育，南辕北辙；教学越有效，教育就越堕落，"成了实利的下贱婢女，成了追逐欲望的工具"[2]；教育生产出了一批又一批手执高学历高文凭的"知识精英"，却罕见真正能推动知识创新和科技创新的创新型人才，相反却导致了一系列高学历、高科技犯罪问题。然而，深陷其中的

---

① 金生鈜：《理解与教育——走向哲学解释学的教育哲学导论》，教育科学出版社1997年版，第25页。

② ［英］A. J. 汤因比、［日］池田大作：《展望二十一世纪——汤因比与池田大作对话录》，国际文化出版公司1985年版，第60页。

教育有些无力自拔，这是现代教育的吊诡。效率主义的经济管理模式带来了一个物质丰富、经济繁荣的时代，但效率主义的教学造就的只能是教育的堕落与人的悲哀。

### 二 工具理性宰制

"工具理性"是法兰克福学派批判理论中的一个重要概念。韦伯将合理性分为两种，即价值（合）理性和工具（合）理性。价值理性相信的是一定行为的无条件的价值，强调的是动机的纯正和选择正确的手段去实现自己的目的，而不管其结果如何。而工具理性是指行动只由追求功利的动机所驱使，行动借助理性达到自己需要的预期目的，行动者纯粹从效果最大化的角度考虑，而漠视人的情感和精神价值。

正是由于对教学效率的追求，导致了教学过程中工具理性的宰制和价值理性的没落。二者其实是一个问题的两个方面，即将教学作为达成预定目的的手段和工具，作为"去价值化"的中性过程看待，放弃对教学价值的追问，从而在根本上回避了教学对于人的生活的意义的追问和关切。在教育都已经堕落为工具并失落了意义追问的当下，教学的意义就更无从谈起了。我们通常认为，教学是教育的核心环节，是为实现教育目的服务的，除此之外教学是不具有自身的独立的目的和价值的。如此，教学就作为工具存在，工具当然追求利用效率的最大化。教师只要考虑如何高效地完成教学任务，教学论研究者考虑的则是如何建构科学的教学论体系，使得教学原则、教学方法、教学途径等的探讨成果可以最大限度地促进教师完成教学任务。人们似乎认为，教学的目的是我们无须考虑的，"教学好像与人性发展和完善具有天然的一致性"[1]，只要达成教学的有效性就足够了。另外，持续了几个世纪的教育的科学化运动在教学的"去价值化"和"去意义化"方面也起到了推波助澜的作用。科学，具体地说是实证科学在增进人类对自然的认识和改进人类的生活方式方面所起到的巨大作用令人类所有的其他活动都相形见绌，它们都以能跻身于"科学"的行列而感到满足和骄傲。科学成为一种意识形态，而且是意识形态霸权。受

---

[1] 徐继存：《教学乃"为己之学"——教学行为的道德评判》，《教育理论与实践》2007 年第 5 期。

其影响，教育陷入了对"规律""因果关系""必然性"等一切能标志其科学性的名词和事实的狂热追求当中，科学地教育和科学地教学被等同于教育的成功之道。在这种"教学哲学"之下，教师一劳永逸地摆脱了关于教学的价值和意义的追问，因为那是无须追问的！他们想当然地认为自己所有的旨在提高教学效率的行为只要是科学的和有效的，就自然是善的和正当的，是为了学生好，有利于促使学生过一种幸福的生活！教学冲突的存在只能表明学生没有领会和掌握应该领会和掌握的内容，表明学生的发展和成长受挫，如何解决教学冲突并不重要，解决掉教学冲突才重要！关键是使学生领会和掌握指定的那些内容！如此，回避和排除教学冲突，也就是很自然的了。

早在 20 世纪末，雅克·德洛尔就在《教育：必要的乌托邦》一文中指出："在一个以喧嚣、狂热以及分布不均的经济和科学进步为标志的世纪即将结束，一个其前景是忧虑和希望参半的新世纪即将开始的时候，迫切需要所有感到自己负有某种责任的人既能注意教育的目的，也能注意教育的手段。"[①] 教学既是达成教育目的的手段，也是教育的一部分，是教育的核心。教学有其工具性的一面，但教学的工具性只有与教学本身的正当性相吻合才具有存在的合理性，教学的工具性恰恰在于它的为人性。教学必须是为人的，它既为促进学生的身心发展服务，又发展和成就教师自身。教学相长，这是教学存在的根本，也是我们评判一切教学行为的尺度。"因完全操纵另一人（或其他生命体）而获得乐趣，这正是虐待行为的本质。这一看法如果换一种说法就是，目的在于把人转变成物，把有生命的东西变成无生命的东西，因为通过对生命体的完全、绝对的控制，生命丧失了一个基本品质——自由。"[②] 如果失落了对教学本身的正当性及其于人之意义的追问，教学就矮化为工具，教学过程中的师生也异化为工具，从而教学不再是为人的，教学不再是本真的教学，教学就丧失了自身，成为顶着"教学"的名义存在于课堂当中的"非教学行为"甚至"反教学行为"。工具性或者效率不是教学的尺度，只有人才是教学的根

---

① 联合国教科文组织国际 21 世纪教育委员会：《教育——财富蕴藏其中》，教育科学出版社 1996 年版，第 1—2 页。

② ［巴西］保罗·弗莱雷：《被压迫者教育学》，顾建新等译，华东师范大学出版社 2001 年版，第 14 页。

本尺度。无论如何，教学的工具性不能僭越成为教学的核心价值。这是我们必须时刻予以反思和警惕的。

### 三　非理性权威泛滥

教学冲突之所以令教师们感到难堪和烦恼，以至于欲除之而后快，除了前面我们所谈的现代教育普遍所具有的效率主义取向和受到工具理性宰制这两个原因之外，还与教师自身有着密切的关系。教师本身难辞其咎。正是个体的退让才导致了制度的高歌猛进，导致了制度的扩张和嚣张。毕竟，教学工作是由教师直接承担的，"去冲突化"教学行为也是由教师直接实施的，包括制度在内的所有外在压力都是通过教师才转化为影响教学的力量的。对于"去冲突化"教学所造成的种种危害，教师无论如何也无法撇清干系。而且，很多教师之所以本能地反对教学冲突，不仅仅是缘于外在的对教学的各种压力和要求，还缘于他们自身所具有的根深蒂固的权威观念。

长期以来，在人们的观念中和课堂里，教师的职责是"传道、授业、解惑"，教师闻道在先，学高身正，被建构为一种近乎全知全能的角色，具有很高的社会地位和声望。《学记》上说："凡学之道，严师为难。师严然后道尊，道尊然后民知敬学。是故君之所不臣于其臣者二：当其为尸，则弗臣也；当其为师，则弗臣也。大学之礼，虽诏于天子无北面，所以尊师也。"教师的崇高地位固然与教师的重要作用分不开，但从某种意义上也是由统治者建构的，"师道"是"王道"的一部分，归根结底是为"王道"服务的。然而，久而久之，传统浸透血液和骨髓，"师道"也就慢慢变成不容置疑的"天道"了。教师，亦将这一传统内化，而日渐成为不容置疑的课堂权威。"许多教师总是挟带强烈的使命感，头戴'任重道远'的纱帽，手持'薪火相传'的权杖，以爱为名，笃信'涂之人加以教化，善积而不息，亦可为尧舜'，所以'君上之势，礼义之化，法政之治，刑法之禁'，乃不得不然。"① 及至今日，教师成为体制内的专业从业人员，成为靠出卖劳动力养家糊口的学校雇员，头顶虽失掉了一些神圣

---

① 谭光顶、王丽云：《教育社会学：人物与思想》，华东师范大学出版社 2009 年版，第436 页。

的光环，但面对那些懵懂的、待教育的孩子时，仍然有着强烈的启迪众生的使命感和不可遏制的权威欲望。对于这些教师而言，教学冲突意味着学生对教师权威的反抗与挑战，是令人难以忍受的。如果任由教学冲突自行发展，教学的"风险"急剧增加，不知会走向何处，很有可能令教师陷入十分尴尬的境地。因而，为了保持或树立在学生面前的权威地位，他们选择千方百计地回避或排斥教学冲突。在有着悠久的"师道尊严"传统的中国的课堂上，教师这样做往往是自然而然、顺理成章的。

现代教育学对于教师权威的批判，可谓是汗牛充栋。然而，在此，我们仍不厌其烦地再次强调，教学中的确需要教师权威，否则教师的教学就是无力的，教学就失去了其存在的基础，但如果这种权威不与教师自身对学生的吸引力结合在一起，不以学生对教师的理性的认同和服从为基础，那么，它即使貌似强大，实际却是不堪一击的，就像建在沙滩上的城堡一样，城堡建得越高，就越是摇摇欲坠，教师寻求这种非理性权威的力度越大，权威丧失的可能性也越大。非理性权威来自教师的地位和权势，由制度和传统赋予，它的存在以信仰、盲从和崇拜而非博学、明辨、慎思与认同为基础，以驯服和控制为目的，是以教师为中心的，师生关系类似于长官与下属的关系，学生无条件地服从教师的教导。显然，在理性分化、同一性解体、传统遭遇危机、教学关系不断变迁的当下，它已经变得不合时宜，已经丧失了存在的合理性。如果教师不能做到与时俱进，仍然执着于这种非理性的权威要求，仍然不假理性地在教学中一味追求"去冲突化"，带来的可能不是教学的顺利与和谐，而是教学关系的持续紧张和更大范围、更激烈的教学冲突，甚至可能导致教学关系的崩溃与终结！媒体中多次报道过的学生伤害教师事件，看似由某一特殊事件引发，实际上无一不是由于教学生活中长期积累的压力急剧爆发和释放的结果。"无论什么人，只要他的情感和感觉表达受阻，只要他的生存受到威胁，就自然会产生敌视心理。"①

### 四　自我主体性消解

弗洛姆一针见血地指出，"从心理学角度来看，渴求权力并不植根于

---

① ［美］埃里希·弗洛姆：《逃避自由》，刘林海译，国际文化出版公司 2002 年版，第68 页。

力量而是软弱。它是个人自我无法独自一人生活下去的体现，是缺乏真正的力量时欲得到额外力量的垂死挣扎"。① 那些非常强调教师权威、强调学生对自己无条件服从的教师，那些需要通过"去冲突化"来保持自己在学生面前的良好形象和优势地位的教师，实际上其内心是非常软弱的，他们缺乏自信和自我肯定，他们之所以回避和排除教学冲突，是因为他们没有信心和勇气面对教学冲突，他们不愿意正面回应来自学生的挑战，哪怕实际上这种挑战只是小小的困惑与质疑而已。因为，相对于回避和排除教学冲突，顺利、有效且教育性地应对教学冲突显然是一件更麻烦、更复杂的事情，也是一件需要付出更大的努力和智慧的事情。打个不太恰当的比喻，就像面对一个炸弹，最便捷的方法是避开或扔掉它，而不是拆解掉，尽管后者才真正是彻底有效的解决办法。

强调权威的人同时也是依赖权威的人，二者是一体两面的关系。那些强调教师权威的教师，其自身必然是权威的遵从者和崇拜者。他们反对学生提出"异见"，是因为他们自己完全接受了给定的一切对教学的安排，既包括课程权威编写和审定的教材知识及观念系统，也包括管理权威规定和实施的一系列教学制度。对这一切，他们除了接受和膜拜之外，并未给予真正的自主思考，遑论质疑与批判。他们把传统和常规化的教师主导和控制下的教学生活，当成一种"正常"的教学生活，拒绝变化和创造。他们一方面在学生面前充当自我想象中的"全知全能"的角色，同时又拜倒在高于他的权威面前，扮演"无知者"和"接受者"的角色，他的教学权威并非来自自身的吸引力或魅力，而是依傍权威他者，援传统或制度以自重。他展现在学生面前的并非真实的自我，而是别人期望的样子，他只是在按照吩咐扮演一个分配给他的角色；他看似主宰了课堂与学生，其实恰恰是放弃了自我的主体性，放弃了对教学、学生以及教学内容的真正的思考与理解，放弃了精神的自由与创造，放弃了对自我理性的运用，被动地充当了制度和权威的依附者，发挥的是工具的作用。他貌似强大，实际上非常脆弱，他的主体性消解于外在的束缚和权威的命令当中，从而丧失了真正的自我。

---

① ［美］埃里希·弗洛姆：《逃避自由》，刘林海译，国际文化出版公司 2002 年版，第 115 页。

自我的主体性活跃到什么程度，自我就会强大到什么程度。一个真正拥有明确的自我主体性的教师，是一个用自己的心灵来感受教育、用自己的头脑来思考教育、用自己的良知来践行教育的人。在他的心里，教育不是为了迎合世俗的需要或者权威的期望，而是为了孩子本身，让孩子成为他们自己！这一教育信念会令他充满无限的力量以对抗各种制度内外的压力，会激发出他们巨大的教育热情和教育智慧以对付各种教学的问题。这样的教师是不惧怕教学冲突的，对他们而言，教学冲突传递出丰富的信息，他们从中可以寻找到教育的契机和影响孩子的正确方式，甚至在必要的时候，他们会主动地激发教学冲突。前者如法国电影《放牛班的春天》中的马修老师，后者如美国电影《春风化雨》（又名《死亡诗社》）中的基廷老师。电影虽然是艺术的塑造形式，但之所以具有一种震撼心灵的力量，恰恰在于它来源于最真实的现实生活，它告诉我们：作为教师，应该真实地面对自己和学生，应该努力发挥自我的主体性，带领学生过一种有意义的教学生活！无论作为教师还是学生，"无论我们意识到与否，最大的耻辱莫过于我们不是我们自己，最大的自豪与幸福莫过于思考、感觉、说属于我们自己的东西"。①

以上我们对"去冲突化"教学或者说教学中的"去冲突化"倾向进行了分析和批判。这些行为受教师的意识或潜意识驱动，隐藏在教学实践当中，并不会对教学或学生造成立即的、显性的伤害，从而很容易被忽略，然而日积月累下来，无疑会对教学和师生双方造成十分深重的危害，成为难以改变的教学积弊。苏格拉底说不经过审视的生活是不值一过的，这主要是个人的问题，不经过审视的教学生活则会戕害很多人，伤及公共利益，潜藏着巨大的危险。教学是一项需要精神、良知、勇气和信念的爱的事业，如1979年诺贝尔和平奖获得者特蕾莎修女所言，"我们做的从来不是大事，只是用大爱做小事"。因而，越是少有外力的关注或干涉，越是隐蔽和常规化，我们就越应该保持警醒和反思，时常跳出琐屑而重复的日常教学生活，审视自己的教学行为，叩问自己是否真正实施了一种"为人"的教育。

_____

① ［美］埃里希·弗洛姆：《逃避自由》，刘林海译，国际文化出版公司2002年版，第187页。

　　有人可能会反问，既然"去冲突化"教学是必须批判和警惕的，那么是否意味着"冲突化"的教学就是善的？或者说我们应该造就"冲突化"的教学？在这里有必要澄清一下。一方面，这种非此即彼的思维方式是一种简单化的二元对立思维，是幼稚的和不可取的。我们所要表达的意思是，教学冲突是教学过程不可分割的一部分，是一种特殊的教师教与学生学的交往与互动方式，我们应该理性而乐观地对待它，应该教育性地处置它，化其为教学的动力，那种不加分析地一味极力排斥和拒绝教学冲突的行为绝对是不可取的，是我们要坚决批判的。但我们不是要制造一种充满教学冲突的教学，除非遇到特殊情况。教学冲突是在教学互动过程中自然生成的，有则有之，无则无之。另一方面，当我们把"教学冲突"定位于生存性教学冲突的时候，那么，确实，"冲突化"教学是我们应该致力造就的。生存性教学冲突是教学的最高境界，是教与学的共鸣与交响，是一种体现了时代要求和人类进步的生机盎然的教学生活方式，是令人向往和追求的人性化的教学生活方式。只有最大限度地包容一切教学冲突，才有可能迎来生存性教学冲突。因而，在这个意义上，"去冲突化"倾向在教学活动中更是我们需要反思和摒弃的。

# 第六章　教学冲突的合理应对

　　一方面是教学冲突在这个时代的凸显；另一方面是教学中的"去冲突化"倾向，二者并存的对立和紧张，造成了很多教育教学实践的困境和难题，也使得教学冲突的合理应对成为一个至关重要的教学使命与责任。

　　按照正常的步骤和通常的理解，行文至此，该是给出解决教学冲突的相应策略的时候了。在已有的人际冲突和师生冲突研究中，不少研究者提出了解决冲突的具体策略，包括回避策略、强制策略、克制策略、合作策略、妥协策略等，并就这些策略提出了具体的实施建议。然而，我们并不打算制定出一个或几个具体的解决教学冲突的策略。人际冲突或普通的师生冲突的解决意在平息纷争、平衡关系，教学冲突的解决则复杂得多，要求也高得多。如果我们确认教学是为人的，教学必须具有教育性，那么我们就应该意识到，教学冲突的解决也必须是为人的和具有教育性的。所谓"合理应对教学冲突"，是指教学冲突的应对既要遵循过程伦理，追求手段与工具的合理性，又要达成目的合理，使这种应对产生促进师生双方尤其是学生理性和个性发展的价值，二者兼顾，缺一不可。换而言之，合理应对教学冲突，意在"化教学冲突为教学和谐"，而不是单纯地把教学冲突"解决掉"。解决教学冲突的策略很多，但如果解决的结果不是走向教学和谐，不是促进师生双方的发展，而是给双方留下负面情绪或以双方关系的恶化或终结为代价，那么这种解决就不是我们所要的。换而言之，教学冲突的停止不是我们的目标，由教学冲突进入教学和谐才是我们的目标。这恐怕不是单靠策略的运用就可以达到的。教学冲突具有很强的具体性和鲜明的情境性，包括各种各样的类型和表现样态，根本无法制定出一个可以用来解决所有教学冲突的万全策略，也很难一一列举出解决各种类型的教学冲突的具体对应策略。因为在现实的教学过程中，教学冲突是动态的和流变的，而非线性的和静止的，如果不能灵活选用策略且进行策略的转换和对接，恐怕只会被策略所束缚甚至误导。

教学冲突发生在教学过程当中，教学冲突的应对方式也内在于教学过程当中，它们不是独立于教学过程的特殊存在，本身就是教学的一部分，从而，有什么样的教学，就会产生什么样的教学冲突，就会有什么样的教学冲突的应对方式。因此，要想合理应对教学冲突，不能只针对教学冲突本身头痛医头、脚痛医脚，而必须从根本上变革教学，创设出能够包容教学冲突并有利于化教学冲突为教学和谐的教学比制定出具体的解决教学冲突的策略更加重要和根本。它们之间的关系，就像中医跟西医的关系，前者治本，后者治标，前者强调培育出一个良性循环的身体机能系统，后者则追求手到病除、立竿见影。后者固然有其存在的必要和理由，甚至具有很强的操作性和实用性，但不是本研究的选择。在本书导论部分，我们已经做出说明，本研究定位于教学论研究，而非教育管理研究或师生关系研究，我们意在探讨教学冲突对教学意味着什么，或者说教学该如何面对教学冲突。布鲁纳在其《教学论的定理》一文中指出："教学论，从严格意义上说，是一种规范理论，不能就事论事。它要求探求教授和学习的理论模式。换言之，教学论要为解答'什么样的学习适当？''要培养什么样的学习者？'之类的问题提供理想的标准。与此同时，还要进一步阐明实现这个理想标准的各种条件。"① 所以，我们准备探讨教学冲突的应然走向，合理应对教学冲突的认识论基础、路径选择以及条件保障，即我们应该循着什么样的方向去应对教学冲突，如何做才有利于教育性地应对教学冲突，它不直接对应于一个具体的教学冲突事件的解决，但旨在形成一种能够包容任何教学冲突事件并有利于教学冲突走向教学和谐的教学的环境、氛围和过程，强调的是通过教学的整体改进发挥其在教学冲突方面的整体效应。古人云："谋万世方能谋一时，谋全局方能谋一域。"我们的目标就是通过深层的教学变化来解决具体的教学冲突问题。换言之，关于如何应对教学冲突，我们不会停留于具体技术的层面，而是着力于理论观念的层面，意在指引一条可能的前进方向与路径，我们的"应对"是认

---

① 钟启泉：《现代教学论发展》，教育科学出版社 1988 年版，第 238 页。

识论与方法论的，而非具体方法的，是战略的，而非战术的，是"道"而非"器"，是"本"而非"标"。打个比方，对一个登山者来说，带什么装备、用什么姿势攀爬固然不可大意，最重要的恐怕还是他是否走对了通达山顶的道路。

维特根斯坦指出，"时代的病要用改变人类的生存方式来治愈，哲学问题的病则要从改变人类的思维方式和生存方式来治愈"。① 教学中的问题也要通过改变教学的思维方式和生存方式来解决。当下日益频繁发生的教学冲突其实是一个直接而有些刺耳的信号，向我们传达出这样的信息，即教学的内外环境都发生了翻天覆地的变化，原有的教学模式已难以为继，如果教学要继续承担起引领学生发展的重任，必须有所创新和改变；若依然墨守成规，势必自甘堕落，遭人诟病、怀疑甚至抛弃。教学冲突，与其说是造成了教学的困扰和压力，不如说是促使教学发生变革和转型的契机！这种改变依赖于师生双方的共同努力，但教师无疑起关键的引导作用。陶行知说，"教员的天职是变化，自化化人"。当我们自觉地选择一条新的教学发展路径的时候，当我们的教学以一种可能的更好的面目出现的时候，教学冲突依然会存在，但应该也会以另一种更好的面目出现，恐怕不再总是令人困扰的难题了。

## 第一节　教学冲突的应然走向

### 一　教学和谐及其特征

#### 1. 和谐的内涵

冲突与和谐作为事物存在的两种状态，是与人类社会相伴而生的，和谐长期以来是人类个体及社会的一种美好理想和价值追求。和谐不是一种可以一劳永逸地到达并停驻其中的终极状态，社会总是处于运动和变化当中，冲突是占据人类生活的一种重要形态，和谐总是与冲突交错存在着。正是由于冲突对人类生活所造成的困扰和痛苦强化了人们对和谐的向往与追求。

---

① 吕新雨：《神话·悲剧·〈诗学〉——对古希腊诗学传统的重新认识》，复旦大学出版社 1995 年版，第 146 页。

中国人自古就有贵"和"的思想，和谐、和合精神流传至今，生生不息。"和"字早在甲骨文、金文中就多次出现。"和谐一词为同义连文，《广雅·释诂三》的解释是：'和，谐也'；《说文解字》的解释是：'和，相应也'。"① 由此可知，和谐是针对多种因素而言的，是指多种因素之间的一种和睦、协调的关系状态。从一开始，中国人对"和谐"的理解就是辩证的，是一种朴素的辩证法。这突出表现在他们对"和"与"同"的刻意区分上，即"和谐"是以相异为前提的，"相同"不等于"和谐"，也不可能形成"和谐"，多种异质性因素共存互动才能形成"和谐"。譬如，孔子说，"君子和而不同，小人同而不和"。② 即君子注重团结，尊重差异且保留差异，而小人却随声附和，惧怕差异且消灭差异。《国语》《左传》中比较完整详尽地论述了"和"的概念。

周幽王八年，郑桓公与太史伯谈论"兴衰之故"和"思胜之道"时，首次提出"和实生物"的论断："夫和实生物，同则不继。以他平他谓之和，故能丰长而物归之。若以同裨同，尽乃弃矣。故先王以土与金、木、水、火杂，以成百物。"③

晏婴用比喻的手法非常详尽地论述了"和"的真义，可谓经典：齐侯至自田，晏子侍于遄台，子犹驰而造焉。公曰："唯据与我和夫！"晏子对曰："据亦同也，焉得为和？"公曰："和与同异乎？"对曰："异。和如羹焉，水火醯醢盐梅以烹鱼肉，燀之以薪。宰夫和之，齐之以味，济其不及，以泄其过。君子食之，以平其心。君臣亦然。君所谓可而有否焉，臣献其否以成其可。君所谓否而有可焉，臣献其可以去其否。是以政平而不干，民无争心。故《诗》曰：'亦有和羹，既戒既平。鬷嘏无言，时靡有争。'先王之济五味，和五声也，以平其心，成其政也。声亦如味，一气，二体，三类，四物，五声，六律，七音，八风，九歌，以相成也。清浊，小大，短长，疾徐，哀乐，刚柔，迟速，高下，出入，周疏，以相济也。君子听之，以平其心。心平，德和。故《诗》曰：'德音不瑕。'今据不然。君所谓可，据亦曰可；君所谓否，据亦曰否。若以水济水，谁能

---

① 薛其林、柳礼泉：《中国传统文化中的和谐理念与政治实践》，《湖南社会科学》2005 年第 2 期。

② 《论语·子路》。

③ 《国语·郑语》。

食之？若琴瑟之专一，谁能听之？同之不可也如是。"①

　　由此可知，在古人看来，"和谐"是多样性的统一，统一存在于多样性当中，多样性是统一的前提，多样性不损害统一性，统一性不消灭多样性，是求同存异，而不是灭异求同。毫无疑问，古人对"和谐"的认识是相当深刻的。今天，我们可以用概念而非比喻的方式来给"和谐"下一个定义，甚至大大拓展"和谐"的外延，但我们的认识与古人的认识是一脉相承和息息相通的。

　　在汉语词典中，"和谐"包含三层含义：1. 和睦协调；2. 配合得匀称、适当、协调；3. 和解，和好相处。②和谐与否，是对对象与人的关系的一种状态的描述，同时也是人对对象与人的关系的认识和判断。这个对象，既可能是客观事物，也可能是他者的人。人既是和谐的体验者和感受者，也是和谐的创造者和建构者。人们对和谐的追求、创造和建构依赖于人们对和谐的阐释与理解，即和谐理念。已有的和谐理念，除了中国传统文化中的"和而不同"理论之外，还有辩证唯物主义理论和现代系统论。中国传统文化的"和而不同"和谐理论着眼于包括人在内的整个宇宙，强调"天人合一"，虽然具有辩证法思想，但主要是一种宇宙和谐理念。马克思主义唯物辩证法强调事物内部和事物之间矛盾的对立与统一，强调对立双方的相互作用和相互转化，强调从对立中创造和谐，是辩证和谐理念。系统论认为，宇宙万物构成一个自我生成与自我发展的系统，不同层次的系统之间和每一系统内部诸构成要素之间相互联系相互作用，矛盾与和谐并存，这是系统和谐理念。

　　根据人的活动范围和内容，和谐包括五个层次：一是自然本身的和谐。从整体上看，大自然就是一个和谐的大整体，"万物负阴而抱阳，冲气以为和"。③在这种大和谐中充满了不断生存和灭亡的矛盾与变化，正是这种矛盾与变化造成了自然的大和谐。相信自然和谐有序是探索自然界的矛盾与变化的规律的前提，是自然科学家们普遍持有的信念。二是人与自然的和谐。人是自然之子，是自然的一部分，尽管人是智慧生物，不像

---

① 《左传·昭公二十年》。

② 罗竹风：《汉语大辞典》（第三卷），汉语大词典出版社1991年版，第277页。

③ 《老子·第四十二章》。

动物那样以本能的方式栖息在自然之中，人会创造人化的自然，但是人对自然的利用和索取应以不破坏人与自然的和谐关系为前提，否则人类自身也会陷入生存危机。恩格斯曾经告诫人们："我们不要过分陶醉于我们人类对自然界的胜利。对于每一次这样的胜利，自然界都对我们进行了报复。每一次胜利，起初确实取得了我们预期的结果，但是往后和再往后却发生完全不同的、出乎预料的影响，常常把最初的结果又消除了。"① 三是人与社会的和谐。人是只有在社会中才能生存的动物，社会性是人的最根本、最重要的属性。人的发展离不开社会，人只有在与社会的互动中才能获得自身的发展。作为个体的人在与社会互动的过程中，其利益和价值选择与社会的利益和价值选择往往会发生冲突，正确认识和处理个人与社会的关系，既是进行个人正常活动的重要条件，又是做出人生选择的基础和前提。四是人与人的和谐。人与人的和谐是人与社会的和谐的具体化，指的是人与自己周围的人之间形成一种和谐的关系。只有人与人的关系和谐了，才能形成和谐的社会，社会的和谐发展是每一个人和谐发展的前提与基础。五是人与自身的和谐。人既具有自然性又具有社会性，这种双重属性常常导致人与自身的冲突。通过不断的自我反省和与社会的良性互动，人们才有可能超越冲突达成自身的和谐。人与自身的和谐就是自我和谐，即一个人内心始终保持一种和谐、和顺的状态，就是人的身心发展和谐统一，达到良知、良能。中国古代哲学家强调人的"内美"，西方哲学家康德赞美每个人心中的道德律令，强调的都是自我和谐。儒家思想认为，如果一个人能做到"民胞物与"②，他就可以达到一种自我和谐的境界。

这几个层次从大到小、从外到内，形成一个环抱人的生存的和谐之圈。它们彼此之间也并非互相孤立的，而是相互关联的。一个层次的和谐以其他各层次的和谐为基础，同时又为其他各层次的和谐提供基础；反之亦然。很显然，和谐的人是一个美好的人，和谐关系是一种美好的关系，和谐状态是一种美好的状态，和谐世界是一个美好的世界。人类自诞生以

---

① 《马克思恩格斯选集》，人民出版社 1972 年版，第 3 页。

② 即民为同胞，物为同类。泛指爱人和一切物类。引自（宋）张载《西铭》："民吾同胞，物吾与也。"

来的全部历史，在一定意义上都可归结为致力于建设一个和谐的美好世界的奋斗史。从孔子的《礼运·大同篇》和柏拉图的《理想国》，到托马斯·莫尔的《乌托邦》、培根的《新大西岛》到马克思和恩格斯对共产主义社会的畅想，直至今天中国的和谐社会治国理念，无不是各个历史阶段的人类对于建立一个和谐世界的美好梦想与强烈主张。这一方面说明在不同的历史阶段，人们对和谐世界或和谐社会以及"和谐"本身有着不一样的理解，也从一个侧面说明了，和谐从来不是一个可以到达并停驻的终极状态，和谐存在于人类对和谐的追求过程中，对和谐的追求是人类生活的永恒使命。

　　然而，正因为和谐是一种美好的、积极的价值和状态，是人们极力追求的，在现实生活中却导致人们对"和谐"的误读和扭曲，譬如，将和谐理解为一致性和机械团结，或者为了和谐而和谐。这在具有悠久的贵"和"传统和强烈的集体主义精神的中国社会中相当普遍，尤其在处理人与人或人与社会之间关系的时候表现突出。和谐有"真正和谐"和"表面和谐"之分，前者指冲突或矛盾得以顺利化解，达成真正的和谐一致，而后者指的是冲突或矛盾被隐忍或搁置，和谐不是一种价值追求，而是一种手段或工具，是为达到真实目的服务的。"真正和谐"即"价值观和谐"，它强调和谐本身的重要性，将和谐作为价值追求，"表面和谐"即"工具性和谐"，它强调和谐的实用价值。在建设和谐人际关系与和谐社会的过程中，我们必须对两者之间做出明确认知和清晰区分。在处理各种关系时，"真正和谐"应成为人们的追求，本书中谈到"和谐"时除非特别说明之外都是指"真正和谐"。然而，"真正和谐"与"表面和谐"并非绝对对立的，"表面和谐"是达成"真正和谐"的方式之一，两者相互配合，是为一种比较理想的状况。作为权宜之计的"表面和谐"可在特殊情况下使用或暂时使用，它必须由一个更高的、善的目的引导，绝不能以"表面和谐"代替或僭越"真正和谐"。

　2. 教学和谐及其特征

　　与冲突相对的是和谐，与教学冲突相对的则是教学和谐。教学和谐是教学关系和教学状态的一种存在与表现方式。所谓教学和谐，简而言之，就是指教与学之间和谐融洽。具体来说，就是在教学过程中教师教与学生学之间处于一种相互协调、和睦融洽的关系与状态。教学和谐是一种美好的教学关系与教学状态，对教学和谐的理解不能流于表面化和庸俗化，不能简单地把没有冲突等同于教学和谐。我们认为，作为一种良性的教学关系和教学状态，教学和谐包含以下五个方面的基本特征。

一是互动性。教学和谐是对教与学之间关系和状态的一种描述，它只可能存在于教师教与学生学的互动过程当中。教学互动不限于表面的言语互动，指的是师生之间的信息交互与精神交流，既包括有声的言语交流，也包括无声的肢体语言交流，既包括面对面的直接交流，也包括在不同时空内借助信息载体的间接交流。没有教学互动，也就谈不上教学和谐。换而言之，在那种各司其职、互不相干的"教学"过程中，即使看起来风平浪静，稳定祥和，也不能说是教学和谐。譬如，在一些高等学校的课堂教学当中，由于没有成绩排名与升学的压力，有的教师为了避免教学冲突，采用将自己与学生相分离、教与学相分离的方式来展开教学活动，几乎不与学生互动，只专注于自己的讲授，不求教学相长，但求平安、顺利地讲完预定内容。这样的教学中即使从来没有发生冲突，也与教学和谐无关。

二是发展性。教学的目的是促进人的发展，作为一种良性教学关系和教学状态存在的教学和谐必然具有发展性。这种发展性可以集中于人的认知、情感、价值、行为的任何一个方面或涵盖其中某些方面或所有方面，既包括学生的发展，也包括师生双方的共同发展，既包括显性的知识的积累、能力的增强和价值观的提升，也包括隐性的认知结构和行为动力系统的优化。不能促进发展的教学和谐背离了教学的根本宗旨，从而不是真正的教学和谐，充其量是一种"伪教学和谐"。在教学实践中，我们应将真正的教学和谐与虚浮、空洞的教学和睦关系区别开来，摒弃那种为了教学和谐而刻意营造教学和谐的做法，切实将促进教学和谐建立在推动人的发展的坚实基础之上。

三是民主性。教学和谐是一种美好的教学关系和教学状态，其中教与学之间的协调、配合与和睦都建立在民主的基础上，而不是由压迫和控制带来的。它是民主的师生关系和师生的民主生活方式在教学中的体现，教师与学生之间是主体间的交往关系，是"我与你"的相遇与相知。"以教师为中心"、在教师制度化权威严密控制之下的教与学的相互一致，和"以学生为中心"、以教师对学生的退让和隐忍为前提的教与学的相互妥协，其间都充斥着压迫、控制与不自由，都不是真正的教学和谐。

四是异质性。真正的教学和谐还应该具有异质性，即其中存在互不相同的多种教学见解，以差异的并存为基础，是差异的共生，是"和而不同"。这是个体之间的差异性共存的必然结果。差异的存在构成了冲突的基础，所以教学和谐并不排斥教学冲突，而是向教学冲突开放自身，包容教学冲突。

五是愉快性。处于教学和谐之中的教师与学生应该体验到教和学的愉快性。这种愉快性不能简单地理解为生理上的放松和快乐的情绪体验，而应该视为一种包含一定张力的积极性的情感体验，既包括探寻真理、求索未知时的困惑感以及随后到来的茅塞顿开的理智感和思维的美感，又包括师生交往中和睦融洽的相互关系带来的安全感和归属感，还包括教学相长或学有所得后的满足感与成就感，甚至还有自我表现与自我创造所带来的高峰体验。在教学和谐中，教师充分享受到工作的愉悦感和幸福感，学生则充分享受到学习的愉悦感和幸福感。

教学和谐包含以上五个方面的特征，缺失了任何一个方面都不是真正的教学和谐。然而，这并不意味着，教学和谐有一种固定的形式或样态。这五个特征是对教学和谐进行理论抽象得出的共性，现实教学中的教学和谐是千姿百态的。由于教师教学个性的差异，学校或班级教学文化的差异，以及学生年龄特征和教学科目、内容等的差异，不同的教学过程中其教学和谐的表现可能完全不一样，但我们无一例外地可以从中概括出以上五个方面的特征。"没有哪一个教室和其他教室飘溢着完全相同的气息"①，教学和谐与教学的情境性并不矛盾，教学和谐寓于教学的情境性当中，正是在具体而特殊的教学情境当中，师生相互作用构造了带有他们特色的教学和谐，使教学过程生机勃勃。所以，教学和谐理应成为教学过程中的理想追求，但教学和谐是不能照搬与复制的。

## 二 教学和谐与和谐教学辨析

近年来，有不少人提出"和谐教学"概念，那么它与"教学和谐"

①　[日]佐藤学：《静悄悄的革命——创造合作、活动、反思的综合学习课程》，李季湄译，长春出版社2003年版，第12页。

有什么区别呢？我们有必要对两者进行辨析。首先，从字面上看，它们都是偏正短语，但是和谐教学重在教学，而教学和谐重在和谐，侧重点不一样。其次，从内涵上来看，和谐教学是作为一种教学的理念提出的，强调合理安排教学的各要素建构整体和谐的教学，和谐教学不仅包括教学过程的和谐，还包括教学过程与教学环境的和谐，意在创造一种系统和谐；而教学和谐是作为教与学之间关系和状态的一种理想要求提出的，它是教学过程的一部分或者说一个方面。教学和谐强调异质的师生之间形成和顺、民主、高效的互动关系，着眼点也包括系统和谐但主要是辨证和谐。最后，通过文献查阅我们发现，和谐教学的理念是人们将系统论运用到教学领域的产物，与巴班斯基的"教学最优化"理论异曲同工。和谐教学的提倡者王敏勤认为，"根据系统论的观点，教学过程可以看作是一个系统，这个系统中的各个要素，各个部分只有密切配合，相互协调，始终处于一种'和谐'状态，才能从整体上提高教学效果，完成教学任务"。[1]他据此提出了"和谐教学"的教学模式，具体包括以下四个环节：1. 导入新课，明确目标；2. 自学指导，整体感知；3. 检查点拨，探寻规律；4. 深入探究，回归系统。[2]"和谐教学法"曾在多省份多所学校实验过，在我国基础教育领域产生了一定的影响。由以上分析可知，和谐教学是一种整体性的教学理念和教学模式，而教学和谐是一种教学关系理念，二者的内涵、出发点和使用范围都不一样，不可相互混淆。然而，它们又不是毫无关系的，和谐教学中应包含教学和谐，教学和谐有利于达成和谐教学，他们统一于"成人"这一共同目标之下。

### 三　教学和谐与教学冲突的关系

教学和谐与教学冲突是教学过程中两种不同的教学关系和教学状态。我们既不可能一步到位地永远消灭教学冲突，也不可能一劳永逸地始终保持教学和谐，如果试图或期望那样做，只能说明我们既不理解人性的复杂性，也不理解教学的流变性。教学冲突与教学和谐都不是具有永恒持续性的教学关系和教学状态，而是随教学过程处于运动和变化当中。就像冲突

① 王敏勤：《和谐教学的基本原理》，《山东教育科研》1998 年第 2 期。
② 王敏勤：《和谐教学的课堂教学模式》，《教育研究》2006 年第 1 期。

与和谐之间会相互转化一样，教学冲突与教学和谐之间也能相互转化。然而，它们之间不是简单的相互区别或一者取代另一者的关系，而是具有复杂的关联性。

1. 相互蕴含

一方面，教学和谐中蕴含教学冲突。如果我们真正地理解教学和谐，我们就应该知道，教学和谐是建立在人的主体性基础之上的，即建立在民主和自由的基础之上的。主体性意味着独特性和自主性，意味着人与人之间只能在有限的范围之内达成有限的共识，意味着和谐只能是"视域融合"而不可能是完全的"视域重合"，不可能在绝对意义上消除差异、分歧和冲突。换言之，教学和谐中蕴含着冲突的因素和力量，教学和谐并非排斥和消灭了冲突，而是在"成人"的终极目标之下包容冲突并使冲突处于良性运行状态。如果我们把教学和谐等同于排斥冲突或学生对教师的无条件顺从，那么我们就抽掉了教学和谐的灵魂，只会戕害教学、贻误教学。自孔子呵退樊迟，后世诸生们学会了在课堂上噤若寒蝉，并把孔子树立为"大成至圣先师"不断膜拜、"仰止"和体会、学习，儒家文化进入到了一个自我循环、原地转圈的框架之中，尽管内容上还有所发展和充实，形式上却两千多年一仍旧制，几无变化。① 与此相反，在古希腊的阿加德米学园里，柏拉图采用苏格拉底式的问答法进行教学，和学生亲切交谈。亚里士多德在柏拉图的引导下，深入知识的各个领域进行认真的学习和研究。他并不止步于恩师的传授和教诲，而是博览和钻研前人的研究成果，大胆提出自己的见解。他常与老师柏拉图进行激烈的争论，最终超越苏格拉底和柏拉图而建立起其百科全书式的哲学知识体系，使古希腊哲学达到最高峰。作为教师的柏拉图不仅不对学生的"无礼"感到懊恼，反而十分欣赏和器重亚里士多德的突出才能，他幽默地说："我的学园可以分成两部分，一般学生构成他的躯体，亚里士多德代表他的头脑。"② 到底哪一种才是真正的教学和谐呢？答案是不言而喻的。当我们这样以宏阔悠远的人类发展历史为背景来思考教学关系，我们就会毫不犹豫地确信，教学和谐不是铁板一块，不是排除异见，不是控制和独断，而是和而不

---

① 邓晓芒：《苏格拉底与孔子言说方式的比较》，《开放时代》2000 年第 3 期。

② 郜庭台：《亚里士多德》，新蕾出版社 2000 年版，第 8—9 页。

同，是对差异和对立以及冲突的包容，是动态的和开放的。和谐与冲突之间看似相反，实则相成，没有冲突的和谐无异于僵化，真正的和谐恰恰在于它能为冲突提供丰富的土壤和理性的应对力量。和谐之路上，我们一边应对冲突一边向前迈进。因而，教学冲突不是教学和谐的对立面，而是教学和谐的另一面。当我们沾沾自喜于课堂上异口同声，扬扬自得于学生对自己百依百顺的时候，恐怕我们离教学的真谛已经越来越远了。另一方面，教学冲突中蕴含着教学和谐。前面在论述教学冲突的性质时，我们已经指出，教学冲突不同于一般的利益冲突，而是根本利益一致的共有性冲突，是具有建设性的冲突。在根本利益一致这个基本的前提下，教学冲突就不是你死我活或此消彼长的"零和博弈"，而是可以同时增进双方利益的"正和博弈"，双方都倾向于以"和策略"来应对冲突。而且，教学冲突中双方采取的多是信息交流畅通的直接互动，不存在"囚徒困境"，这也有助于双方通过进一步的合作性互动化冲突为和谐。正因为教学冲突中蕴含着教学和谐的因素与力量，教学冲突才得以向教学和谐顺利转化。在日常的教学生活中，教学冲突虽然时有发生，但一般不会成为教学关系和教学状态的主导，"山重水复"之后迎来的往往是"柳暗花明"。

2. 相互转化。

毛泽东在《矛盾论》中指出："矛盾的主要和非主要的方面相互转化着，事物的性质也就随着起变化。在矛盾发展的一定过程或一定阶段上，主要方面属于甲方，非主要方面属于乙方，到了另一发展阶段或另一发展过程时，就互易其位置，这是依靠事物发展中矛盾双方斗争的力量的增减程度来决定的。"[①] 一方面，教学冲突的发生造成师生之间的某种对立和紧张，同时要求双方尽快消除这种对立和紧张，对教学冲突的合理应对带来教学和谐，教学和谐从教学冲突中生长出来，成为主导的教学关系与状态。另一方面，真正的教学和谐是师生之间的本色互动和民主交往，而教师与学生在绝对的意义上是不同的人，是相互差异的，差异性因素当中蕴含着分歧和对立性的力量，从而蕴含着发生教学冲突的可能性。当双方聚焦于某一问题或问题的某一方面的时候，他们从各自的立场、经验和理解出发提出不同意见，就会使处于潜在状态的教学冲突变成现实的教学冲

① 《毛泽东选集》（第1卷），人民出版社1966年版，第297页。

突，从而结束教学和谐状态，进入教学冲突状态。只要教学存在和继续，它就处于动态和流变的过程中，教学和谐与教学冲突之间就能不断相互转化。正是在这种转化中，教学呈现出跌宕起伏的变化和挑战不断的精彩，师生则在迎接变化和挑战中推动教学前进，并促成自身的发展和提升。教学冲突的建设性与教学和谐的发展性，就在这个过程中体现和发挥出来。

从教学冲突走向教学和谐，就是在互动和交流中消解冲突、达成教学双方的和谐，就是让教学和谐成为教学关系的主要方面，就是用教学和谐来包容教学冲突。需要强调的是，无论是从教学冲突到教学和谐，还是从教学和谐到教学冲突，其中都充溢着人的意志力量。教学冲突并不必然会带来教学和谐，它有可能使教学进入混乱或假和谐状态，教学和谐也不必然通往教学冲突，它也可能日渐成为庸俗肤浅、平淡平静的教学关系和教学状态，也可能走向僵化与控制。人的态度与力量在其中起着决定性作用。唯有当师生双方都主动、积极、开放地进行教学交往并乐观地面向未来，教学冲突与教学和谐之间的转化才会成为某种必然，从而也是顺利的，教学既不会止于僵化也不会陷入混乱，而是生机勃勃，就能在冲突与和谐之间保持适当的张力并流畅地相互转化和循环。

综上所述，教学是运动变化的，教学冲突与教学和谐因而也处在运动变化的过程当中。作为教师，在面对教学冲突的时候，决然不能采用简单粗暴的逃避或排斥的方式来解决教学冲突，而应该直面并合理应对教学冲突，努力促使教学冲突走向教学和谐，达成教学的为人目的。教学冲突是教学不可逃避的必然命运，从教学冲突中创造教学和谐则是教学的永恒使命。

## 第二节　应对教学冲突的认识论思考

要想促使教学冲突走向教学和谐，而不是走向假和谐、混乱或教学关系的瓦解，必须使教学冲突处于良性运行的状态，必须使教学冲突的建设性和积极功能在教学中得到维护和发挥，而尽量避免和克服其消极功能。列宁说："只要再多走一小步，仿佛是向同一方向迈的一小步，真理就会变成错误"，这句话告诉我们在实践中必须把握"度"的法则。这一法则同样适用于教学冲突，我们必须使教学和谐成为教学冲突的度的边界。唯物辩证法揭示，度的边界系于质的规定性，"过度"之后事物就会发生质的变化。反之，我们要想将事物维持在一定度的范围内，必须保持事物的质不变。从前文的分析可知，一般而言，教学冲突是共有的、建设性的，教学冲突之所以会产生破坏性的消极功能是因为我们对教学冲突的认识和处置方式不当。从而，所谓促使教学冲突走向教学和谐的问题，就转化成如何确保教学冲突不产生异化和不走向激化的问题，实质上也就是如何维护教学冲突的纯粹性的问题，就是如何促使教学冲突作为生存性冲突存在的问题。如果教学冲突以生存性冲突的方式存在，即真正围绕教学而展开，是关于教学见解的冲突，是心灵与心灵的相遇和精神与精神的较量，那么它就不会走向激化和异化，就能水到渠成地从冲突走向和谐。

教学冲突的样态与存在方式不是由它自身决定的，而是由教学过程决定的。教学是什么样的，教学冲突就会是什么样的。进而，教学冲突的应对就会是什么样的。在第四章分析和批判"去冲突化"教学时，我们一再强调，"去冲突化"不能简单地理解为一种不当的应对教学冲突的方式，从根本上而言，它是一种在不当的教学认识指引下的不当教学行为。从而，要想促使教学冲突走向教学和谐，使教学成为自由、发展、解放的既展现人的主体性又丰富人的主体性的过程，我们必须重建教学，重建教学的前提则是重建教学认识，重新理解教学的内涵。

教学之所以是教育的核心环节和促进学生成长的重要途径，不仅因为教学是一种简约高效的传递知识和信息的方式，更重要的是，教师与学生在教学中共同生活，学生是如何学习的，就是如何生活的，他们就会成长为什么样的人。教学生活方式对儿童的教育作用比他们所学到的知识和信息的作用要大得多。爱因斯坦说过："如果一个人忘掉了他在学校里所学到的每一样，那么剩下来的就是教育。"英国社会学家齐格蒙特·鲍曼将传递特定学习内容的学习称为"元学习"，而将在教学生活中的潜在学习称为"后学习"。他认为："在教与学的过程中起到主要和决定作用的是社会环境和信息传递的方式，而不是教授的内容。内容——即贝特森所称的'元学习'（初始学习或一度学习）的题材——可以用肉眼看见，得到监控和记录，甚至预先设计和规划；但是后学习可以说是一种潜在的过程，几乎不曾被人的意识注意到过，更少受到参与者的监控，只是与教育的表面主题有着宽泛的联系。正是在后学习的过程中，很少是在指定或自我宣称的教育者的有意识控制之中，教育行为的对象获得了对他们的未来生活无与伦比的重要技巧……在后学习过程中获得的习惯有用还是有害，与其说依赖于学习者的勤奋和天分以及教师的潜能和一丝不苟的教风，倒不如说依赖于学生在其中生活的世界的种种特征。"① 因而，教学具有非常丰富的内涵，作为教师，如果有效完成了教学内容，那么也只是达成了教学的基本任务，在此过程中带领学生过上好的教学生活才是教学的要义所在。换句话说，使学生掌握教学内容只是教学的表层价值和工具价值，过好的教学生活才是教学的深层价值和本体价值。

然而，坦率地说，恐怕很多教师对此是缺乏清晰认识的，他们往往将掌握教学内容这一教学的表层价值和工具价值当成了唯一价值乃至终极价值，忽视了教学生活的建构，导致课堂教学枯燥无趣甚至面目可憎。何谓好的教学生活？如何带领学生过好的教学生活？如果教师不致思于这两个问题，好的教学生活就无从谈起，教学的深层价值也必然付之阙如。因为教学生活不是实体性存在，而是关系性存在，不是自在的，而是建构的，不是给定的，而是生成的。换句话说，我们追求什么样的教学生活，就会致力于建构什么样的教学生活，从而才会有什么样的教学生活。而我们所追求的教学生活是什么样的，端赖于我们对教学生活本身的理解。具体来说，是对其品性的理解，因为好的教学生活并无统一的样式，却享有相同的品性。

## 一　教学的生活性与创造意识

与动物相比，人出生时是不完满的和软弱的，而这种不完满性和软弱性恰恰是教育的基础。卢梭在《爱弥儿》中写道，"我们出生时没有的东西，我们成长中所需要的东西，全部都由教育赐予我们"。所以，人不是自然生成的，而是教育塑造的，"只有受过恰当教育之后，人才能成为一个人"，这注定了教育是人安身立命的根本和存在方式，人的一生就是在教育中的一生。从人类历史来看，"教育既是人类应答其生存困境的产

_____

① ［英］齐格蒙特·鲍曼：《个体化社会》，范祥涛译，上海三联书店2002年版，第154—155页。

物，也是为了能够创造更好的生存环境的劳作。教育的产生与存在是与人类社会的产生和存在直接相联系的。在教育的起始处，生存活动是教育活动，教育活动就是生存活动。"① 当时，教育与生活浑然一体，教育的目的内在于教育生活当中而不是由外在强加的，教育过程就是儿童参与成人的实际事务或参与游戏的过程，是教师和学生一起探讨"什么是幸福的生活"，并探寻如何过上幸福生活的过程。随着人类文明的进步，形式化的教育从生活中独立出来，教学日益正规化。这种正规化的教学一方面使得大规模的知识传递和人才培养成为可能，另一方面愈来愈依赖于学校、教师和文字符号，慢慢疏离了原本丰富多彩的生活本身，使"教学容易变得冷漠和死板，用通常的贬义词来说，变得抽象和书生气"。② 杜威曾深刻地指出："在文化发达的社会，很多必须学习的东西都储存在符号里。它远没有变为习见的动作和对象。这种材料是比较专门的和肤浅的。用通常的现实标准来衡量，这种材料是人为的……这种材料存在它自己的世界内，没有被通常的思想和表达习惯所融化。总有一种风险，正规教学的材料仅仅是学校中的教材，和生活经验的教材脱节……那些没有为社会生活结构所吸收，大部分还是用符号表现的专门知识，受到学校的重视……把教育和传授有关遥远事物的知识，和通过语言符号即文字传递学问等同起来。"③ 尤其是进入 20 世纪之后，"随着正规教学和训练范围的扩大，在比较直接的联合中所获得的经验和在学校所获得的经验之间，有产生不良的割裂现象的危险。鉴于几个世纪以来知识和专门技能的迅猛发展，这种危险从来没有像现在这样严重"。④ 教学成了生活之外的专门活动，成为需要一种有别于正常生活的心理、身体状态去从事的活动，人们在教学之外生活并用从教学中获得的东西来经营生活。教学与生活泾渭分明。教学渐渐疏离了生活，也背离了它最本己的企图，退化为生活的工具而不是生活本身。效率成了衡量教学的尺度。"教师"矮化为一门养家糊口的职业，教学成为纯粹的技术性活动。教师每天作为社会代言人在学校和教室里履行职责，兢兢业业或马马虎虎地完成自己的工作，下班之后才

---

① 高伟：《生存论教育哲学》，教育科学出版社 2006 年版，第 92 页。
② ［美］杜威：《民主主义与教育》，王承绪译，人民教育出版社 1990 年版，第 13 页。
③ 同上书，第 13—14 页。
④ 同上书，第 15 页。

能长吁一口气，然后换上一副表情和心情开始自己的"生活"，就如同工厂里的工人一样。对于学生而言，学习是一种强迫性义务，他们无可选择地坐在教室里，苦挨着每一天，等待下课，等待放学，等待放假，等待毕业，等待步入社会，从而自主地安排和过自己的生活。学习于他们，也是与丰富多彩的日常生活迥异和疏离的，简直就是一场漫长的苦役，以至于不少有识之士发出了"救救孩子"的呐喊。教师与学生每天的大部分时间在教学中度过，然而他们却不把它当作自己的生活，教学成为一种异己的力量，这是一种多么悲惨的遭遇！这样的教学说到底是一种"无人"的机械劳作，是丧失人性的。

教学为"成人"而存在，本应最具人性！因而，如果不是自甘堕落，教学就必须回到人这一原点，回归人的生活世界。这并不意味着要使教学返回到非形式化的原初状态，也不是要使其与日常生活同质化，而是要彰显教学的生活意义，使得教学过程成为个体体验生活、思考生活、憧憬生活和创造生活的过程，它意味着教学要成为个体的可能生活，成为人的生存意义在其中得以充分展开与实现的、值得一过的生活。如此，教师与学生才能保持自我认同和自身完整，才不会痛苦地挣扎于工作与生活之间、学习与生活之间，做戴着面具的、异化的、分裂的人。换言之，如果我们认同教学是生活，那么它首先是身处其中的每一个个体的生活，是属于个体又为了个体的，关注个体的存在与发展，赋予个体生活的意义与价值。

在教学中的生活遵循生活本身的逻辑。亚里士多德认为，在个体的生活中，幸福具有终极性和自足性，幸福是绝对的最后目的，它因自身而被选择，绝不是为它物而选择，幸福是一切选择所求取的终极目的和完满实现。赵汀阳则进一步指出，"追求幸福是每个人的生活动力，这是一个明显的真理。如果不去或不能追求幸福，生活就毫无意义。……一个人如果让他的生活成为一个创造性的过程，就会是幸福的……因为，人在目的论意义上的本质是创造性，于是，有意义的生活也就必须是创造性的，否则人的存在目的不可能被实现，所以幸福只能来自创造性的生活，那种重复性的活动只能是生存，只是一个自然过程，根本无所谓幸福还是不幸"。①

---

① 赵汀阳：《论可能生活》，中国人民大学出版社 2004 年版，第 143、276、159 页。

创造性是人的本性，创造性使人可以按照任何一种尺度来进行生产和生活，创造性也是生活的本性。教学要成为师生共同的生活，只有当它是创造性的才是可能的，才可能是幸福的。

教学的历史轨迹表明，教学疏离生活的过程与教学中师生双方丧失创造性的过程是同步的。当教学与生活分离并退化为塑造工具时，人的个性让位于共性，人的目的性让位于工具性，人的尊严让位于有用性，人的创造性天性被遮蔽和压抑，学校彻底成为"才智的屠宰场"。作为教师，如果我们确认教学的生活性，就等于同时确认教学生活的创造性，就应该具有一种努力进行自我创造且鼓励学生创造、促发学生创造的创造意识。这种创造，不是为了任何外在目的的创造，而是为了自身幸福生活的创造，创造的目的内在于教学生活当中，创造性是教学生活的本质规定和必然要求。这种创造，不是科学上的原创，而是对于个体自身而言的创造，是个体的自我创造和自我完善，是精神的创造。"爱因斯坦认为教育应该为精神创造提供两个条件：一个是'神圣的好奇心'，即探究未知事物的强烈兴趣，以及在这探究中所获得的喜悦和满足感。另一个是'内在的自由'，即不受权力和社会偏见的限制，也不受未经审查的常规和习惯的羁绊，而能进行独立的思考。……因此，学校教育的主要使命就是提供一个自由的环境，对两者都予以鼓励，最低限度是不要去扼杀它们。"[①] 也就是说，在培养创造性方面，我们应"有所为有所不为"，一方面，要积极地创设一个自由的环境，包容、鼓励、欣赏和信任创造；另一方面，不能用权力和偏见去限制创造，不能用任何名义剥夺创造的机会，甚至要冷静地忍受一些怪异离奇的想法和挑战质疑的举动。我们不可能一方面希望学生乖巧顺从，一方面希望他们拥有创造的智慧。在教学中学生是如何生活的，就是如何学习的。创造性的教学生活在带来勃勃生机的同时，也可能带来混乱和冲突，然而我们必须同时承受，并用更高的智慧和爱来超越它们。唯其如此，教学才是一种自主的生活形式，才是能让人体验到生活的乐趣、幸福和各种可能性的地方，才是能给人理想、希望和未来之所在。

---

① 周国平：《周国平论教育》，华东师范大学出版社 2009 年版，第 10 页。

## 二　教学的公共性与交往理性

公共性①是相对于私人性而言的。"一切人类活动都要受到如下事实的制约：即人必须生活在一起"，也就是说，每个人的生活与其他人的生活存在着"重叠"或"相交"的部分，这部分构成人们生活的公共领域，或构成人们的"公共生活空间"。② 毫无疑问，教学场域是一个公共活动领域而不是私人活动领域。教学即生活，意味着师生在教学中共同生活，他们既作为主体的自己生活在其中，也作为共同体的成员共同生活在一起，正是教学活动将教师和学生联系在一起形成一个公共关系网络，教学具有公共性。公共性的教学生活必须遵循公共生活的逻辑。一方面，公共生活世界的最大特点是差异性和特殊性的共存，也即"多"的共存。正如阿伦特所说的，"公共领域的实在性取决于共同世界借以呈现自身的无数视点和方面的同时在场，而对于这些视点和方面，人们是不可能设计出一套共同的测量方法或评判标准的。因为，尽管共同世界乃是一切人的共同会聚之地，但那些在场的人却是处在不同位置上的，一个人所处的位置不可能与另一个人所处的位置正好一样，如同两个物体不可能处在同一个位置上一样，被他人看见和听见的意义在于，每个人都是站在一个不同的位置上来看和听的。这就是公共生活的意义"。③ 另一方面，公共生活最根本的目标是"公共性"和"统一性"，即要求共同体的成员在一些基本"共识"的前提下，实现共同体的统一，从而保证共同体的"稳定"和公共目标的实现，也即"多"中求"一"。哈贝马斯一再强调，公共领域是交往活动的领域，而不是权力和货币的领域，公共领域的合理性内在于交往行为之中。这个"共识"或者"一"不是由任何先验本质规定的，也不是由任何权威制定的，它必须通过人们的相互协商、交流和辩论达成，

---

① 公共性是一个政治哲学的概念，也是一个从来没有取得一致的概念。人们一般从两个角度来理解公共性：对于个体而言，公共性意味着在一个敞开的公共领域因他者的存在而获得自我在场的真实体验；对于社会而言，公共性则意味着一种"让公开事实接受具有批判意识的公众监督"的秩序建构原则与价值理念（沈湘平《论公共性的四个典型层面》）。在此，我们主要从个体的角度来理解公共性，意在探讨公共领域内的个体之间如何"既彼此平等又互有差异"地共存。

② 贺来：《边界意识和人的解放》，上海人民出版社 2007 年版，第 196 页。

③ 参见汪晖《文化与公共性》，生活·读书·新知三联书店 1998 年版，第 88 页。

以人们的接纳和承认为基础，是有限的"交叠共识"，或者说是"视域融合"的结果。而且，"交叠共识"本身随公共生活的变化和发展而处于变化过程当中，是历史的而非永恒的。如果试图提供一个普遍性原理作为公共生活的统一性基础，那我们就犯了一种形而上学的错误，不仅不能保证公共领域的统一性，相反，将使公共领域走向彻底的虚无化。因为，所谓的普遍性原理必然凌驾于每个人的意见之上，从而否定每个人的意见，则人们的意见交流彻底成为不可能，这就等于否定了公共领域存在的现实性。公共领域乃是一个由人们的言行互动所构成的场域，是行动者通过言行展现自我、与他人协力行动的领域，在其中，每个人一方面充分展现自己的人格，另一方面把别人当作平等的主体，彼此交流，在接受的基础上达成行动的共识。公共生活的"公共性"存在且只能存在于人们平等与自由的相互交往当中。

因此，当我们说教学生活是一种公共生活，绝不仅仅意味着它是一种共同生活。自教学生活产生之日起，它就是一种共同生活，却远非公共生活。无论在中国还是西方，无论是官师一体的官学与政教合一的僧侣学校里，还是民间的私学里，学生都是被动受教的个体，教学生活完全由教师控制和规定。这样的教学生活无异于教师的私人生活，与公共性无关。进入近代以后，人与人之间的权利平等和人的解放作为一项重要的主张被提出来，并随着时代的进步和社会的发展逐渐获得了现实可能性，从而，公共性才作为教学生活的价值主张和品性要求被提倡和呼吁。教学生活的公共性是时代的产物，是时代精神的体现。具有公共性的教学生活，必须是一种抛弃了控制、独断和压迫的生活形式，也是一种剥除了个体的自私与自我中心的生活方式，它应当被"理解为对多元的个体性、私人性和同一的普遍主义、极权主义的双重超越"。① 在其中，每一个体都作为主体存在，同时承认他人的主体性，彼此之间互为主体，是一种主体间性的关系。

要实现和维护教学生活的公共性，则教学必须基于交往理性。交往理性是哈贝马斯针对经济全球化和现代性危机并存这一人类生存的现实困境而提出的，意在建立一种不同民族、种族、国家间经济、政治和文化交往

---

① 沈湘平：《论公共性的四个典型层面》，《教学与研究》2007 年第 4 期。

的合理方式，在普遍交往的"世界历史"背景下追求人的自由解放。这一理论被福柯、利奥塔、罗尔斯等认为带有明显的理想化色彩，充其量不过是交往的乌托邦而已。对此，我们深表赞同，试图以交往理性拯救异化、支离的世界，恐怕只是一个善良的愿望。然而，我们同时认为，恰恰因为其理想化，自有适用于教学生活的价值。原因在于，教学是一种为未来社会培养人的特殊交往活动，教学生活的核心利益主要是精神性和文化性的，可以共享和共增而非此消彼长，因而相比较于"丛林法则"盛行的其他社会领域，完全算得上是一个纯粹、理想的交往环境，是人类生活方式中最具乌托邦精神和气质的一种。也正是在这个意义上，我们常常将校园比喻为"象牙塔"或净土。哈贝马斯说交往活动是以理解为目的的活动，任何人都有资格参与交往，任何人都有资格提出自己的任何观点和质疑任何观点。这与教学生活的目的和特点何其一致与契合！

以交往理性为内核的交往活动必须符合四条标准：一是所说的话必须是"能懂的"（comprehensible）；二是所说的话必须是"真的"（true）；三是所说的话必须是"真心的"（truthful）；四是所说的话以及说话方式必须是"正当的"（right），即论辩必须合乎理性标准，观点必须有正当理由。[①] 倘若教学承认自身是一种建立在理解基础上的促人发展、引人向善的活动，那么毫无疑问，这几条标准应成为教学场域的"金规则"。唯有遵循这些规则，教学才有可能真正成为主体间性交往，成为精神与精神的相遇，灵魂和灵魂的交流，以及智慧对智慧的启迪。也唯有遵循这一游戏规则，教学生活才能葆有其公共性，成为名副其实的公共生活，既不走向自我中心和封闭，又远离压迫、强制和独断，每个人真实地表达自我，真诚地相互交流，真正地相互理解。

需要指出的是，教学生活的个体性与公共性犹如一枚硬币的两面，不可分割，相互依存，个体的创造性也必须从交往理性出发才是可以理解和可能的。因为创造并不是个体的独自活动，它必须以交往为基础。恩格斯指出："当我们深思熟虑地考察自然界或人类历史或我们自己的精神活动的时候，首先呈现在我们面前的，是一幅由种种联系和相互作用无穷无尽

---

① ［德］尤尔根·哈贝马斯：《交往行为理论》（第一卷），曹卫东译，上海人民出版社2004年版，第99—100页。

地交织起来的画面。"马克思也说："即使当我独自一人从事独立的工作时，我也是社会的人，我思考的问题，以及用来思维的语言都是由社会提供的；形式化只有结合具体内容才能实施其功效，才有实际意义……而这都是社会的。"离开与他人和社会的交往却能够进行创造的只有上帝。我们必须把知识、意义和真理的"创造"理解为主体间的共同参与、论辩、妥协和商谈，孤立的、脱离公共生活的任何人都没有资格自称为"创造的主体"，真正的"创造的主体"是公共生活中"复数"的、处于交往和互动之中的人们，任何一个人只有处于与他人的关系中，通过与他人的积极交往和互动，才有可能谈得上创造。伽达默尔说过，"我所指的真理是这样一种真理，这种真理只有通过这个'你'才对我成为可见的，并且只有通过我让自己被它告知什么才成为可见的"。①

　　综上所述，教学生活是一种公共生活，它必须遵守公共生活的"游戏规则"，即交往理性。教师应深刻认识到这一点，自觉维护教学生活的公共性。倘若教学生活当中交往理性缺席，那么教学双方的交往便不是主体间的交往。如果教师不把学生作为主体看待和对待，那么他自身的主体性的展现和发挥也是极有限的，或者说他无法作为真正的主体存在。人作为主体存在，他的生活必然是自主、能动和创造的，他的最根本的利益就是充分发挥他的潜能。而教师潜能的发挥断然是无法离开学生潜能的发挥的，他们就像一个由一颗颗宝石组成的"因陀罗网"②，相互反射，相互辉映，相互烘托着对方的存在与光芒。那些依赖制度化的教师权威来震慑课堂的教师，那些把学生的学业成绩作为自己升迁晋职、捞取利益功名手段的教师，不仅损害了学生的身心健康，也从根本上异化了自己。

### 三　教学的道德性与自由精神

　　"教学正如许多教育学教科书中所言是教育的途径或手段，教学目的

---

　　①　[德] 伽达默尔：《真理与方法》（上卷），洪汉鼎译，上海译文出版社1993年版，第13页。

　　②　因陀罗网（Indra's Net），出自佛教大乘教派的一个故事。据该故事，天上布了一张向四面八方无限延伸的网，每个网眼里有颗闪闪发光的宝石。随便挑出其中一颗，仔细查看，会发现其光洁的表面反射出网中所有其他宝石。反射在这颗宝石上的每颗宝石，同时也反射着其他所有的宝石，因而形成了一个无限反射的过程。（[加] 大卫·杰弗里·史密斯《全球化与后现代教育学》，郭洋生译，教育科学出版社2000年版，第205—206页。）

从属或包含于教育目的，我们的教育目的既然是明确的，教学目的自然也应该是明了的，又何必多此一举浪费时间来探讨呢！如果说教育目的是明确的，但不是具体的，教学就只需要考虑如何有效地达成既定的教育目的，所做的工作就是如何使抽象的教育目的具体化，转变为一系列可操作的教学目标，然后尽可能采取有效的教学方法去达成这些教学目标。循此逻辑，达成了这些教学目标，也就完成了教学的任务，从而也就实现了既定的教育目的。可是，当人们自认为在不断地或成功地达成这一系列具体的可操作的教学目标时，蓦然回首，却发现自己的教学活动实际上已经远离甚至背离了既定的教育目的。于是，教学的价值导向问题犹如幽灵一般再次困惑和困扰着人们。"①

增进人的幸福，促使人过一种幸福的生活，这是教育的终极目的，也是教学的终极目的，远离或背离"幸福"的教学是非人的教学，是不道德的。"幸福"作为一种终极的价值追求，并不是凌驾于现实生活之上的，也不是一个遥不可及的乌托邦，它内在于当下的现实生活之中并关怀未来的生活。幸福并非某种暂时性的感官的快乐，而是一种持久永恒的意义感，"无论去活去死去谋利益还是去牺牲，都是因为我们觉得这样做比不这样做更有意义"。② 幸福的问题，实际上可以转化为关于生活方式的问题，即"什么样的生活方式是有意义的"。早在 20 世纪初，杜威就深刻地指出，"活动有目的就是行动有意义，不像一个自动化的机器；这是有意要做些事情，并根据这个意向来认识事物的意义"③，他反对从外界强加一个教育目的来规约教育行动，并极力论证目标与手段之间是连续的而非二元对立的，"一个目标产生于一项活动之中，作为该项活动的规划，它总是既为目标，又为手段"。也就是说，在一项活动之中，不存在纯粹的、剥离手段的目标，也不存在纯粹的、剥离目标的手段。目标既产生于当下活动的过程之中、手段之中，又成为后继活动目标的手段，它始终引导着活动过程的进行，手段既指向活动目标和方向，又内在地蕴含着将要达成的目标，是"期望中的目标"，"任何把目标从手段中剔除出去

①　徐继存：《教学技术化及其批判》，《教育理论与实践》2004 年第 2 期。

②　赵汀阳：《论可能生活》，中国人民大学出版社 2004 年版，第 20 页。

③　[美] 杜威：《民主主义与教育》，王承绪译，人民教育出版社 2001 年版，第 115 页。

的做法都会消弭活动的许多意义"。① 当下的教学生活既是实现未来的手段，同时又具有自成目的性，"幸福"是贯穿和体现于教学过程始终的基本追求。对教学过程的价值和伦理向度的审视以及道德的评判，绝不是可有可无的，而是不可或缺的，舍此，教学可能异化为"反教学"。教学，必须成为一种德性生活。

教学生活因追求幸福而具有德性，幸福生活与有意义的生活是同一的。生活的意义是由个体自我创造和赋予的，而非给定的，它来源于个体的自由选择、建构和生成。正如波普尔所指出的，"生活的意义与其说是隐蔽的、或许可发现的事物，不如说是我们自己可以赋予我们生活的事物。我们可以通过我们的工作，通过我们的主动行为，通过我们的整个生活方式，通过我们对朋友、同胞和对世界采取的态度，赋予我们的生活以意义"。② 这种创造和赋予必须有一个前提，那就是自由，一种理智与精神的自由。自由是人之所以为人的本质。没有了自由，就没有了自主，也就没有了自我，人就无法作为他自己存在，就无法主宰自己的生活和命运，也无法创造生活的意义和价值。"只有在拥有自由的基础上才能追求各种值得追求的东西……一个人拥有多少自由就拥有多少创造好生活的机会。"③ 就像一个被逼做好事的人不能算作一个品德高尚的人一样，被给定、被控制的生活即使看起来完美无憾，也不是一种德性生活。没有自由，就没有自己的生活，就谈不上创造自己的生活意义，就不可能追求幸福的生活。没有自由，就没有德性。因而，教学要想增进人的幸福，就应该确保在教学生活中的人是自由的，自由应成为教学生活的内在要求和基本精神。

自由必须实质化、现实化，否则就没有意义。赵汀阳指出："自由不是空洞的自主自决的可能性，也不是仅仅免除了种种约束的被动状态，所谓 freedom - from，而必须落实为一些实际权力。"④ 也就是说，自由不能停留于权利的层次，它只有表现为一个人对自己的行动的有实质意义的自

---

① 张华：《课程与教学论》，上海教育出版社 2000 年版，第 84—85 页。

② ［英］卡尔·波普尔：《通过知识获得解放》，范景中、李本正译，中国美术学院出版社 1996 年版，第 180 页。

③ 赵汀阳：《论可能生活》，中国人民大学出版社 2004 年版，第 114 页。

④ 同上书，第 115 页。

主权，一种现实性的权力，才是有意义的和可能的。他通过哲学意义上的分析，认为自由的权力至少表现为三个方面：否决权、选择权与创造权。① 具体到教学生活中，如果我们要坚持教学的道德性，就必须葆有一种自由精神，在教学中处处保护学生的自由，包括：表达自我的学习需要、愿望与主张的自由，选择学习的内容与方式的自由，表现自我个性与创造性的自由，以及拒绝接受或认同教师的意见的自由，等等。教学过程不是不要纪律，也不是不要规范，但纪律和规范的正当性，在于它是否能够为人自由地思想、自由地创造和自由地发展提供条件。纪律和规范本身不具有自足性，只有当它们是为了人，为了人的自由和幸福而存在时，它们的存在才是合理的。皮特斯说，"自由与公正一样，具有独立价值，即使为了提升儿童的素养和品质，也不能藐视自由的价值。教育中对儿童限制，必须证明其对提升儿童的素养和品质是非常必要的。为了规则而设置规则，或者为了满足教师的权力欲而设置规则，对任何理性的人来说，都是令人厌恶的"。②

苏联教育家阿莫纳什维利③以其亲身的经历体会到，如果在教学中忽视了学生的精神自由，将会对学生和教学过程造成怎样的伤害。

> 为了进行实验，我曾尝试按"传授和接受"的原则上过类似的课，我觉得，在这些课上孩子们好像与我疏远了起来。我感到很沉闷。在课上我好像在审问他们，迫使他们向我出卖某种重要的机密一样，他们不信任我。不，不！当然，他们举了手，回答了我的提问。但是，在所有这些场合都没有快乐，没有积极的意向。我常常必须对孩子们说："请举手！知道的都举手！……大家想一想！"原来的作业在这样的课上似乎一下子变难了。究竟是什么东西改变了呢？我的态度改变了：我变成了一个强迫儿童向我报告他懂和会什么的冷酷无情的、一贯正确的和严厉的人。我成了他们的知识的收发员，而他们——6 岁的儿童——成了"收听员"和"答话员"。孩子们明显地

---

① 赵汀阳：《论可能生活》，中国人民大学出版社 2004 年版，第 121—123 页。

② 参见马凤岐《自由与教育》，北京师范大学出版社 2008 年版，第 121 页。

③ ［苏］阿莫纳什维利：《孩子们，你们好》，朱佩荣译，教育科学出版社 2002 年版，第 86 页。

都不喜欢这一切。

　　自由的教学比权威的或者专制的教学更加人性化，同时也更加复杂化，它以教师对教学的正当理解为前提，还以教师对教学更多的情感付出与理性投入为保障。自由的教学可能会造成一定程度的混乱和冲突，然而这种混乱和冲突是产生教学秩序的基础，是自由的题中应有之义，是自由的代价。教师必须禁得起自由的考验。"我们要知道集权很有力量，但很可怕；开明似乎无力，但能使生机活泼，希望无穷。我们不能既不喜欢集权，又埋怨开明。事实上，容许大家公开讨论批评，虽然没有力量马上制止弊端，但一点一滴的进步必可积成丰硕的收获。最怕的是不容许讨论批评，某些进步就令人痛心的退缩回去。"① 自由是思想解放的前提，思想解放则是社会进步的前提。中国近代著名思想家梁启超在谈及"自由批评"与"思想解放"时深刻地指出："孔子教人择善而从，不经一番择，何由知得他是善？只这个择字，便是思想解放的关目。……有人说，思想一旦解放，怕人人变了离经叛道。我说，这个全属杞忧。若使不是经，不是道，离他畔他不是应该吗？若使果是经果是道，那么，俗语说得好：'真金不怕红炉火。'有某甲的自由批评攻击他，自然有某乙某丙的自由批评拥护他。经一番刮垢磨光，越发显出他真实。倘若对于某甲学说不许人批评，倒像是这家学说经不起批评了。所以我奉劝国中老师宿儒，千万不必因此着急，任凭青年纵极他的思想力，对于中外古今学说随意发生疑问。就是闹得过火，有些'非尧舜薄汤武'，也不要紧。他的话若没有价值，自然无伤日月，管他则甚。若认为够得上算人心世道之忧，就请痛驳起来呀！只要彼此使用思辨的公共法则，驳得针锋相对，丝丝入扣，孰是孰非，自然见个分晓。若单靠禁止批评，就算卫道，这是秦始皇偶语弃市的故技，能够成功吗？"②

　　总而言之，教学是为人的，本真的教学是一种道德性生活实践。教学必须确保人的自由，无自由则无德性，呵护人的精神自由应成为贯彻教学生活始终的教学的基本精神。

---

① 何怀硕：《"不干涉"为什么可贵？》，《中国时报·人间》（台北）1985 年 7 月 3 日。
② 转引自殷海光《中国文化的展望》，上海三联书店 2002 年版，第 271—271 页。

### 四  教学的生命性与宽容品格

教学是为人的，人是一种生命的存在，因而教学本己的应该是一种生命化的实践活动。生命化的教学意味着教学把生命当作生命来对待：生命是整体的，所以教学应关注人的全面发展，不能抽出生命中的某一方面（如认知方面）来单独进行教育而枉顾其他方面；生命是灵动活泼的，所以教学应重视创造与生成，不能像塑造物的活动那样程序化和机械化；生命是有尊严的，所以教学应尊重生命的尊严，避免任何形式的规训与压迫；生命之间虽有智愚之别，但无高低贵贱之分，所以教学应平等地对待每一个生命，让每一个生命享受学习的快乐；生命是有限的，所以教学应是有效的，不能浪费生命；生命又是无限的，所以教学应努力地成就生命，让生命发挥自己的无限潜能……

叶澜教授指出，教育是"直面人的生命、通过人的生命、为了人的生命质量的提高而进行的社会活动，是以人为本的社会中最体现生命关怀的一种事业"。[①] 教学要真正做到直面人的生命、通过人的生命、提高生命质量和体现生命关怀，除了领会上述关于生命的种种内涵与要求之外，还有两点绝对不能忽略，而这两点都要求我们在教学过程中涵育一种宽容的品格。

一是生命的差异性。人类生存的世界是一个充满差异的世界，生命之间也是千差万别的，这是世界的真相，也是世界的本性，尊重这种"差异性"，并宽容这种"不一样"，就是顺从和尊重世界的固有本性和法则；反之，则是违拗世界的固有本性和法则。然而，要人们从理性的高度自觉地认同这一点，却不是一件容易的事。在传统文化观念里，人们对"异"往往持一种排斥而非宽容的态度。在字典里，异想天开、异心、异己、异端、异类，等等，都是非常具有贬义的词语，人们对"同"的追求和对"异"的排斥近乎本能。在教学中，求同去异的情况甚至更甚。所谓的"标准答案"往往被绝对化和神圣化，扮演"普罗克鲁斯蒂之床"[②] 的作

---

① 叶澜等：《教育理论与学校实践》，高等教育出版社 2000 年版，第 136 页。

② 普罗克鲁斯蒂是希腊神话中的妖怪，他利用他的床来杀死过往的旅人们。如果对方是个高个子，腿或者脚搭在床沿上的话，他就会把他的腿或脚砍掉。如果对方不够高，占不了一张床的话，他就把他拉长，直到把人折磨致死。

用，削平所有的差异，使之齐一化。类似"雪融化了是水而不是春天"这样的故事一再上演，我们已是见怪不怪。

马克思在批判普鲁士政府的书报检查令时尖锐而深刻地质问道："你们赞美大自然悦人心目的千变万化和无穷无尽的丰富宝藏，你们并不要求玫瑰花和紫罗兰发出同样的芳香，但你们为什么却要求世界上最丰富的东西——人的精神只有一种存在形式呢？"①维特根斯坦也一再强调："任何人都不能代替我思考，就像任何人不能替我戴帽子一样。"② 作为教师，我们应该常常重温这些话语，用其观照和拷问我们自己的内心。生命之间的差异性是不能替代和不可化约的。教学如果是生命化的，就必须是宽容的，宽容生命之间的千差万别与千姿百态，宽容学生的"胡思乱想"，也宽容学生对我们说"不"。宽容应成为教学的必备品性。

二是生命的不完满性。除了上帝，没有人是全知全能的，不完满性是生命的本性。《学会生存》一文中提到，"人永远不会变成一个成人，他的生存是一个无止境的完善过程和学习过程。人和其他生物的不同点主要就是由于他的未完成性"。③ 诚哉斯言！这种不完满性与未完成性，并不是生命的一种"欠缺"与"不足"，恰恰相反，它使生命具有种种尚待展开和追求的可能性，使生命变得开放而充满不确定性，为生命的选择与创造留下无尽的空间和自由，它恰恰是对生存充盈的允诺。人永远在"成人"的路上，永远必须为完成自己而努力。就像雅斯贝尔斯所说的，"人之为人的本质，不仅在于他的可加以确定的理想，而首先在于他的无穷无尽的任务，通过他对任务的完成，他就趋赴于他之所自出和他之将返回的本原"。④ 动物与人的最大差异，就在于动物的生命是按照本能来展开的，其生存方式预先由某种因果必然性规定，是自在的而非创造的。生命的不完满性贯穿于人的生命的始终，无论是作为教育者的教师，还是作为受教育者的学生，他们的生命都是不完满的，都是有待创造和完成的。因而，在教学中，无论是教师还是学生，都应该具有一种宽容情怀，宽容他人的

① 《马克思恩格斯全集》第一卷（上），人民出版社1995年版，第111页。
② ［英］维特根斯坦：《文化的价值》，钱发平译，重庆出版社2006年版，第3页。
③ UNESCO：《学会生存》，华东师范大学比较教育研究所译，教育科学出版社1996年版，第196页。
④ 高伟：《生存论教育哲学》，教育科学出版社2006年版，第236页。

缺点，宽容他人的谬误，宽容他人就是宽容自己，因为我们一样都是不完满的人，都是可错的。我们不能以任何借口或任何权力将自己的意见宣布为普遍真理，而是要时刻对他人的不同意见持一种真诚的谦虚之心。相互宽容，相互扶持，我们才能一起在追寻真理的道路上越走越顺，越走越远。

总之，教学是生命与生命的相遇，是生命对生命的成全，而生命是互相差异的，且永远是不完满的和未完成的，因而宽容情怀是教学中不可或缺的。这种宽容情怀不是高高在上者"大人不记小人过"的故作姿态，也不是委曲求全式的妥协忍让，更不是阿Q式自轻自贱、欺弱怕强的"精神胜利法"，它是一种植根于深深的对人性的复杂性的洞察和理解、对生命的不完满性的认知与体悟、对自身视界的有限性的知觉与明了的基础上的兼具理性和情感的一种谦虚而包容的品格，是人作为"类生命"存在所应该具备的精神与情怀。宽容意味着放弃偏执，意味着开放地接纳他人，教学因宽容而充满生命的光辉，生机无限。

综上所述，教学是生活，生活需要创造，所以教学应鼓励创造；教学具有公共性，公共性存在于主体之间的协商与"共识"当中，所以教学应建基于交往理性；教学必须是道德的，德性以自由为基础，所以教学中应充溢自由精神；教学是为了生命的，生命是彼此差异的和不完满的，所以教学必须具备宽容的品格。如此认识和理解教学，并以此为指导重塑教学，我们就会迎来一种全新的教学生活，一种民主、自由、宽容和具有创造性的教学生活，一种幸福的教学生活。这样的教学生活既不是教学冲突的地狱（一旦出现即遭天折），也不是教学冲突的天堂（可以肆无忌惮），而是教学冲突得以释放自身和正常生存的所在。在这样的教学生活中，我们将能够真正理解教学冲突，视教学中出现教学冲突为自然和必然，消除对教学冲突的各种偏见，摒弃粗暴、简单地对待教学冲突的做法，转而以一种更高远的视野和更宽广的胸怀来承认和接纳教学冲突，用正当、合理且具有教育性的策略来应对教学冲突，化教学冲突为教学和谐，令教学冲突成为促进师生发展的契机。

最后，需要指出的是，就像说教学具有教育性并不意味着现实中所有的教学都表现出教育性一样，教学生活的个体性、公共性、道德性和生命性也不是自在、自然或自明的，不是某种神秘的客观必然性，而是一种价值属性，是在人的活动中表现出来的倾向性，是人的自觉意志的体现。在这个意义上，我们完全可以说，好的教学生活源于并且就在我们对好的教学生活的想象和追求当中。

## 第三节　应对教学冲突的路径探索

### 一　重建教学权威，承认教学冲突

教学冲突是教师与学生围绕教学而展开的冲突，源于教师与学生对教学的不同主张以及双方对自我主张的确信和坚持。如果说教学冲突的发生表明了学生对自我理解的关切以及自我权利意识的觉醒，那么它对于教师，则毫无疑问意味着传统的教师权威遭遇挑战与重创。要教师合理应对教学冲突，前提是必须直面教学冲突，要教师直面教学冲突，前提是他必须承认教学冲突的存在，承认其存在的必然性与合理性。承认，意味着在知觉和了解基础上的心理认可，以及与所承认的对象进行互动的心理准备。一个国家承认另一个国家的存在，就表示愿意与其交往并发展正常的外交关系。承认教学冲突的存在，也就是认可教学冲突的存在，就是在心理上放弃对教学冲突的拒绝和排斥，认识到它是现实的合理存在，并准备理性而正确地对待它。

解释学理论揭示，理解是人的生存方式。人们对自己所生存的世界有着自己的假设与理解，人们在自己所构筑的"意义世界"中生存，按照自己对世界的理解与世界互动，进行自己的思考、行动和生活。人与人之间的差异并不是需要解决的问题，而是提醒我们思考自身理解的局限的一种力量，这种力量同时要求我们发出对话的邀请。建构主义则提醒我们，学习不是简单的信息输入、储存和提取的过程，不是简单的信息累积。知识无法通过教学过程直接灌输给学习者，他们必须主动参与整个学习过程，根据自己先前的经验，与他人协商、会话、沟通，在交互质疑的过程中，建构知识的意义。所以，教学冲突不是教学的事故，恰恰相反，它表明教师与学生的存在，表明他们都参与到教学当中了，表明他们之间需要进一步的对话和交流。

对教师而言，承认教学冲突，就是承认教学冲突不是教学的事故，而是有其存在的合理性、必然性与必要性，承认冲突是帮助我们接近真理的重要方式之一，也就是承认教学中应该杜绝压迫、规训与灌输，每个人自由地思考与表达的权利是不可让渡、不能剥夺的，"纵使被迫缄默的意见是一个错误，它也可能，而且通常总是，含有部分真理；而另一方面，任何题目上的普遍意见，亦即得势意见，也难得是或者从不是全部真理；既然如此，所以只有借敌对意见的冲突才能使所遗真理有机会得到补足"。①承认教学冲突的存在，实际上也就是承认学生的存在，承认学生的主体性与个性，承认学生在教学场域内的地位和尊严，承认学生的话语权；承认教学冲突的存在，也就是承认自身的有限性，承认自己并非全知全能，承认自己并非教学场域的唯一主宰，承认教学不可能按照自己的想象和预设而一意孤行，承认倾听的重要性。一句话，承认教学冲突，就是承认学生，就是承认与学生之间的主体间性关系。从而，"承认"由认识论和价值论层面转至存在论层面，它使主体能存在于积极的交往关系当中，反映"我—你"关系。法兰克福学派第三代核心人物霍耐特认为，承认反映了一个社会的交往结构和人的存在状态，承认是自我在他者中的存在，"假如我不承认我的互动伙伴也是具体的个人，那么他相应的反应也就让我感觉到我自己也没有被当作同样具体的个人来承认，因为我恰恰否认了他所具有的可以让我自己得到自我确认的个性和能力"。②承认是个体存在的方式，承认揭示了个体之间"共生共在"的多元平等关系。是故，教师承认教学冲突，从根本上而言，就是承认真正的自我。

对教学冲突的承认，绝不能停留在口头上，教师绝不能做好龙的叶公。它意味着我们必须重新理解和重建教师权威。教师要对学生施行教育，要对学生产生影响，权威是不可或缺的。但是，我们不能将权威与权力混为一谈。权威与权力是不同的。阿伦特认为，权力是指人们联合行动（act in concert）的能力，权威指的则是一种不令而行的能力。"权威的特征是，被要求服从的人必须对权威毫无异议地认可，不需要任何强制和说服。要保有权威必须有对人或机构的尊重。"③权威与自由并不矛盾，权威与批判也不相冲突。教师的权威，应该建立在自身的魅力和感召力的基

---

① ［英］约翰·密尔：《论自由》，程崇华译，商务印书馆 1996 年版，第 56 页。
② 李和佳：《霍耐特承认理论研究》，博士学位论文，南京师范大学，2008 年，第 70 页。
③ ［美］汉娜·阿伦特：《共和危机》，蔡佩君译，时报文化出版公司（台北）1996 年版，第 100—101 页。

础之上，建立在学生对其发自内心的尊重和经由理性批判的认同的基础之上，权威是学生自由选择的结果，而非强制或强迫的结果。"从这种人的身上散发出一种权威性的力量，他不必去恐吓、贿赂和发布命令；他是一个高度发展的个人，他通过自身的存在——不只是靠他的言行——告诉周围的人，一个人能够成为什么样的人……孩子们很乐意有这种活的、自在的权威，因为他需要；孩子反对某些人们强迫他或忽视他的存在，因为这些人自己还没有做到的事却要求正在成长发育的孩子去做。"① 我们传统的对于教师权威的理解，实际上是权威和权力的混合物，其中既有尊敬又有惧怕和无可奈何的成分。对此，龙应台教授高屋建瓴地指出："如果我们真心要把教育治好，为这个民族培养出能思考、能判断、有勇气良知的下一代，那么办教育的、教书的，就不能迷信自己的权威；他也要禁得起来自学生的刺激与挑战。"② 爱因斯坦则建议，给教师使用强制措施的权力应该尽可能少，使学生对其尊敬的唯一来源是他的人性和理智品质。③

伽达默尔认为，权威的存在是合理的，但"权威不能被赠予，但如有人要求，它是被争取的，而且必须被争取。它依赖思考……权威不是盲从，它以承认为基础"。④ 我们并不准备抛弃或颠覆教师权威，教学必须依赖一定的教师权威才能存在和进行，但是，我们必须抛弃和颠覆教师权威的传统理解。教师权威不是由教师的地位决定的，不能依赖于制度的赠予，而要靠教师自己的努力去争取，除非教师能够表现出比学生更渊博的学识、更好的判断和洞察力以及高超的引领学生发展的能力，否则教师权威就不会得到承认。教师的权威地位不是非理性的、专断的，而是一种理性权威，是被承认和被接受的。只有当教师真正依靠自己的权威而不是权力来影响学生的时候，他（她）才是与学生之间建立起了一种主体间性关系，才是真正地承认了学生的存在，从而承认了教学冲突的存在。"这样，就可以建设起每一个儿童——他们的认识与表达都是不可置换的个性

① ［美］埃利希·弗洛姆：《占有还是生存》，关山译，生活·读书·新知三联书店1989年版，第43页。

② 龙应台：《幼稚园大学》，《中国时报·人间》（台北）1985年3月14日。

③ 周国平：《周国平论教育》，华东师范大学出版社2009年版，第8页。

④ ［法］保罗·利科尔：《解释学与人文科学》，陶远华等译，河北人民出版社1987年版，第71页。

的文化——都受到尊重的课堂。在这种课堂中，每一个儿童都是作为生存于个性世界的存在而出现的，课堂这个场所，也意味着儿童能够率直地表达并共享真实个性世界才不可逃脱的种种苦恼与纠葛的空间。这样，课堂的权威与权力关系就能摆脱了教与被教的关系，从而过渡到证明自我的存在并寻求伙伴情谊的新型关系。这种课堂，将成为师生彼此展现自我、而又难以避免同他者冲突（易受伤害）的空间。但同时，通过这种交往与冲突，又为师生准备了彼此融洽、相互学习的公共空间。"① 在这方面，苏格拉底堪称典范。他自认为"一无所知"，谦虚地与人交谈，启发诱导，从不将自己的意见宣布为真理，同时提醒对方对自己的意见保持审慎，彼此之间的交流活泼充实而富有张力，频频碰撞出智慧的火花，结果却赢得了学生以至万世的敬仰，成为跨越时代与民族的公认的"权威"。

## 二　涵养教学勇气，接纳教学冲突

迈克尔·富兰指出，要想合理有效地解决问题，必须首先把问题当作我们的朋友。他说："说问题是我们的朋友似乎有点不合常理，但只有我们积极地寻求和面对那些实际上难以解决的真正问题，我们才有可能对复杂的情况做出有效地反映。问题是我们的朋友，因为我们只有深入问题之中，才能够提出创造性的解决方法。问题是通向更加深入的变革和达到更为满意的途径。在这个意义上，有效率的组织机构'抓住问题'而不是回避问题。"② 应该说，富兰的这番阐述是十分深刻的。如果我们不想简单粗暴地把问题解决掉，而是怀着一种"化困境为机遇""化腐朽为神奇"的动机和愿望，那么，仅仅承认问题的存在显然是不够的，我们必须首先从心理上接纳这个问题，把它当成我们的朋友。当然，这种接纳不是无条件的接受，也不是盲目的肯定，而是在充分了解问题的起因、实质、影响因素和可能的发展方向的基础上，做出一种综合性的积极评价，相信自己完全能够通过积极的作为来有效地解决问题，并从问题解决中获益。这种接纳是建立在理性分析和认识的基础上的一种情感和价值的倾向，决然不是纯粹的情

---

① ［日］佐藤学：《课程与教师》，钟启泉译，教育科学出版社2003年版，第121页。

② ［加］迈克尔·富兰：《变革的力量——透视教育变革》，教育科学出版社2004年版，第35页。

感偏向或者盲目的、从众式的接受，更不是被动的、无所作为的忍耐和承受。在接纳一个问题的同时，我们已经做好了面对和解决这个问题的过程中将要遭遇的种种困难的心理准备，具有最终顺利解决问题的决心和自信。这种决心和自信是个体面对问题和困难时的自我肯定与自我坚持，是承担可能的恐惧和焦虑的能力，是一种巨大的勇气。

教学是一种道德性的公共生活领域，每个人都有权利自由地表达自己的思考，否则教学就异化为私人的独白领域，学生就成了教师的附属品和陪衬物而非主体性的人。我们不可能制造出一个没有教学冲突的教学过程，就像不可能用一种乐器奏出动听的交响曲一样。没有一个团体的内部是完全协调的，即使有的话，这种团体的发展也只是一句空话。要想使教学成为一种"善"的活动，我们就必须从心理上完全地接纳教学冲突。"我们将看到，当我们开始把冲突、多元化和阻力看作是积极的、对成功来说是绝对必不可少的因素的时候，各种突破性的进步就要产生了。"[①]只有从心理上完全接纳教学冲突，我们才不再将注意力集中于教学冲突对自己所造成的心理和精神的压力上，而是迅速地思考如何将教学冲突作为一种教学的资源来促进学生的成长，从而才有可能真正地拥抱教学冲突并超越教学冲突走向教学和谐。要做到这一切，教师必须具有巨大的教学勇气。对于学生来说，向教师说"不"需要巨大的勇气，对于教师而言，完全地、真诚地从心理上同意并接纳学生说"不"，何尝不需要巨大的勇气？帕克·帕尔默在《教学勇气：漫步教师心灵》中指出，恐惧是弥漫于教学中的一种普遍的内心世界的特征，每个人都"恐惧和'异己'的他者直接相对，不管'他者'是学生、同事、学科，还是一种内心自我矛盾的声音……这种对正面交锋的恐惧，实际上是一系列始于对多元性的恐惧"，但是，"这种能够使得人们对真正的学习有所感悟、有所触动的恐惧是一种健康的恐惧，这种恐惧能提高教育，我们必须找到激励它的方法"。[②]要克服恐惧和涵养勇气，教师无法外求于他人，而只能依靠自身。确切地说，要依靠对教学冲突所具有的积极功能的明了和确信，依靠对教

---

① ［加］迈克尔·富兰：《变革的力量——透视教育变革》（续集），教育科学出版社2004年版，前言。

② ［美］帕克·帕尔默：《教学勇气：漫步教师心灵》，吴国珍等译，华东师范大学出版社2005年版，第38—39页。

学的生活性、公共性、道德性和生命性的深刻体悟，依靠对自身所具有的引领学生发展的使命和责任的自觉担当以及对自我的教育能力与教学智慧的自信，依靠对学生主体性的尊重、呵护与信任。

接纳教学冲突，除了接纳学生的主体性，勇敢地直面和接受学生对自己说"不"，还包括教师发挥自身的主体性，明智而坚决地向学生说"不"，即教师在必要的情况下主动地激发起教学冲突。它不是指通常意义上的教师对学生越轨言行的禁止和规约，恰恰相反，它源于教师对学生合规言行的批判与反对。这种教学冲突，看似教师在向学生说"不"，实际上是教师在向强大的文化教育传统体制或国家意识形态控制说"不"，是教师在以一己的教育良知与教育信念对抗那些妨害学生的精神自由发展的世俗力量。这种对抗往往得不到包括学生在内的相关方面的理解与支持，相反还可能会受到打击与压制，犹如"蚍蜉撼大树"。在这种情况下，激发教学冲突，意味着对教学冲突更高层次的接纳，同时也需要更大的教学勇气，如下例中所显示的。

永不凋谢的玫瑰①

苏霍姆林斯基是苏联著名教育家，乌克兰巴甫雷什乡村中学的校长，早已过世了。他记下了这样一则真事。校园的花房里开出了一朵硕大的玫瑰花，全校师生都非常惊讶，每天都有许多同学来看。这天早晨，苏霍姆林斯基在校园里漫步，看到幼儿园的一个4岁女孩在花房里摘下了那朵玫瑰花，抓在手里，从容地往外走. 苏霍姆林斯基很想知道这个小女孩为什么摘花，他弯下腰，亲切地问："孩子，你摘这朵花是送给谁的，能告诉我吗？"小女孩害羞地说："奶奶病得很重，我告诉她学校里有这样一朵大玫瑰花，奶奶有点不信，我现在摘下来送给她看，看过我就把花送过来。"听了孩子天真的回答，苏霍姆林斯基的心颤动了，他挽着小女孩，在花房里又摘下了两朵大玫瑰花，对孩子说："这一朵是奖给你的，你是一个懂得爱的孩子；这一朵是送给妈妈的，感谢她养育了你这样好的孩子。"

这个故事长久地激励着我。为了爱的教育，为了我们的学生能像

---

① 吴非：《不跪着教书》，华东师范大学出版社2004年版，第3—4页。

人一样地站立在这个世界上，我幻想着生活中能有这样的美好。五年前，我偶然想到，如果用这个故事的前半段出一道材料作文题，让学生续写，他们会想象出什么样的故事呢？

结果让我大失所望。几百个高中学生，文章的中心内容都是写教育家如何教育小女孩不能损害公物，写了教育家对儿童缺乏良好的道德教育而忧心忡忡，甚至写了教育家对小女孩作出的处罚……那些不遗余力从道德高度教训 4 岁小女孩的种种设计，让我从心底厌恶。

这件事曾强烈地刺激了我，使我想到，传统的道德说教如此深入人心，让学生耳熟能详，在他们的文章中，似乎只有道德规则（虽然他的内心未必会认为这有多重要），他们可以板着面孔说出一番大道理，他们缺乏对人性美与人情美的感悟，缺乏同情与怜悯之心——在他们的心中，似乎所有的花都已经凋谢了。

……


无论是哪种层次的对教学冲突的接纳，都是对教师教学勇气的考验，需要教师对教学真谛的深刻理解，对教学为人目的的坚定维护，对教学之艰巨性的勇敢承受，对真理的孜孜以求，更需要教师对学生的深沉的爱。从这个意义上说，教师是否接纳教学冲突，不在于他是什么风格什么个性的教师，而在于他是否是有德性有担当的教师。

虽然对教学冲突的接纳需要教师的教学勇气，但同时它又有利于鼓舞和增强教师的教学勇气，令教师感受到教学的魅力和自我成长的幸福感。大卫·史密斯在《全球化与后现代教育学》中深刻阐述了自己的亲身体会和感受："如果教学中没有真理的创生，或者更确切地说，如果课堂不是寻求真理、发现真理、分享真理的首要地方，那么，教学难以成为生活。……当那层我往往借以抵挡真理的光芒、不让它看到那个真我的谎言、欺骗和快乐错觉的面纱，或突然或缓慢或刹那间被掀掉的时候，我就会为之震动。我会发觉自己充满活力、不受束缚、并准备换种活法，对面前的生活抱更开放的态度。"[①] 教学冲突既是自我与他者的相遇，也是自

①　［加］大卫·杰弗里·史密斯：《全球化与后现代教育学》，郭洋生译，教育科学出版社2000 年版，第 24—25 页。

我与不确定性的相遇。它使无论教师还是学生都能够从中找到真实的自我，使自我向不确定性敞开，在与不确定性的相遇和冲突中获得自我成长的机会和动力，让我们对明天永远心怀忐忑同时又充满憧憬。让我们勇敢地张开双臂，接纳和拥抱教学冲突吧！唯其如此，我们才有可能真正地深入教学冲突本身，寻求适当的应对教学冲突的方式，教学冲突也才有可能发挥其最大程度的积极功能。

### 三 修炼教学智慧，转化教学冲突

转化教学冲突，就是促进教学冲突向积极的方向转化，使冲突的过程成为分享、交流甚至共创过程，使冲突双方成为分享者和互促者，最终走向教学和谐。教学冲突只有顺利转化为教学和谐，才能避免和克服破坏性的消极功能，发挥建设性的积极功能，才能真正成为教学和人发展的促进力量。"转化"并不特指某一种具体的行为样式，而往往需要一系列前后相继的行为序列才能完成这一任务。

承认和接纳教学冲突是转化教学冲突的基础。承认教学冲突需要教学权威的重建，接纳教学冲突需要教学勇气的涵养，转化教学冲突则需要教学智慧的支持。教学冲突具有即时性、生成性、特殊性和复杂性，往往是在师生互动中生成的而非事先预设的，它留给教师思考、做出反应和采取措施的时间可能只有三十秒甚至更少，需要教师做出"当机立断""灵机一动"式的灵活恰当的反应，而且这种反应的恰当性在于其正当性，用来应对教学冲突的措施和手段必须基于一个善的目的并最终达成这个善的目的，即促进师生双方的发展。如此，很难想象一个欠缺教学智慧的教师能够顺利地转化教学冲突。那些拥趸和实施"去冲突化"教学的教师均可视为欠缺教学智慧的教师，回避或排除教学冲突都是没有"智慧含量"的、简单的解决教学冲突的方式，因简单而低级或粗暴，因低级或粗暴而危害师生双方的发展。教学智慧是"教师面临复杂教学情境所表现的一种敏感、迅速、准确的判断能力。如在处理事前难以预料、必须特殊对待的问题时，以及对待一时处于激情状态的学生时，教师所表现的能力"[①]，智慧的行动总是即刻的、情境中的、偶然性的和即兴发挥的。教学智慧需

---

① 顾明远：《教育大辞典》，上海教育出版社 1998 年版，第 716 页。

要具体策略的支持，但不限于具体策略本身，而是对具体策略的灵活组合或因人、因事、因时制宜的改造式运用。教学智慧通常隐身于常规化的教学活动背后，却在教学活动出现出乎意料的"突发状况"时大显身手，巧妙应对，化腐朽为神奇。教学冲突正是这样的突发状况，唯有教学智慧才能应对复杂的教学冲突问题。

同时，转化教学冲突的过程本身就是教师修炼和养成教学智慧的过程。教学智慧是一种教学的境界，恐怕没有教师不渴望自己成为一个具有卓越的教学智慧的智慧型教师。教学智慧是一种实践智慧，"它介乎理论和实践之间"①，以一定的教学理论观念为指导，但从根本上来说"是一种关于教学践行的知识，并以在具体教学实践活动中的践行作为自身的目的……它不是僵死的、现成的，而是生动的、生成的、融于现实的教学实践活动之中的。所以，教学智慧常常很难被普遍化为一种理性原理原则，无须严格的科学推理和严密的证明形式，它也因此不是通过单纯学习和传授就可以获得的"。② 作为一种实践智慧，作为一种帮助人们克服理论与实践分离问题的知识，教学智慧只能在实践中获得积累和发展，它只有通过教师自身的亲身经历和体验才可能达成，这个过程是任何其他方式和任何他人都不能替代的。就像一个想学游泳的人只有在水里游动才能真正学会游泳，一个想学骑车的人只有在骑行自行车的过程中才能真正学会骑车一样，教师也只有在实施日常教学活动和解决教学活动中随时突发的特殊状况的过程中才能习得教学智慧。"纸上得来终觉浅，绝知此事要躬行"，离开教学实践的历练，教师充其量只能"纸上谈兵"，而不可能获得真正的教学智慧。教学冲突无疑为教师修炼和增进教学智慧提供了很好的机会。当然，机会只是一种可能性与或然性，除非教师珍惜机会并利用机会，否则，也就无所谓机会。教学冲突是一种即时的、具有一定危机性的教学事件，要想将其成功转化，教师必须积极地、全方位地调动其所具有的专业知识、能力与经验，必须在短时间内迅速地做出决策，以进行合理而有效地应对。这无疑是对教师教学智慧的激发、动员和历练。而且，无

---

① ［加］马克斯·范梅南：《教学机智——教育智慧的意蕴》，李树英译，教育科学出版社2001年版，第169页。

② 徐继存：《论教学智慧及其生成》，《西北师大学报（社会科学版）》2001年第1期。

论最后的结局如何，当一次教学冲突过去以后，通常还会刺激教师的自我反思，既包括对自己的教学冲突应对方式的反思，也包括对作为自己应对教学冲突的支持系统的教学观念的反思，从而总结经验，吸取教训，修正或更新教学观念。当教学冲突再次发生的时候，就能以更加沉着和成熟的方式来应对，促使其顺利转化为教学和谐。这既是考验和衡量教师教学智慧的过程，也是修炼、积累和增进教学智慧的过程。真正的智慧型教师，不仅乐于面对和接受教学冲突，甚至会想方设法主动挑起教学冲突，利用冲突所带来的张力和挑战活跃课堂，启迪学生，历练自我，锻造智慧，在相互撞击中体验创造的幸福和教学相长的快乐，譬如前文提到的龙应台教授。

　　教学智慧虽然是非逻辑的和非普遍的，是不能通过"传授"习得的，但并不神秘，它是理性与情感、身与心的混合物，其中，对孩子们心理状态的敏感与理解以及理性而深沉的爱是核心，正当的教学观和积极的学生观则是基础。当教师面临教学冲突的时候，他会沿着什么样的路径思考、做出什么样的对策，在根本上是由他所持有的整体教学观与学生观决定的，尽管这些观念可能处于内隐的无法言说的状态。所以，教学智慧不是"无根之水"，教师要想修炼成智慧型教师，必须德才并举、内外兼修。首先，培养自己对学生的理性而深沉的爱。教学智慧内含着伦理上的正确性要求，"教育智慧与其说是一种知识，不如说是对孩子们的关心"。[①] 教学智慧就是付出爱和关心之后的理智回报，学生在回馈和反哺教师的爱与关心的过程中促发与成全教师的教学智慧。其次，教师应该做个教学中的"有心人"和"投机者"，自觉地学习和吸收先进的教学理论，积累丰富广博的教学理论知识，不断尝试运用先进的教学理论来指导自己的教学实践，在应对教学问题的过程中学会如何有效地解决教学问题，在转化教学冲突的过程中学会如何智慧地转化教学冲突，努力实现冯契先生所说的"转识成智"，化理论为方法，化理论为德行。最后，教师还必须做到经常"反求诸己"，用先进的教学理论观照和反思自己的教学实践，把每一次教学冲突都当成习得教学智慧的机会，善于吸取教训、总结经验，在反

---

① ［加］马克斯·范梅南：《教学机智——教育智慧的意蕴》，李树英译，教育科学出版社2001年版，第270页。

思与内省的过程中悟得教学智慧。

下面是一位中学英语教师的课堂教学案例与课后反思，是一个通过"引导"来转化教学冲突而使教学流畅、愉快和富有成效地展开的成功教学案例。① 之所以一字不落地全文引到这里，是因为从这个普通中学教师的行为与心路历程中我们可以看出，承认、接纳和转化教学冲突并不是一件困难的事情，教学智慧也并不高深莫测，有时就是一转念。每一个教师，只要有足够耐心和用心，都能够成为勇气与智慧兼备的、深受学生尊敬与爱戴的老师。

教师，当学生问得您哑口无言，您是否有过恼羞成怒的经历；当学生指出您的错误，您是否急忙掩饰或匆匆带过；当学生提出想法打断您课程进度，您是否简单搪塞学生求知的话语……

教与学的过程中难免有碰撞，该如何对待？教学中突发事件总是始料不及地打断教师的思路，这种情况下如果生硬地把学生拉回到教师设定的预定轨道，其一，不利于课程氛围；其二，影响部分学生的学习积极性；其三，可能会错失教育良机。下面我就亲身经历的一次课进行分析。

**授课内容：**英语 Go for it 七年级下册第三单元第一课时。

**教授内容：**八个动物名称读音和含义。

**案例展示：**我精心准备了新课程，准备以新的方式讲解单词，即图画—声音—单词。第一步展示教学挂图，帮助学生对动物名称有声音上的认知；第二步出示单词，学生以小组为单位进行连线。一开始一切顺利，我展示挂图，逐一告诉学生"This is a tiger. Tiger（学生重复）. This is a panda. Panda（学生重复）。This is…"经过几轮练习后，我让学生尝试说出每个动物的英文名称。突然有名学生举手语气生硬地说："老师，这些动物的英文都怎么写啊？您不告诉我们怎么写，我们怎么记得住读音?!"一听这话我生气了，作为学生他怎能公然在课堂上指摘教师的讲授方法呢！幸运的是在做出反应之前我

---

① 郭艳辉：《正确对待教学冲突》，2009 年 12 月 15 日，北京市第七十一中学网站（http://www.bj71zh.com/）。

环顾了一下班里，大多数学生的脸上是茫然的表情，显然他们也不能适应。

怎么办？看着大家注视着我，我想起新课程不是要求教师将课堂还给学生吗？我计上心来。我何不运用还学生课堂的理念，引导学生进行自主互助学习，既引发学生兴趣，又可以帮助学生掌握学习方法。于是我说："这位同学说他记不住，谁记住了请举手。"有7名学生举起了手。紧接着我把学生分成了六组，每组派一名学会了的同学。我说："今天老师只教会了几个人，所以只好退居二线（学生笑）。今天咱们课堂上有6位'老师'，还有我和一位'督学'。我们来比一比哪组的'教师'教得好，'学生'学得好，速度快，就能获得今天的小印章。"大部分学生都好强好胜，顿时兴奋不已，很快各个组都传来了朗读单词的声音。

我首先检查了"督学"这八个单词的读音和意思，然后由他去各个小组"督察"两项内容：组长"教学时"的发音是否正确，组长是否清楚每一个词的正确含义。我则在旁观观察，发现很多组长的方法还真多，用"卡片""快速反应""组内竞赛"……有一个小组员还跑到前边来借用我的教学挂图。最后我安排了测试环节，检查组长教的情况和组员学的情况，结果让我欣喜，连平时怎么也读不好的学生也能流畅地朗读单词了。

**课后反思：**面对学生对于教师教学方法的质疑，无疑很多教师的第一反应肯定是尴尬与气愤。可教师不应该忘记课堂冲突有它存在的必然原因，此时教师不应该漠视学生制造的"麻烦"，抑或恼羞成怒，而是应该积极思考，找出最佳解决之道，既不与课程脱节，又对教育教学有促进就是最佳的方法。这堂课中我就没有用发火或不理睬"堵"住学生的话，而是合理引导，不仅引导学生学习，也引导着自己的思路往一个更加合理的教学方法推进。我运用新课标理念，引导学生进行互教互学、自主学习，效果是可喜的。

教师面对课堂中的突发事件，不是以简单的方式打断学生，而是注意学生的主体作用，把在教学活动中激发学生的积极性、主动性、培养学生良好的学习习惯和方法，激发学生学习兴趣、激励学生参与教学，作为教学中不可缺少的重要部分，使教与学成为一个共同体，把教室变成了一个"学习场"；同时把陶冶情操、拓宽视野、丰富学生生活经历作为教学中的重要内容，把课堂变成了一个"情感园"，而这一切都是建立在以英语新课程标准为指导，以积极有效的引导为解决问题的重要手段，因为：

引导可以避免冲突，保护学生学习的积极性。不管是发火还是搪塞都会使学生学习兴趣受挫，阻碍学生学习思维的成长。

引导可以避免不快，避免对课堂和谐气氛的干扰。有违新课程标准关心学生情感，营造宽松、民主、和谐的教学氛围的要求。

引导可以引发思考，避免教学契机的丧失。引导可以给教师提供思考的空间，抓住事件中潜在的教育教学契机。如案例一中教师课堂教学方式的调整和对教学方式的反思。

引导同样也是有前提的，那就是教师心中有课程标准，有最新的教育教学理念，才能真正在教学中合理运用，成为一个真正的引导者。

## 第四节　应对教学冲突的条件保障

无论是教学认识的更新，还是教学权威的重建、教学勇气的涵养与教学智慧的修炼，都主要是针对教师单方面而言的。作为教学的组织者和实施者，教师的确在教学当中起着至关重要的作用，但是我们不能依靠教师单独去完成任务，他们不是现有教学问题的唯一制造者和根源，也无法以一己之力独自扛起改造教学的重任，教学冲突的合理应对有赖于教师的努力，但不能完全依赖于教师的努力，必须由包括学生和学校管理者在内的多方力量参与进来并发挥作用。教学冲突是在教与学的互动中发生的，因而教学中是否具有一种鼓励对话的对话文化是合理应对教学冲突的内在保障；教学不是在真空中进行的，而是在教育管理部门和学校的管理下、在与社会环境的互动中发生发展的，它除了要对学生的发展需求和目标做出回应之外，还要对教育管理部门和社会的期望与要求有所交代，从而，教育管理部门和社会能否合理地管理和评价教学就成为合理应对教学冲突的重要外在保障。

### 一 构建对话文化

教学与对话之间有着紧密的联系。克林伯格（Klingberg, L.）认为，在所有的教学中，都进行着最广义的对话，不管哪一种教学方式占支配地位，相互作用的对话都是优秀教学的一种本质性标识。在他看来，教学原本就是形形色色的对话，具有对话的性格。这就是"教学对话原理"。[①]

只要有人的地方就存在"最广义的对话"，它几乎与"交谈""交流"无异。然而，我们应该在什么意义上来理解教学对话呢？是否教学中有交谈就有对话呢？显然，教学对话决然不同于一般的日常交谈，它必须是有效的，必须能够促进学生的发展，同时有利于教学相长。"新课程"改革以来，因为提倡对话教学，"对话"成为评价教学的一项重要指标，引发很多教师对教学对话的庸俗化理解和简单化操作，将教学对话等同于形式上的师生互动，等同于搞好师生关系，表现为增加提问的频率和表扬的次数，而实质上并没有起到促进学生发展的效果。例如，在某数学课堂教学中，教师问"1 加 3 是不是等于 4"，学生齐答"等于"，教师问"一百万是不是很大的数"，学生齐答"是很大的数"，教师问"这节课的知识都会了吗"，学生齐答"会了"等等。毫无疑问，这样的对话与苏格拉底式的对话完全不可同日而语。虽然教学当中必然存在着最广义的对话，但是真正的教学对话绝不能等同于"最广义"的对话。否则，教学对话必然流俗化为表层的师生互动，而缺乏精神的交流与碰撞和智慧的激发与引领。在这样的教学对话当中，一方面，很难产生真正的基于自主思考和体验的教学冲突；另一方面，教与学的冲突一旦发生也很难获得有效的转化，因为无论是教师还是学生都没有真正理解和学会"对话"。

从而，教学中仅仅存在对话和交谈是不够的，更重要的是充溢一种对话精神，形成一种对话文化，令教学对话成为生命与生命的对话，和精神与精神的对话。"重要的不在于答案本身，而在于人们放弃自己固执的思维模式，做到开放思想，兼收并蓄……我们并非武断地认为对话没有一定的目的——它只是没有绝对的目的。如果一定要对对话找出一个目的的

---

① 钟启泉：《对话与文本：教学规范的转型》，《教育研究》2001 年第 3 期。

话，那么我们的目的乃是在于真正地、流畅地对真理进行交流。"① 对话精神是一种超越了单一的"主体思维"，建基于"关系思维"的平等、自由地相互交流的精神。在充溢着对话精神的教学过程中，教学冲突破除了非理性的冲动，集中于观点的碰撞和思想的交流，从而更有可能在淋漓尽致的交锋之后走向令双方都生机盎然的和谐。构建对话文化，是我们建构好的教学的内在要求，也是合理应对教学冲突的基本保障，它包括以下三个方面，构建对话文化应从以下三方面着手。

### 1. 有效表达自我

人是通过表达自我来与别人交往和对话的，学会有效地表达自我是进行对话的前提。所谓有效地表达自我，指的是清楚地感知自我的认识与体验，同时以别人能够理解的准确的语言表达自我的认识与体验。哈贝马斯将其总结为四条"交往有效性标准"，前面已经提到过，此处不再赘述。

有效地表达自我，不是用华丽的语言来装饰自我或强化自我，恰恰相反，它强调用最通俗清楚的语言表达自我，强调真诚和说真话。教学对话还包括非言语的身体语言表达，它若要有效同样也要遵从上述四条标准，表达的媒介不一样，但实质是相同的。教师应首先做到同时引导学生做到——打开自我的心灵藩篱，撤去那些不必要的华丽的辞藻包装或所有言不由衷的话语，清晰有效地表达自我，否则，对话就会流于表面，失于真实，也就不是真正的对话了。当教师与学生都本色地展示和有效地表达自我的时候，可能很容易产生教学冲突，因为他们都是从自己的"理解"出发的，但冲突不是基于相互误解，而是相互敞开，有利于双方扩大视野和转换视角来认识问题，正如怀特海所说的，"观念冲突不是灾难，而是机会"。② 这样的教学冲突通常不会走向激化，而是在相互理解中达于和谐。

### 2. 用心倾听他者

有效地表达自我固然重要，但它之所以能"有效"与对方的用心倾听是分不开的。没有用心的倾听，就不会有真正的对话。所谓用心倾听，

---

① ［英］戴维·伯姆：《论对话》，王松涛译，教育科学出版社 2004 年版，第 19、20、55 页。

② ［波兰］兹纳涅茨基：《知识人的社会角色》，郏斌祥译，译林出版社 2000 年版，第 17 页。

是指无条件地尊重说话者的人格，尊重他的表达和阐述，努力收集信息通过思维活动达到认识和理解说话者所要表达的内容的目的。"倾听是学习的基础……是让学习成为学习的最重要的行为。"① 要形成用心倾听的教学文化，第一步，也是最重要的一步，是教师自始至终地保持一心一意地、郑重其事地听取每个学生发言的态度，无论学生的发言是有趣的还是乏味的，是言之有理的还是荒唐可笑的，是平静理性的阐述还是自以为是的夸夸其谈，是善意的探讨还是蓄意的挑战。教师应与学生平等地交流，认真地听取每个学生的发言并做出敏感的、真诚的对应，要向学生传递出这样的对话理念，即无条件地尊重和倾听发言者。这样，学生之间才会开始互相倾听，才能在教室里形成仔细倾听别人的讲话、互相交换意见的氛围。

3. 产生视阈融合

视阈融合是伽达默尔阐释学理论中的一个重要概念，指的是解释者只能从自己的"视阈"出发来理解和解释文本，解释者的理解是与作者的"视阈融合"，而非"视阈重合"。在此，视阈融合即对话双方的"存异求同"或"和而不同"，双方的视阈融合度有多大，相互理解和认同的程度就有多深，从而达成一致的可能性就有多大。视阈融合是对话双方有效表达自我和用心倾听他者的自然而然的结果，是"水到渠成"，是开放的，不是刻意追求的。换而言之，视阈融合不是委曲求全，不是权宜妥协，而是发自内心的理解，是"此在"的澄明与显现。视阈融合意味着教学冲突的解决与教学和谐的到来。在不能产生视阈融合的地方，则应该坚持自我，并对没有结果的对话处之泰然。保留和坚持自我意见同时尊重对方的意见，也是教学冲突达成和解的一种重要方式。

## 二　完善教学管理

教学管理是指通过制度和规定协调教与学两个方面，对整个教学过程和程序进行指导、检查和监督的体制。教学管理效率的高低直接影响到教学秩序的好坏和教学质量的高低。如果说培养对话精神是合理应对教学冲

---

① ［日］佐藤学：《静悄悄的革命——创造合作、活动、反思的综合学习课程》，李季湄译，长春出版社 2003 年版，第 72 页。

突的"软性保障"，意在通过建构良好的教学对话过程使教学冲突处在良性循环当中，从而流畅、自然地转化教学冲突；那么，完善教学管理就是合理应对教学冲突的"硬性保障"，即通过教学的相关制度和规章建设来规约和引导教师与学生双方在教学中的行为，从而及时、有效地转化教学冲突。

教学管理具有两方面的功能，一方面是约束、规范和组织功能，即通过明确规定教师与学生"可以做什么"与"禁止做什么"来有目的、有计划、有组织地安排教学活动，确保教学活动的有序进行；另一方面是引导、激励与协调功能，在保障教学活动有序进行的情况下，最大限度地保护和促进教师与学生的自由。规范与自由，是教学管理应该同时满足的一对核心价值。教学要达成既包容教学冲突又不损害自身而且能使教学冲突得以顺利转化的目的，必须在规范与自由之间保持适当的张力，规范确保教学的有序性但不损害师生的自由，自由体现教学的人性化但不导致教学的失序与混乱。这对教学管理提出了很高的要求，我们必须不断完善教学管理才能逐渐靠近这一要求。

1. 完善日常教学管理

日常教学管理分为两方面，一是针对教师的日常教学管理；二是针对学生的日常教学管理。当前，受效率主义驱动和应试教育影响，针对教师的日常教学管理表现出两种倾向：一是管得过细、过死。为了确保教学的效率，"不少学校从教师教研、备课、授课到教学总结、考试命题、阅卷等每一环节都进行了细致甚至烦琐的规定……在这些教学常规的规约下，很多教师在教学中正越来越失去了自我选择、自我判断，心中充满着抱怨和无奈。原本是保障和促进教学活动的教学常规已经越来越教条化、僵固化甚至异化为教学活动的桎梏和障碍"。[①] 二是不管、不问。如果教师不违背学校的基本管理并确保所教班级的考试成绩，那么，教师在教室内的教学行为往往是教学管理的"盲区"，课堂成了教师自己的"一亩三分地"。至于教师的教学是否尊重了学生的人格与需要，是否促进了学生的身心发展，是否保护了学生的精神自由，则是不重要的。针对学生的教学

_____

① 吉标：《规范与自由——教学制度价值研究》，博士学位论文，山东师范大学，2008年，第106—107页。

管理，则主要表现为一味强调学生对纪律的遵守，强调对学生行为的规约，如"不准交头接耳""不准开小差""要认真听讲""坐姿要端正"等，通过强化身体约束进行精神规训。

总之，现有的教学管理，过多地强调了规范的一面，而对教师与学生的精神自由有所忽视，甚至以规范僭越自由，戕害和禁锢了师生的精神自由。在这种情况下，很多的教学冲突实质上都根源于个体对不合理的教学制度的反抗与叛逆。这样的教学冲突的解决必须通过改进和完善日常教学管理来进行。日常教学管理应以教师和学生的民主参与为基础，以最大限度地保障教师与学生的精神自由为根本，致力于构建一种生机勃勃的教学。譬如，取消那些妨害教师发挥自主性与创造性的细节约束，同时加强对教师教学过程当中的非教学行为与反教学行为的管理与限制，合理减少对学生的划一性要求和纪律强制，保护学生的自主性和创造性，等等。很多教学管理常规都是不假思索长期沿用下来的传统，亟须我们加以反省、批判与重建。

2. 引入教学冲突管理

即使认识到教学冲突是具有建设性的正常教学存在，也并不等于教师会教育性地应对教学冲突。观念只是行动的先导而不是现实的力量。现有的教学管理中对课堂教学部分主要是强调师生行为的规范性，对于规范之外的部分则流于空泛，疏于关照，譬如，所有的教学规则中都强调教师应尊重学生和平等对待学生，但在教学实践中如何操作完全凭教师的个人理解，除非发生恶性的伤害事件，否则外在的监督和管理都是缺位的。就教学冲突而言，虽然在当下的教学过程中它已经不是一个偶然的教学事件，而渐成教学过程中的常态，但是，如何应对教学冲突并未纳入学校的教学管理当中，仍停留在教师个体自发行为水平。这给了教师很大的教学自由权，但是"任何不受限制的权力都有无休止地、没有限度地扩张的趋势，因而教师手中所掌握的这种规制权力全都需要加以限制"。①

如何应对教学冲突应因教学冲突的具体类型和发生情境而异，因而进行细节和具体方法的管理可能是整体的教学管理力不能及的，也是不妥当

---

① ［法］爱弥尔·涂尔干：《道德教育》，陈光金等译，上海人民出版社 2001 年版，第149 页。

的。但我们可以进行认识论和方法论层面的管理，譬如，可以在关于教学冲突管理部分做出下列规定，包括教师应给予学生充分的表达机会，教学生学会有效地表达自我，用心倾听学生，视教学冲突为学生发挥主体性的结果，力争通过相互对话与交流来转化教学冲突，无法当场转化的教学冲突应另找时间沟通解决，等等。合理的教学冲突管理制度一经形成便具有一定的稳定性，唯其具有稳定性，才能成为合理应对教学冲突与保障教学活动健康发展的重要保障。罗尔斯在谈到社会制度时说道，"社会的制度形式影响着社会成员，并在很大程度上决定着他们想要成为的那种人，以及他们所是的那种人"。[①] 我们也可以乐观地期望，通过引入教学冲突管理，有助于提醒教师审视和反省自己的教学冲突观以及常用的应对教学冲突的方式，促使他们积极地看待和教育性地应对教学冲突，充分发挥教学冲突的积极功能，达成教学活动的为人目的。

### 三 改进评价机制

有教学，就应该有教学评价，这是毫无疑问的，否则我们无从考量教学的效果与价值。教学评价的首要功能是改造和促进教学，通过诊断教学的问题，促成更好的教学。"因此，人们会把教学评价具体地理解为教学过程中的评价，甚至会直观地解释它为教的评价和学的评价，其实就是强调它的非选拔意义上的功能。王策三先生对此更是慎重，他不仅使用'教学效果检查'的术语，而且清楚地界定说'教学论中研究的检查、分析和评定，是专指教学效果的检查，即教学意义上的概念或教学范畴，不是选拔意义上的概念'，显然，先生是慎重地把教学评价与'有千百年的考试历史，有丰富的经验和教训'的我国的考选制度区分开来了，因此，以选拔为宗旨的考试评价在理论上是与教学评价不同的另一范畴。然而遗憾的是教学实践者们却并不这样区分，他们不仅不把应试视为与教学评价不同的范畴，而且还把它们纳入同一范畴之后，主次颠倒地把选拔功能视为主导功能甚至唯一功能。"[②] 教学评价对教学的影响作用是不言而喻

---

① ［美］约翰·罗尔斯：《政治自由主义》，万俊人译，译林出版社 2000 年版，第 285 页。

② 杨启亮：《课程评价：课程改革中的一个双向两难问题》，《教育理论与实践》2005 年第 4 期。

的——教学评价的结果是衡量教师工作绩效与工作价值的重要依据，教学评价因此成为教师实施与改革教学的重要驱动力量。因此，这种混淆和颠倒对教学的伤害是非常大的，它造成了很多的教育教学问题，甚至可以说，当前教育教学中存在的一切问题无不与之密切相关。

面对教学冲突时，教师之所以烦躁、恐惧或者麻木，之所以极力回避或排除、压制教学冲突，其中一个很重要的原因就是因为现有的教学评价制度不能给予他们有力的支持，相反却给了他们很大的压力。一方面，现有的教学评价中充斥着效率至上的功利主义，只重结果不重过程，而结果又主要以学生的考试成绩来衡量。这就导致考试成绩成为教学的"兴奋剂"，教师将教学的注意力几乎全部放在如何教学生取得有利的考试成绩上，教学简化成围绕教材知识点的"学习—复习—巩固练习"的循环往复，异化成难度不断加高、强度不断加大的机械训练。相比较于回避或排除教学冲突，合理有效地、教育性地应对教学冲突无疑需要花费更多的教学时间，需要教师付出更多的精力与智力，但在考试成绩中却不一定能体现出来，甚至可能暂时降低考试成绩，如此，教师自然倾向于将教学冲突看成教学的消极影响因素，能避则避，不能避开就尽快"解决掉"。另一方面，即便是针对教学过程本身的教学评价，其着眼点与立足点也主要是教师的教，而非学生的学。人们通常认为那些能够有力地控制教学的进程与节奏、营造融洽和谐的课堂氛围的教学是好的教学，如果出现教学冲突，则意味着教学的失控与失败（以至于一些教师在"公开课"之前专门做那些调皮学生的工作，拜托或警告他们上课时"不要瞎问""不要乱发言"），至于学生在教学中到底有什么收获、他们的感受如何则很少受到关注。在这种情况下，教学冲突的命运可想而知。

因此，要想形成教师对教学冲突的正确认识，促使教师合理应对教学冲突，一个重要的条件就是，让教学评价回归合理定位，真正发挥其改造和促进教学的功能。包括明确区分教学评价与考试评价，取消考试评价在教学中的霸权地位，让教学评价回归本位，"发挥教学评价促进学生发展、教师提高和改进教学实践的功能"，淡化选拔意识与精英主义倾向，争取使所有的学生共享学习与成长的快乐；教学过程评价以学生为本，以学生的学定位教师的教，教为学服务，教以学为先，关注学生的主体性、积极性与创造性，以学生的学衡量教师的教，等等。要做到这些，绝不是一件容易的事。在很大程度上，我们可以说，如果真正做到了这些，就等于解决了中国基础教育中的根本难题。当前正在实施的新课程改革大力倡导和强调实施过程性评价与发展性评价，与我们对教学评价改革的期望是一致的。然而，教育的理想与教育的现实之间存在着很深的文化鸿沟，缩小距离填平鸿沟，是个漫长而艰难的过程，需要全社会多层面的支持体系。如何应对教学冲突的问题，看似是教师的个人行为，实质上关涉全社会如何理解和评价教育与教学的问题，是一个具有广泛和深刻意义的、复杂的社会问题与文化问题。

尽管教学评价体系对教学具有重要的制约作用，但即使在不合理的教学评价体系之下，教师也是可以有所作为的。教学评价不是教学的最终决定力量，人是教学的最终决定力量。教学不是为了教学评价，而是为了人的发展和提升。淡化对教学评价的依赖心理以及教学的功利主义取向，反思现有教学评价机制的不合理之处，一切教学行为从学生出发，以"成人"为旨归，如此，才是一个智慧、勇气与德性兼备的教师，一个真正的"人师"。

# 结语　教学的理想守望

在思考和写作论文的过程中，我的眼前经常出现这样的画面：夕阳西下，余晖斜照，温暖湿润的风从爱琴海上轻拂过来，林木参差间各种花儿摇曳生姿，坐落在雅典城外、毗邻诸神神庙的阿加德米学园里一派静谧祥和。距离英雄阿加德米斯雕像不远的地方，在一棵枝叶茂盛的大树下，一群年龄各异的学子围坐在老师柏拉图的身旁。年过花甲的柏拉图精神矍铄，声音洪亮，正在讲解他的"理念论"："我们所在的这个世界，实际上是两个世界，一个是由具体事物组成的为我们的感官所感知的物质世界，另一个是由所有的'理念'组成的理念世界……"他思路清晰，表述严谨，十分投入，还时常辅以各种手势……年轻俊朗的亚里士多德坐在柏拉图的正前方，双目炯炯有神，他仔细聆听着老师的讲解，时而与老师对视会心一笑，时而低头奋笔疾书，时而凝神蹙眉思索。突然，他深吸一口气，抬起头，望向老师，朗声说道："老师，对这个问题我有不同于您的想法。"其他学生面面相觑，十分惊讶于亚里士多德的大胆与"无礼"。柏拉图也微微有些诧异，然而并未露出一丝愠怒之色，他用慈祥而欣赏的目光看着眼前的这个年轻人，温和而饶有兴致地问道："那说说你的想法吧！"亚里士多德优雅地站起来，神情谦恭却不失放达，开始有条不紊地阐述他的意见……

毫无疑问，这是教与学之间的一场冲突，同时，这又是一种多么美好和令人向往的教学关系！教与学之间相互冲突又相互砥砺，相互争辩又相互切磋，相互批判又相互成全，教学相长，共生共进。亚里士多德师从柏拉图的二十年中，这样的情境在阿加德米学园里时有发生。他们共同成就了世界教育史上的一段千古佳话。作为学生的亚里士多德不遑多让，超越老师，建立起一个庞大的百科全书式的知识体系，创造了人类思想史上的一个高峰。固然，亚里士多德天赋异禀、才华绝伦且勤学善思，然而，如果没有柏拉图的指导、赏识、鼓励和包容，没有阿加德米学园里二十年的润泽生活，一切则很难想象。

几千年之后的今天，像亚里士多德那样敢于向教师说"不"的学生恐怕已不再是凤毛麟角，然而，作为教师的我们，是否具有柏拉图那样的胸怀、气度与智慧呢？我们能够像他那样勇敢地接纳并智慧地应对教学冲突吗？面对教学冲突，面对来自学生的质疑与挑战，我们除了如鲁迅笔下的九斤老太似的发出无奈的浩叹之外，是否也在积极地改变自己和变革教学以做出合理应对？

我们当中可能无人能够比肩于柏拉图，但是，"像柏拉图一样做教师"应成为每一个教师的理想！我们应该努力像他那样建构一种美好的教学关系，营造一种和谐而又充满张力的教学生活。在这样的教学生活当中，教师与学生双方都作为自己、作为真正的人而自由、舒展地存在，勇于向他人敞开自我，善于分享、协商和理解，敢于质疑、挑战、批判和超越。唯其如此，我们才能切实体会到做人的自由和尊严，才能真正享受到求知的快乐与幸福，才能摆脱胆怯、蒙蔽和愚昧，跨进真理的门槛，让灵魂在高处飞翔！

"与柏拉图为友，与亚里士多德为友，更要与真理为友！"[①] 如果说这是一种理想的教学生活，那么，理想不在远方，她就在我们的心里，是用来坚持和追寻的！

---

① 哈佛大学校训。

# 参考文献

一 著作

（一）译著

［1］［美］刘易斯·科塞：《社会冲突的功能》，孙立平等译，华夏出版社 1989 年版。

［2］［美］刘易斯·科塞：《社会学导论》，杨心恒等译，南开大学出版社 1990 年版。

［3］［美］乔纳森·H. 特纳：《社会学理论的结构》，邱泽奇等译，浙江人民出版社 1987 年版。

［4］［美］杜威：《民主主义与教育》，王承绪译，人民教育出版社 1990 年版。

［5］［德］雅斯贝尔斯：《什么是教育》，邹进译，生活·读书·新知三联书店 1991 年版。

［6］［法］米歇尔·福柯：《规训与惩罚》，刘北成、杨远婴译，生活·读书·新知三联书店 1999 年版。

［7］［美］伊万·伊利奇：《非学校化社会》，吴康宁译，桂冠图书股份有限公司 1992 年版。

［8］［加］马克斯·范梅南：《教学机智——教育智慧的意蕴》，李树英译，教育科学出版社 2001 年版。

［9］［加］马克斯·范梅南：《生活体验研究——人文科学视野中的教育学》，宋广文等译，教育科学出版社 2006 年版。

［10］［加］迈克尔·富兰：《变革的力量——透视教育变革》，教育科学出版社 2004 年版。

［11］［加］迈克尔·富兰：《变革的力量（续集）》，教育科学出版

社 2004 年版。

［12］［法］布迪厄：《实践与反思——反思社会学导引》，李猛、李康译，中央编译出版社 2004 年版。

［13］［法］P. 布迪厄，J. – C. 帕斯隆：《再生产——一种教育系统理论的要点》，邢克超译，商务印书馆 2004 年版。

［14］［美］厄内斯特·波伊尔：《基础学校——一个学习化的社区大家庭》，王晓平等译，人民教育出版社 1998 年版。

［15］［美］罗伯特·G. 欧文斯：《教育组织行为学》，孙绵涛等译，中国人民大学出版社 2007 年版。

［16］［巴西］保罗·弗莱雷：《被压迫者教育学》，顾建新等译，华东师范大学出版社 2007 年版。

［17］［德］博尔诺夫：《教育人类学》，李其龙译，华东师范大学出版社 2001 年版。

［18］［法］埃德加·莫兰：《复杂性理论与教育问题》，陈一壮译，北京大学出版社 2006 年版。

［19］［捷］夸美纽斯：《大教学论》，傅任敢译，教育科学出版社 1999 年版。

［20］［德］伽达默尔：《真理与方法》（上卷），洪汉鼎译，上海译文出版社 1999 年版。

［21］［日］佐藤学：《课程与教师》，钟启泉译，教育科学出版社 2003 年版。

［22］［日］佐藤学：《静悄悄的革命——创造活动、合作、反思的综合学习课程》，李季湄译，长春出版社 2003 年版。

［23］［加］大卫·杰弗里·史密斯：《全球化与后现代教育学》，郭洋生译，教育科学出版社 2000 年版。

［24］［美］克劳福德·格尔茨：《文化的解释》，韩莉译，译林出版社 1999 年版。

［25］［英］卡尔·波普尔：《通过知识获得解放》，范景中、李本正译，中国美术学院出版社 1996 年版。

［26］［美］P. 蒂利希：《存在的勇气》，成显聪、王作虹译，贵州人民出版社 1988 年版。

［27］〔法〕阿兰·图海纳:《我们能否共同生存?——既彼此平等又互有差异》,狄玉明、李平沤译,商务印书馆 2003 年版。

［28］〔美〕帕克·帕尔默:《教学勇气:漫步教师心灵》,吴国珍等译,华东师范大学出版社 2005 年版。

［29］〔美〕山姆·英特拉托:《我的教学勇气》,方彤等译,华东师范大学出版社 2008 年版。

［30］〔美〕Bonnie M. Davis:《如何教与你不同的学生——与文化背景相关的教学策略》,丁红燕、王佳权译,中国轻工业出版社 2008 年版。

［31］〔美〕Shirley R. Steinberg、Joe L. Kincheloe:《学生作为研究者——创建有意义的课堂》,易进译,中国轻工业出版社 2002 年版。

［32］〔美〕Linda Campbell 等:《多元智能教与学的策略》,王成全等译,中国轻工业出版社 2001 年版。

［33］〔美〕莱斯利·P. 斯特弗、杰里·盖尔:《教育中的建构主义》,高文等译,华东师范大学出版社 2002 年版。

［34］〔奥〕赫尔穆特·舍克:《嫉妒与社会》,王祖望、张田英译,社会科学文献出版社 1999 年版。

［35］〔法〕弗朗索瓦·于连:《圣人无意——或哲学的他者》,闫素伟译,商务印书馆 2006 年版。

［36］〔美〕戴维·斯沃茨:《文化与权利——布尔迪厄的社会学》,陶东风译,上海译文出版社 2006 年版。

［37］〔美〕C. 赖特·米尔斯:《社会学的想象力》,陈强、张永强译,生活·读书·新知三联书店 2005 年版。

［38］〔德〕尤尔根·哈贝马斯:《交往行为理论》,曹卫东译,上海人民出版社 2004 年版。

［39］〔美〕安迪·哈格里夫斯:《知识社会的教学》,熊建辉等译,华东师范大学出版社 2007 年版。

［40］〔德〕恩斯特·卡西尔:《人论》,甘阳译,译文出版社 2003 年版。

［41］〔英〕齐格蒙·鲍曼:《通过社会学去思考》,高华等译,社会科学文献出版社 2002 年版。

［42］〔英〕卡尔·波普尔:《开放社会及其敌人》,郑一明等译,中

国社会科学出版社 1999 年版。

　　[43] ［英］约翰·密尔：《论自由》，程崇华译，商务印书馆 1996 年版。

　　[44] ［美］埃利希·弗洛姆：《逃避自由》，刘林海译，国际文化出版公司 2002 年版。

　　[45] ［美］埃利希·弗洛姆：《占有还是生存》，关山译，生活·读书·新知三联书店 1989 年版。

　　[46] ［美］埃利希·弗洛姆：《为自己的人》，孙依依译，生活·读书·新知三联书店 1988 年版。

　　[47] ［美］尼尔·波兹曼：《娱乐至死·童年的消逝》，章艳、吴艳莛译，广西师范大学出版社 2009 年版。

　　[48] ［美］路易斯·拉思斯：《价值与教学》，谭松贤译，浙江教育出版社 2003 年版。

　　[49] ［美］托马斯·库恩：《科学革命的结构》，金吾伦、胡新和译，北京大学出版社 2003 年版。

　　[50] ［美］塞缪尔·P. 亨廷顿：《变化社会中的政治秩序》，王冠华、刘为等译，上海三联书店 1989 年版。

　　[51] ［英］戴维·伯姆：《论对话》，王松涛译，教育科学出版社 2004 年版。

　　[52] ［美］简·韦拉：《对话培训法——理论与实务》，马忠虎等译，教育科学出版社 2008 年版。


**（二）中文著作**

[1] 林语堂：《吾国与吾民》，陕西师范大学出版社 2008 年版。

[2] 夏甄陶：《人是什么》，商务印书馆 2000 年版。

[3] 殷海光：《中国文化的展望》，上海三联书店 2002 年版。

[4] 赵汀阳：《论可能生活》，中国人民大学出版社 2004 年版。

[5] 衣俊卿：《现代化与日常生活批判——人自身现代化的文化透视》，黑龙江教育出版社 1994 年版。

[6] 衣俊卿：《文化哲学十五讲》，北京大学出版社 2004 年版。

[7] 费孝通：《乡土中国》，生活·读书·新知三联书店 1985 年版。

[8] 汪民安：《身体、空间与后现代性》，江苏人民出版社 2006年版。

[9] 梁漱溟：《中国文化要义》，上海世纪出版集团 2007 年版。

[10] 梁漱溟：《东西方文化及其哲学》，商务印书馆 1999 年版。

[11] 冯契：《逻辑思维的辩证法》，华东师范大学出版社 2007 年版。

[12] 高清海、胡海波、贺来：《人的"类生命"与"类哲学"》，吉林人民出版社 1998 年版。

[13] 贺来：《边界意识和人的解放》，上海人民出版社 2007 年版。

[14] 贺来：《宽容意识》，吉林教育出版社 2001 年版。

[15] 严平：《走向解释学的真理——伽达默尔哲学述评》，东方出版社 1998 年版。

[16] 司马云杰：《文化社会学》，社会科学出版社 2000 年版。

[17] 韩红：《交往的合理化与现代性的重建——哈贝马斯交往行动理论的深层解读》，人民出版社 2005 年版。

[18] 周伟忠：《冲突论》，学林出版社 2002 年版。

[19] 何怀宏：《选举社会及其终结：秦汉至晚清历史的一种社会学阐释》，生活·读书·新知三联书店 1998 年版。

[20] 孙隆基：《中国文化的深层结构》，广西师范大学出版社 2004年版。

[21] 周晓虹：《西方社会学·历史与体系》（第一卷），上海人民出版社 2006 年版。

[22] 周晓虹：《现代社会心理学——多维视野中的社会行为研究》，上海人民出版社 2006 年版。

[23] 陈桂生：《教育学"视界"辨析》，华东师范大学出版社 1997年版。

[24] 毛礼锐、沈灌群 ：《中国教育通史》，山东教育出版社 1985年版。

[25] 李定仁：《教学思想发展史略》，甘肃教育出版社 2004 年版。

[26] 吴康宁：《教育社会学》，人民教育出版社 1998 年版。

[27] 吴康宁：《课堂教学社会学》，南京师范大学出版社 1999 年版。

[28] 谭光鼎、王丽云：《教育社会学：人物与思想》，华东师范大学

出版社 2009 年版。

　　［29］陈振中：《社会学语境中的教育弱势现象》，广西师范大学出版社 2009 年版。

　　［30］李书磊：《村落中的"国家"——文化变迁中的乡村学校》，浙江人民出版社 1999 年版。

　　［31］龙应台：《野火集》，文汇出版社 2005 年版。

　　［32］郑杰：《非此即彼》，华东师范大学出版社 2008 年版。

　　［33］赵健：《学习共同体——关于学习的社会文化分析》，华东师范大学出版社 2006 年版。

　　［34］石中英：《知识转型与教育改革》，教育科学出版社 2001 年版。

　　［35］刘铁芳：《回到原点——时代冲突中的教育理念》，华东师范大学出版社 2007 年版。

　　［36］张天宝：《主体性教育》，教育科学出版社 2001 年版。

　　［37］高伟：《生存论教育哲学》，教育科学出版社 2006 年版。

　　［38］谢维和：《教育活动的社会学分析：一种教育社会学的研究》，教育科学出版社 2000 年版。

　　［39］叶澜：《"新基础教育"探索性研究报告集》，上海三联书店 1999 年版。

　　［40］丁钢：《文化的传递与嬗变：中国文化与教育》，上海教育出版社 1990 年版。

　　［41］金生鈜：《理解与教育》，教育科学出版社 1997 年版。

　　［42］金生鈜：《规训与教化》，教育科学出版社 2004 年版。

　　［43］齐学红：《走在回家的路上——学校生活中的个人知识》，北京师范大学出版社 2005 年版。

　　［44］马维娜：《局外生存——相遇在学校场域》，北京师范大学出版社 2005 年版。

　　［45］刘云杉：《从启蒙者到专业人——中国现代化历程中教师角色演变》，北京师范大学出版社 2006 年版。

　　［46］闫旭蕾：《教育中的"肉"与"灵"》，南京师范大学出版社 2007 年版。

　　［47］周宗伟：《高贵与卑贱的距离——学校文化的社会学研究》，南

京师范大学出版社 2005 年版。

　　[48] 李国霖：《社会蜕变中的台湾学校文化》，福建教育出版社 1999 年版。

　　[49] 金盛华、张杰：《当代社会心理学导论》，北京师范大学 1995 年版。

　　[50] 李楠明：《价值主体性——主体性研究的新视域》，社会科学文献出版社 2005 年版。

　　[51] 李政涛：《表演：解读教育活动的新视角》，教育科学出版社 2006 年版。

　　[52] 郭华：《课堂沟通论》，北京师范大学出版社 2006 年版。

　　[53] 郭华：《教学社会性之研究》，北京师范大学出版社 2002 年版。

　　[54] 郑金洲：《教育文化学》，人民教育出版社 2000 年版。

　　[55] 张东娇：《教育沟通论》，陕西教育出版社 2005 年版。

　　[56] 单中惠、朱镜人 ：《外国教育经典解读》，上海教育出版社 2004 年版。

　　[57] 渠敬东：《现代社会中的人性及教育——以涂尔干社会理论为视角》，上海三联书店 2006 年版。

　　[58] 李秉德：《教学论》，人民教育出版社 2005 年版。

　　[59] 王策三：《教学认识论》，北京师范大学出版社 2002 年版。

　　[60] 裴娣娜：《现代教学论》，人民教育出版社 2004 年版。

　　[61] 李定仁、徐继存 ：《教学论研究二十年》，人民教育出版社 2001 年版。

　　[62] 杨启亮：《困惑与抉择：20 世纪的新教学论》，山东教育出版社 1993 年版。

　　[63] 徐继存：《教学论导论》，甘肃人民出版社 2004 年版。

　　[64] 徐继存：《教学理论反思与建设》，甘肃教育出版社 2000 年版。

　　[65] 张诗亚：《惑论——教学过程中认知发展突变论》，西南师范大学出版社 2003 年版。

　　[66] 王本陆：《教育崇善论》，广东教育出版社 2001 年版。

　　[67] 靳玉乐：《潜在课程论》，江西教育出版社 1996 年版。

　　[68] 杨小微：《现代教学论》，山西教育出版社 2004 年版。

［69］石鸥：《教学别论》，湖南教育出版社 2001 年版。

［70］石鸥：《教学病理学》，湖南教育出版社 1999 年版。

［71］熊川武：《反思性教学》，华东师范大学出版社 1999 年版。

［72］李长吉：《教学价值观念论》，甘肃教育出版社 2004 年版。

［73］张广君：《教学本体论》，甘肃教育出版社 2005 年版。

［74］赵昌木：《教师成长论》，甘肃教育出版社 2004 年版。

［75］李森：《教学动力论》，西南师范大学出版社 1998 年版。

［76］和学新：《主体性教学论》，甘肃教育出版社 2004 年版。

［77］邓志伟：《个性化教学论》，上海教育出版社 2002 年版。

［78］马凤岐：《自由与教育》，北京师范大学出版社 2008 年版。

［79］田汉族：《交往教学论》，湖南师范大学出版社 2002 年版。

［80］佐斌：《师生互动论——课堂师生互动的心理学研究》，华中师范大学出版社 2002 年版。

## 二 论文

（一）期刊论文

［1］［日］佐藤学：《教室的困惑》，《华东师范大学学报》（教育科学版）1998 年第 2 期。

［2］邓小芒：《苏格拉底与孔子言说方式的比较》，《开放时代》2000 年第 3 期。

［3］黄济：《人的主体性与教育》，《教育研究与实验》1997 年第 1 期。

［4］叶澜：《重建课堂教学价值观》，《教育研究》2002 年第 5 期。

［5］叶澜：《让课堂焕发出生命活力》，《河南教育》2002 年第 3 期。

［6］杨启亮：《课程评价：课程改革中的一个双向两难问题》，《教育理论与实践》2005 年第 4 期。

［7］吴康宁：《学生仅仅是"受教育者"吗？——兼谈师生关系观的转换》，《教育研究》2003 年第 4 期。

［8］蔡春、扈中平：《从独白到对话——论教育交往中的对话》，《教育研究》2002 年第 2 期。

［9］徐继存：《走向教学生活的教学论》，《教育研究与实验》2001

年第 1 期。

[10] 徐继存：《个人主义教学及其批判》，《课程·教材·教法》2007 年第 8 期。

[11] 徐继存：《教学制度的理性与伦理规约》，《西北师大学报》（社会科学版），2006 年第 2 期。

[12] 徐继存：《关于课程与教学论功能的思考》，《山东师范大学学报》（人文社会科学版）2004 年第 5 期。

[13] 徐继存：《发展中的中国教学论：问题与思考》，《课程·教材·教法》2009 年第 3 期。

[14] 徐继存：《教学乃"为己之学"——教学行为的道德评判》，《教育理论与实践》2007 年第 5 期。

[15] 张广君：《本体论视野中的教学与交往》，《教育研究》2000 年第 8 期。

[16] 姚本先、刘世清：《教育交往中的言语困境探讨》，《课程·教材·教法》2004 年第 2 期。

[17] 兰久富：《社会转型与价值冲突》，《北京师范大学学报》（社会科学版）1999 年第 3 期。

[18] 刘云杉等：《学生课堂言语交往的社会学研究》，《南京师大学报》（社会科学版）1994 年第 4 期。

[19] 李素娟、邢伟荣：《师生冲突：一种潜在的教育资源》，《现代教育科学》2008 年第 10 期。

[20] 施利承、杜卫玉：《冲突：合作学习中的多边对话》，《天津市教科院学报》2008 年第 1 期。

[21] 王后雄：《课堂中师生冲突心理因素分析及应对策略》，《教育科学》2008 年第 1 期。

[22] 仲秀英：《教学观念冲突探析——基于文化哲学的视角》，《当代教育科学》2008 年第 5 期。

[23] 宝贡敏、汪洁：《冲突管理方式研究综述》，《人类工效学》2008 年第 1 期。

[24] 李金霞：《试论师生冲突的教育学特质》，《当代教育论坛》（宏观教育研究）2008 年第 5 期。

［25］陈振中：《冲突的视角——对我国教育问题的一种诠释》，《广西师大学报》（哲学社会科学版）2001 年第 3 期。

［26］陈振中：《教育冲突的性质及类型学分析》，《广西师大学报》（哲学社会科学版）2002 年第 1 期。

［27］杨学斌：《文化冲突与校园文化建设》，《教育探索》2006 年第 5 期。

［28］种海峰：《文化冲突的两种相位及其当代际遇》，《内蒙古社会科学》（汉文版）2007 年第 1 期。

［29］杨宏丽：《课堂中文化冲突的多视角审视》，《东北师大学报》（哲学社会科学版）2006 年第 5 期。

［30］关键、李庆霞：《文化的构成与文化冲突》，《边疆经济与文化》2005 年第 5 期。

［31］桑国元：《学校文化冲突的缘起、表现与缓和——多元文化的视角》，《宁波大学学报》（教育科学版）2006 年第 3 期。

［32］何克抗：《建构主义——革新传统教学的理论基础》，《电化教育研究》1997 年第 3 期。

［33］刘生全：《论教育场域》，《北京大学教育评论》2006 年第 1 期。

［34］陈桂生：《从"上课不举手就发言"谈起》，《河南教育》2000 年第 8 期。

［35］郑金洲：《上课插嘴引起的思考》，《河北师范大学学报》（教育科学版）2001 年第 3 期。

（二）学位论文

［1］丁敏：《课堂教学中的师生冲突》，博士学位论文，华东师范大学，2001 年。

［2］林存华：《师生文化冲突研究》，博士学位论文，华东师范大学，2006 年。

［3］王丽琴：　《秩序校园》，博士学位论文，南京师范大学，2005 年。

［4］王琴：《学校教育中师生冲突研究》，博士学位论文，华东师范大学，2005 年。

［5］刘万海：《重返德性生活——教学道德性研究》，博士学位论文，

华东师范大学，2007 年。

　　［6］吉标：《规范与自由——教学制度价值研究》，博士学位论文，山东师范大学，2008 年。

　　［7］孙宽宁：《教师课程理解中的自我关怀》，博士学位论文，山东师范大学，2009 年。

　　［8］李和佳：《霍奈特承认理论研究》，博士学位论文，南京师范大学，2008 年。

### 三　英文文献

　　［1］ Kounin. J, *Discipline and Group Management in Classroom*, New York：Holt, Rinehart and Winston, 1970.

　　［2］ Robert E. Park & Ernest W. Burgess, *Introduction to the Science of Society*, Chicago：University of Chicago Press, 1921.

　　［3］ J. Goodland et al, *The Moral Dimensions of Teaching*, San Francisco：Jossey – Bass, 1990.

　　［4］ L. S. Wiley & Lori Sandfor, *Comprehensive Character – building Classroom：A Handbook for Teachers*, FLorida：Longwood Communications, 1998.

　　［5］ Andy Hargreaves, *Changing Teachers, Changing Times：Teacher's Work and Culture in the Postmodern Age*, London：Cassell, 1994.

　　［6］ Paulo Freir, *Education：the Practice of Freedom*, London：Writers and Readers Publishing Cooperative, 1976.

　　［7］ Bickmore & Kathy, *Teaching Conflict and Conflict Resolution in School：( Extra - ) Curricular Considerations*, Paper presented at Connections '97 International Social Studies Conference, Sydney, New South Wales, Australia, July 1997.

　　［8］ Williamson. Deborah, Warner. Darren E. , Sanders. Patrick & Knepper. Paul, "We Can Work It Out：Teaching Conflict Management through Peer Mediation", *Social Work in Education*,, Vol. 21, No. 2, April 1999.

　　［9］ Wiggins, Robert A. , Clift & Renee T, "Oppositional Pairs：Unresolved Conflicts in Student Teaching", *Action in Teacher Education*, Vol. 17,

No. 1, 1995.

[10] Jeffrey L. Edleson, "Teaching Children to Resolve Conflict: A Group Approach", *Social Work*, Vol. 26, No. 6, Nov. 1981.

[11] Diamond & Stanley. C, "Resolving Teacher – student Conflict: A Different Path", *Clearing House*, Vol. 45, No. 3, Win. 1992.

[12] Gunnel Colnerud, "Ethical Conflict in Teaching", *Teaching and Teacher Education*, Vol. 13, No. 6, Aug 1997.

[13] Bascia. N, "Invisible Leadership: Teacher's Union Activity in Schools", *The Alberta Journal of Educational Research*, Vol. 43, No. 2 – 3, Sum – Fall 1997.

[14] Geoff Southworth, "Instructional Leadership in Schools: Reflections and Empirical Evidence", *School Leadership and Management*, Vol. 22, No. 1, 2002.

[15] Philip Hallinger, "Leading Educational Change: Reflectionson the Practice of Instructional and Transformational Leadership", *Cambridge Journal of Education*, Vol. 33, No. 3, November 2003.

[16] Talcott Parsons, "The School Class as a System", *Harvard Educational Review*, Vol. 29, No. 4, Fall. 1959.

[17] Sergiovanni T. J, "Will We Ever Have a True Profession?", *Educational Leadership*, Vol. 44, No. 8, May. 1987.

[18] Coulter David & Orme Liz, "Teacher Professionalism: The Wrong Conversation", *Education Canada*, Vol. 40, No. 1, Spr. 2000.

[19] Jan Bengtsson, "What is Reflection? On Reflection in the Teaching Profession and Teacher Education", *Teachers and Teaching*, Vol. 1, Issue 1, Mar. 1995.

[20] John Settlage & Cindy Meyer Sabik, "Harnessing the positive energy in Science Teaching", *Theory into Practice*, Vol. 36, No. 1, Winter 1997.